陆澄 著

诗歌朗诵艺术

Shige Langsong Yishu

第三版

上海人民出版社

目　录

目　录

在人间撒播鲜花

——《诗歌朗诵艺术》再版序一

赵丽宏

这几年,上海的诗歌朗诵活动搞得非常红火,从区县的文化馆、图书馆,一直到上海图书馆,甚至上海大剧院,各种主题和形式的诗歌朗诵会,连续不断地推出,气氛优雅热烈,听众踊跃,成为上海这座大都市令人神往的文化风景。

谈到上海的诗歌朗诵活动,人们便会很自然地想起陆澄。从二十世纪九十年代初开始,陆澄便一直致力于推动诗歌创作的繁荣和传播。他在上海广播电台主持的一个诗歌节目"午夜星河",坚持了很多年。他在电台推荐诗作,介绍诗人,朗诵诗歌,成为国内独一无二的空中电波诗歌节目。每天深夜,陆澄的吟诗声在空中萦回,牵动无数爱诗者的心。也是因为这个持久而成为品牌的诗歌节目,陆澄曾荣获"金话筒"奖,这是他们这个行业的最高荣誉,他当之无愧。陆澄把这个荣誉归功于他所钟爱的诗歌。陆澄不仅是一位优秀的节目主持人,也是一位有个性的诗人,他创作了不少朗诵诗。最近几年,陆澄将很多心血和精力花在了弘扬和推广诗歌朗诵艺术上。作为一位有影响力的节目主持人,他身体力行,经常在各种场合朗诵推介诗歌,深受听众的欢迎。上海的各种诗歌朗诵会,几乎都有陆澄的身影,他参与发起,参与组织,并且常常身兼朗诵会的主持人、诗作者和朗诵者。上海的诗歌朗诵活动能够如此红火,也有陆澄所作的一份努力。

我和陆澄认识很多年,缘分皆因诗歌。将近二十年来,我和他的交往,都是为了和诗歌有关的活动,他对诗歌事业的热心和执着,使我感动,也令我钦佩。陆澄不仅是一位诗歌创作和朗诵的实践者,也是一位善于总结,勤于思考的理论家,他总结多年诗歌朗诵的经验和体会,写成专著《诗歌朗诵艺术》。此书全面系统地论述了诗歌朗诵的艺术规律,从诗的选择、审美、理解,到朗诵中的种种技巧问题,对各种题材和体裁不同的诗歌朗诵,书中都有分门别类的论述,对诗朗诵的配乐,以及朗诵会的策划组织和形式的创新,也有细致而独到的阐述。诗歌朗诵,决不是照本宣科,从某种意义上说,需要朗诵者对被朗诵的作品进行再创作,陆澄在书中阐述了朗诵者提高自身修养的必要和重要。这些,都是生动的经验之谈,也是见解独到的理性思考。可以说,这是一本既有广度又有深度的书。对爱好诗歌朗诵的读者,这也是一本难得的工具书。

陆澄告诉我,他的新著《诗歌朗诵艺术》就要再版,希望我为此书的新版本写一篇序文。一本谈诗歌朗诵的书能重版,这是一件很有意思的事情,这说明陆澄在这个领域中的影响,也说明对诗歌朗诵有兴趣的读者大有人在。诗歌是心灵的花朵,而诗歌朗诵,是在人间撒播真善美的鲜花。这是一项值得称道的事业。在《诗歌朗诵艺术》再版之际,写下这些感想,也是为陆澄喝彩吧。

己丑秋分,于四步斋

读《诗歌朗诵艺术》有感

——《诗歌朗诵艺术》再版序二

王　群

　　说起朗诵，人们首先想到的是诗，诗朗诵的历史最悠久、形式最普遍，指导诗朗诵的文章也最多，其中陆澄先生的《诗歌朗诵艺术》是我读过的有关诗歌朗诵论述最全、最细、最透、最新的一本专著。这是我读《诗歌朗诵艺术》的最大感受。

　　说这本书论述得"全"，是因为书中内容涉及诗歌朗诵的方方面面。从"作品的选择"到"案头的加工"，从"朗诵的策划"到"朗诵的配乐"，从"朗诵者的修养"到"朗诵者的创作"，从"抒情诗的朗诵"、"散文诗的朗诵"到其他各种诗体的朗诵。的确，朗诵艺术创作是一个系统工程，与文本、辅助手段、技巧、朗诵者的文化素养都有着千丝万缕的关系，缺一不可。

　　说这本书论述得"细"，是因为书中内容关乎诗歌朗诵许多微观之处。无论是有声语言的音准和音色，还是态势和仪表，哪怕是一个感叹词"啊"的音变读法、一种排比句式的表达，甚至朗诵会串联词的撰写，只要与诗歌朗诵相关的问题都阐述得非常具体。这些看似细枝末节的小问题，都直接影响到诗歌朗诵创作的艺术效果，虽然细微但很重要。

说这本书论述得"透"，是因为书中内容深入到了诗歌朗诵的核心。"阅读与理解"、"创作与感受"、"表达与想象"三讲，抓住了艺术创作"意"、"情"、"形"三大要素进行了深入的探究，分析得非常到位；尤其在外部技巧的运用方面，本书作出了必要的取舍，舍"语调""重音"，而着重谈论"停连"与"节奏"，这个与诗歌朗诵运用技巧关系密切的问题，直逼事物本质。

说这本书论述得"新"，是因为书中发表了许多自己的独立见解。比如第七讲"停连的活用"，指出了"修辞性停连"同"感受"和"想象"乃至"态势"的关系，在论述"停连与态势"时提出了某些诗句如果"配以视像和手势动作，进行'如临其境、如见其景'的直观引导，在视觉上强化语言所表达的'空间'概念，让观众更具象化地感受诗意内涵"的观点，颇有见地；再比如第十讲"啊"的发音，提出了"'啊'的变通读音"及"'啊'的语境活用"的看法，也很新鲜，很受启迪。

《诗歌朗诵艺术》经常说的一句话是"朗诵实践使我体会到……"，陆澄先生不仅是参与朗诵活动的积极分子，更是上海许多大型朗诵活动的策划者、组织者，他在许多感性体会的基础上进行理性思考后，凝结成的这本融学术性和实用性为一体的专著面世，成了朗诵爱好者的福音，正如书的封底文字所言，它给朗诵者打开了一扇"知性、感性、灵性"的诗歌朗诵艺术创作的门窗。

2009 年 9 月 7 日

（作者为华师大传播学院教授、博士生导师）

序

丁锡满

　　中国的语言真奥妙。有些话字面上和实际的意思正好相反,褒义的词表达贬义的意。如"说的比唱的好听",并不是真的认可你的表态,而是讽刺你口是心非。不过在实际生活中,说的真的有比唱的还好听的,上海人民广播电台全国十佳广播文艺节目《午夜星河》创办人、"全国广播十佳节目主持人"、"金话筒"陆澄说的就是好听,绝对比一夜成名的"超女"唱的、比电视连续剧结尾嚎的好听千倍万倍。

　　听陆澄说话是一种享受。他的声音是经过磨床磨过的,是用漂白粉漂过的,是过滤器过滤过的,糯糯的、滑滑的,没有一点儿杂质,就像喝五粮液,一到嘴边就滑进肚里。所以我周围的人都喜欢听他说话,做他的"粉丝"。所幸这几年同陆澄接触很多,可以经常听到他的金声玉语。上海诗词学会、上海楹联学会、上海炎黄文化研究会举办的许多活动,如天台山诗会、佘山重阳登高诗会、醉白池端午诗会、庆祝抗战胜利六十周年万名中学生大歌咏会等等,这些活动的酝酿和组织,陆澄都是主力。戏有戏痴,画有画癖,凡是成功人士,都醉心于自己的专业,行行出状元。陆澄也是这样,一谈起朗诵,他就来劲,就拼死拼活地干。他于朗诵艺术,心里有一团火,不断在释放,不断在燃烧。

陆澄说话为什么有魅力?看了他的新著《诗歌朗诵艺术》文稿,才知道说话也是一门学问,大有讲究的。话剧演员、广播电视的节目主持人,他们的梵音妙语之醇厚清丽,并非与生俱来,而是修炼的成果。这种修炼既有语言本身的训练,更多的是文化知识的修养。有高度的文化修养,才会深刻理解诗人、作家创作的本质,才会准确地表达作者的感情。

陆澄对《将进酒》的理解,就使我佩服。诗的开头两句"君不见黄河之水天上来,奔流到海不复回",十分豪迈奔放,一般朗诵者是以歌颂性的语调来表达。陆澄不仅从字面上理解这首诗,还注意到李白写这首诗的时候,正值"抱用世之才而不遇合"之际,故而借酒消愁,抒发人生苦短之感慨,因此就不宜用乐观、昂扬的语调来处理。

我总以为,在新闻媒体中,报纸编辑的文字工夫高于广播电视的记者编辑,其实也不尽然。陆澄虽然是广播电台的节目主持人,但是他的文化修养、文字功底,却是一般报纸记者所望尘莫及的。《诗歌朗诵艺术》不但是一部朗诵艺术的学术性专著,对于从事广播电视、电影戏剧等语言工作者是一部专业教材,就是对我这样的文字工作者来说,也受益匪浅。陆澄真是一位饱学之士,他不但通读古今中外诗人的诗作诗论,还广识博学,连修辞学都有深刻的研究。他本身又是诗人,是上海诗词学会、上海炎黄文化研究会的主力会员。正因为他有深厚的传统文化基础和广博的文化知识,所以才能深刻地理解作品的内涵,正确地表达作品的情感。

从陆澄的专著《诗歌朗诵艺术》中我感悟到,做一个好的新闻工作者,一定要有广博的文化修养。在2007年解放日报举办的《文化论坛》上,原《人民日报》总编辑范敬宜同志就专门论述了这方面修养的重要性。我们很多同行在这方面是比较欠缺的，我们经常在报纸的副刊上看到引用古人诗词的错字，对于这种错字，如果你有古典文学的修养，懂得诗词格律，即使没有读过原作，也会一看便知的。

多才才会多艺。陆澄之所以荣获"金话筒"称号，他的朗诵艺术，就来源于他的高才和博知。

2007 年 7 月 25 日

（丁锡满：原上海市委宣传部副部长、《解放日报》总编辑，现为上海炎黄文化研究会常务副会长）

诗朗诵和朗诵诗(代自序一)

陆 澄

诗的传播有两大途径:文字的和声音的,前者诉诸视觉,后者诉诸听觉,各有各的功用,两者不可偏废。相比较而言,声音的传播另有一功:让语言附着于悦耳的歌喉,用抑扬顿挫打造出它的神韵——这便是朗诵;还有音乐的陪衬、现代音响的润饰、舞台美术的装点……文字符号被注入了声势情态,真了、实了、活了、美了,成了有血有肉的艺术生命、有声有色的文学精灵。现代人的"阅读",已经不满足于"一目了然",尤其是诗,本就具有"平平仄仄"、"抑扬顿挫"的音乐性,诉诸听觉,可以获得"立体"的审美愉悦;诗歌乘着声情的彩翼,更易于直抵肺腑,叩响心灵,且能"飞入寻常百姓家"。

这种能听的诗,便是朗诵诗。朗诵诗是诗歌中的一类。诗要能听,便有讲究,概括地说要遵循四条原则:上口、入耳、合情、生趣。

朗诵表演,以情带声,情之所至,一气呵成。"上口",就是让诗歌语言的形和意在朗诵者声音再现时达到一个"顺"字:词义搭配规范有序、结构关系简单明快、表情达意要言不烦,这是句子之顺;抒情叙事线索单一、段落层次脉络分明，这是结构之顺。作品事理顺，诵者表达畅，技巧发挥才能灵动自如、游刃有余。"入耳"的道理与"上口"一脉相承，诵来顺口，听来顺耳。但不仅如此，听诗不比看诗，声音如雀，一去无踪，难以返复，因此，朗诵诗词不可生僻，语言不能艰涩，寓意不宜太过婉曲深奥，尤其忌讳意象虚空、主旨隐晦、着意费解、笔调莫名的各种"流派"；既让人听，就不能"自说自话"，表情达意要讲求到达率，给听者以足够的"知晓权"。"入耳"更要求得语言的韵律感、音乐美。新诗不必强求"韵"和"律"，但"韵律"本为"听"所设，朗诵诗不用岂不浪费"资源"？退而言之，即使无韵律，也应有节奏，否则与"散文"何异？朗诵表演有着独到的交流性、感染性和鼓动性，诵者以诗为媒，服务听者，理当适其需、投其好。朗诵诗应抒真情、表诚意、明实理、言大志。不能假大空，不搭花架子，还要摒弃一己小我之态，字字句句应落在听者的心上，这就是"合情"。好的朗诵诗不仅情达意至，还应别出机杼，体现风采，酿造诗趣，让人过耳难忘，不厌其听，回味再三，甚至终身受用。这样的好诗有的是，像邵燕祥的《谜语》、张志民的《"人"这个字》等，不仅充满理趣，而且饱含谐趣。有"趣"的诗，赋予有味的朗诵，必然出彩叫座无疑。

鲁迅先生早就说过："诗歌虽有眼看的和嘴唱的两种，但究以后一种为好。"好在何处？大概就是独具传播和普及之长。都说当下读诗的没有写诗的多，虽然夸大其词，却也道出了一个现实：诗歌传播有"梗阻"。试想，如果多一点"嘴唱"的朗诵诗，让诗去冲破书卷的羁绊、无声的禁锢，口耳相传、声情并茂，境遇是否会有所改观、"读诗"人是否会有所增加？退一步说，如果朗诵诗写来不易，那么，诗人们笔下能否多出一些"可朗诵诗"？

（此文原刊登于《上海诗人》报 2006 年第 3 期）

人 声 与 人 生

——朗诵艺术断想(代自序二)

陆 澄

人类以"呱呱"之音标志生命的新起点,人生始于人声。

人们把人声比作世界上最美妙的乐器,它的神奇在于:与生俱来,终生相伴;无师而通,从心所欲。无论男女童叟,不分地域族裔,这"乐器"人人自备自拥。这真是上天赐予我们的世上最精密也最简便、最高级也最寻常、最昂贵也最低廉的一种"乐器"了。朋友,属于你的这件"乐器",你相知有多深? 珍爱有几分? 操持有何能?

这"乐器",能"发妙声于丹唇,激哀音于皓齿",古往今来,人类尽其所能,或用以编织音符、演绎曲调,"英英舒喉""抵掌讴曲",这便是"歌唱";或用以激扬文字、张弛语调,赋话语以节律,快慢徐疾,抑扬顿挫,我们称之为"朗诵"。

"朗诵"一词,《现代汉语》词典的释义是"大声诵读诗或散文,把作品的感情表达出来"。它说明朗诵依附于文学作品,是文学表现的又一种方式和手段,是借助语音这一工具完成的有声创造,是现当代的一种独立于其他表演门类的语言艺术。它根植于中华文化的魂脉,源远流长；繁盛于社会大众的精神生活，枝繁叶茂。

朗诵的"基因"，是语言和文学的结合体，朗诵的过程几乎可以看作"语文"的活动："语"为其形，"文"乃其质；从传播的角度说是润物无声的"语文"教授；从实践的角度说是潜移默化的"语文"学习。那么朗诵会岂不是语文教学的"第二课堂"？而这样的"课程"正是每个人成长过程中不可或缺的人文滋养、心灵美育，何其关键，何其重要！

"朗诵"很容易：只需识得方块字，就凭一张嘴"大声"开口、有"感情"表达，就算"准入"朗诵之列了，朗诵其门几乎敞向所有能发声言表者，这是值得宽慰的；然而"朗诵好"有些难："诗歌或散文"们纵然气吞山河、情动天地，却无声无息地躺在书本上，也仅凭一张嘴，要让这些抽象的方块符号，从平面的纸页上"站"起来，动起来，活灵活现，有声有色，成为"立体"的情景物象，所谓"一字新声一颗珠"，就不是一般的功夫了，这又是不可小觑的。

高尔基认为文学是"人学"，而朗诵以文学作品为本，朗诵者要抵达朗诵艺术高峰，就必须细细地"琢磨人"：颖悟人类真谛、体验人生况味、洞达人世百态……这看似一种"诗外"之功，却是朗诵创造登临绝顶而至真、至善、至美的"内功"，声音、语言、技巧等，都将臣服于它。正如鲁迅所说：一个文学工作者，"社会阅历不深，那也是无法创造出伟大的艺术品来的。……故对于任何事物，必要观察准确、透彻"。真正的朗诵家应当是半个"人学"家。

应当感恩我们的远祖先贤，创造并馈赠给我们如此优美动听的汉民族言语音系：字含声韵，调分平仄，吐词见轻重，遣句有节律，用以言情表意，抑扬跌宕，徐疾张弛，百般姿态，万千气象，堪称文字做成的音符，言语谱出的旋律，令人珍爱和崇尚。朗诵，便是用它来为文学"度曲"，诗文华章一旦诉诸言语声律，便宛如大鹏展翼，任由翱翔；朗诵者的真功夫，就在于把这文之声、语之曲的每一个音素合情合理地发挥到极致。

朗诵的近邻是诗歌,因为诗歌归属"韵文",讲究音律节奏,由古至今概莫能外,因此必然为口耳之学的朗诵所首选,甚至说"诗歌合为朗诵而生"也不为过。汉语诗歌与汉语音系合璧,所产生的"音响效果"堪与天下语种媲美,朗诵者应当深谙个中精妙奥秘而倍加敬惜,在实践中细致入微地用好每一个音素符号,让它在我们的声腔"乐器"中闪放光泽。

"诗为心之声",也是"文学中的文学",它集中体现文学的特质,即如司马光所言"文章之精者尽在于诗",它是人类思想的阳光,灵魂的神曲,语言的结晶,人文的宝库,"片言可以明百意,坐驰可以役万里",甚至"落笔惊风雨,诗成泣鬼神"。孔子把诗歌的功能归纳为"兴"(让人情感愉悦)、"观"(借助阅读观察社会人生)、"群"(聚拢人心团结民众)、"怨"(表达不满批评社会),可见"诗"者实为"师"也,传道、授业、解惑另有一功;"腹有诗书气自华",朗诵从诗歌起步,是攀援艺术乃至人生高峰的通途要径。

文学之"诵"绝非仅是声音之"送",究其实,是一种有声有色、科学有效的阅读行为。朱熹谈读书有"心到、眼到、口到"之说,"口到"便是诵读,当今称之为"有声阅读",这是种传统而又先进的阅读方式:一册在手,眼观之,口诵之,双"管"齐下,知识信息的吸纳存储自然要比无声默读强烈深刻。何况当代之"诵"更重内容再现的精准性、审美性:动得口来必须全神贯注、字斟句酌、一丝不苟;表情达意务求身心备至、本真无华、细腻传神,一声一息发自肺腑抵达灵府。这样的"动口",实际上是更为积极的"动心";与其说是声情兼备的"读书",不如说是潜移默化的"铸魂"。

读书还有朱熹老先生未曾意想的一"到",就是"耳到"即"听诵",这是颇具时代色彩的"阅读"之法,君不见,从礼堂会场到马路车厢,借助新兴的电子信息技术,这样的"阅读"方式已成为大众阅读的新理念、新常态。文学的"倾听"妙处有三:其一,不限时空与人伴随,合乎当代人行色匆匆的节奏。其二,"传神写照在明眸",眼能聚神也易伤神;用耳阅读,便能闭目而养神,好不惬意。其三,视觉阅读直观其象一览无余;听觉阅读依声取象想象无穷,让你大获创造的美感和愉悦。有声阅读如此有利有益,多滋多味,岂非当代人精神文化生活的一大幸事、要事和快事!

朗诵本是声情物。"感人心者莫先乎情",尤其诗歌,以抒情见长,声随情出,情以遣声,声情荡漾处,或风起浪卷、山呼海啸,或云卷云舒、微波细澜,声显千姿,情呈百态,如此口诵意动,循环往复,宛如一种超乎艺术、怡养心性的精神"有氧运动"。而声和情又与"气"相关联,气实则情丰,气足则声满;开怀引吭须气贯长虹,柔情百转则气屏声敛;情势急切一气呵成,心烦意乱气断声吞……朗诵至此,已与气功无异,无怪乎日本国民将大声吟诵作为健身锻炼。朗诵一门,使人身心两健,何乐不为?

当今之世,口才日见重要,社会百业,芸芸大众,多有以口才安身立命之需,并渐成"口才造就人才"的共识。朗诵属"口头之才",又非简单的"大声说话",仅从字面解释:"朗",声音清晰明亮;"诵",情感热切丰富,这便达到了人际沟通、当众演说的理想状态。再说口中之"材"是诗文佳作、语言精华,字字句句极尽声情意蕴之美,这种含英咀华、心口相应的表达艺术,是有声语言的高级形式,只要锲而不舍,砥砺精进,日积月累,必然练就出言不凡、语妙天下的出色口才,由而渐入事业人生的佳境。

朗诵是精美朴实的语言艺术,是便捷简从的文化技能;雅俗共赏,老少咸宜,一人单声或异口同声,既能抒家国情怀,也擅作入耳之娱、表一己衷肠;今日之中国,朗诵已成为大众艺术的台柱子,社会文化的重头戏;它是一门专业,也是一种术业,或将成为职业,更可视为事业,值得一生拥有。

美哉,以人声装点人生!

2015 年 10 月 1 日

第一讲　作品的选用

　　剧本是一剧之"本"。一件好的文学作品,是朗诵艺术表演的成功之"本"。因此,选好材,大有益。朗诵材料之"好",首先在于有"品",思想内涵优良,文学品位上乘;朗诵材料之"好",还体现为与诸多相关要素的和谐相融。

一、文学作品的规定性

　　任何一篇文学作品,都具有一定的构成因素和风格特点,这些因素或特点,本身就客观形成了适合不适合用来朗诵的条件。比如,有些作品背景复杂、内涵深奥,阅读阐释比较费力;有的作品书面性特别强,语言生涩、拗口,朗诵者既不上口,聆听者又难入耳,内容信息的施受之间渠道不畅达。具有这样两种特征的作品,显然不具备口头传播的优势,或者说,在朗诵这一口耳相传的特殊语境中,充其量只能为少数人所接受,这就不得不慎选慎用了。

　　好的作品不一定就是好的朗诵作品。初学朗诵者容易忽略这一点,选择作品时,不太考虑朗诵这一有声语言表达的特殊要求,而是简单地根据自己的阅读经验来取舍:熟悉的、喜欢的、知名作家的、阅读领域走红的、文学史上有地位的……就拿来朗诵了。如果说朗诵只是为了满足一己的爱好,作为文学阅读和欣赏的一种延伸,或是仅仅想锻炼提高口头语言的基本能力,而并非为了艺术传播,那么,作品的选择完全可以听凭主观意愿,无需讲究太多。但如果是为了艺术表演,需要传播出去,感染别人,就必须顾及作品是否具备充分的朗诵创作优势。例如鲁迅的《野草题辞》,这是先生所著的我国第一部散文诗专集《野草》中的开篇之作,它本身就是一篇精致、深邃、隽永的散文诗代表作,在现代文学领域有着重要影响。但这篇写于1927年的作品,其主旨、立意需要一番诠释才能理解领悟;而作品的语言风格,尤其是遣词、用句,如"生命的泥委弃在地面上"、"吸取陈死人的血和肉,各各夺取它的生存"等,从听觉接受的角度看,不无费解之处。这样的作品,可读性强,可听性差,一般较少作为非主题性朗诵欣赏会的选材。同样的道理,相当一批用典艰深、用语生僻的古典诗词名作,也不在一般朗诵欣赏会的选材之列。

当然,如果朗诵时能够做到文字同步显示,对作品内容和语言的要求就可相应放宽了。总之,一般来说,朗诵者应当清醒地把握这一基本原则:作品为我所用,我不为作品所役;朗诵因作品而生辉,作品因朗诵而增色。

二、朗诵者的适应性

任何一位朗诵者,无论是男是女、是老是少,无论是艺术家还是普通爱好者,其朗诵实践必然和个人的主观条件相关联;"尺有所短,寸有所长",而作品未必有高下。朗诵者要想在朗诵创作中得到最佳的艺术发挥,就得"善待"自己,根据自己的实际条件来选择材料,扬长避短,巧加设计,彰显优势,掩隐不足。这可从两个方面来看。

首先,朗诵者要从自己的内部条件出发选择作品。上面所说,内容比较深奥、理解存在难度的作品要慎选,是就作品客观情况而言。而从朗诵者方面看,对作品深浅、难易的感受往往是因人而异的,它决定于朗诵者理解、驾驭能力的高下。毫无疑问，在朗诵者自由选材的前提下，有必要将自己理解无障碍的作品作为首选，这样就容易得心而应"口"，进入艺术发挥的自由王国；而当朗诵者应指定而需要完成理解有"难度"的作品时，就必须在疏通难点障碍、对内容通晓圆融之后再进行朗诵表达，切不可"以其昏昏，使人昭昭"。

另一方面，对作品有了相当的理解之后，是不是就意味着朗诵的必然圆满呢？未必，对作品解读得再深入透辟，最终还得通过朗诵艺术的有声语言技巧加以体现，朗诵者朗诵表现能力的强弱是朗诵创作成功与否最根本的因素。因此，在选择作品的时候，还必须从自己实际的技能水平出发，知己知彼，量力而行，慎加取舍，以免食而不化，正所谓"没有金刚钻，不揽瓷器活"。有时候，面对一件自己喜爱的"好作品"，却心有余而力不足，就只好忍痛割爱。当然更重要的是在艺术能力上积极进取，不断提高自己的朗诵能力。

在各种朗诵活动尤其是朗诵比赛中我们时常看到，一些朗诵爱好者的实际水准和能力，与作品的内容体现及其相应的技巧要求，明显错位，因而导致失利。这里也许还存在一个认识上的误区，认为朗诵"大"的、"难"的作品就会不同凡响，先声夺人。事实上，对朗诵来说，作品的"大"、"小"、"难"、"易"，并不是影响朗诵效果的关键，重要的是朗诵者在把握作品的基础上，对作品中可创作元素的发现、发掘和发挥；有经验的朗诵者恰恰善于从看似"貌不惊人"的"小"作品中捕捉到可贵而富足的可创作信息，然后调动最积极的创作能量予以再现并升华，从而达到至高的艺术境界。比如《人的一生》是一首典型的"小诗"，也不见惊人之笔，但在一些老艺术家的口中，却能演绎出振聋发聩的感染力，朗诵所到之处，都受到热情的赞赏。当然，这样的成功当中，也饱含着包括人生阅历在内的朗诵者的综合素养，而不仅仅是技巧层面的因素，任何艺术概莫能外。

其次，朗诵者要根据自己的外在条件选择作品。对朗诵有着一定制约作用的朗诵者外部条件主要包括性别、年龄、音色三方面。这三个条件和相当一部分朗诵作品之间有着基本的对应关系，有时候这种关系还呈现一定的错综性，而这当中，作品起着主导和制约作用。

先说性别对应问题。很显然，从特定的性别角度，以第一人称来写的作品，异性来朗诵难免影响效果，削弱感染力。如戴望舒的《雨巷》，诗中写道："我希望逢着一个结着愁怨的姑娘……"无疑，朗诵这首诗应取男性的角度，否则就不可能表达好作品的意境，甚至曲解其意。有的作品，从作者以及基本内容的角度看，似乎有着性别的约定性，但如果再深入一步去领悟，却可以发现，在性别的要求上，其实具有一定的宽限度。如舒婷的《致橡树》，一般把它解读为爱情诗，那么，因其中的抒情主体"橡树"和"木棉"这两个中心意象的性别象征所致，自然应当作女性朗诵的考虑；但如果把这首诗的象征意义和主旨题意推向一个更阔大深远的理解范畴，作为是对人际和谐关系的一种形象阐释和真情颂扬的话，那么，男性来朗诵这首诗，不仅入情入理，而且可以增加一种力度。当然要进入这种朗诵创作的"自由王国"并达到理想效果，首先要对作品有深厚的理解力，并把握好语言表现上的准确度。

再说年龄对应问题。有部分作品，尤其是现场朗诵会上，在有着直观视觉制约的情况下，对朗诵者的年龄也有一定的客观要求。比如何其芳的《我为少男少女们歌唱》，如果作为正规朗诵表演（而不是教学课堂上的练读之类），由少年儿童来朗诵就显得牵强，因为其中有这样的句子："轻轻的，从我的琴弦上失掉了成年的忧伤，我重新变得年轻了……"年龄特征很明显。又如《我俩的爱情是冬季蔬菜—致老伴》这首诗，从题目上就可以判断，不太适合青年男女朗诵表演。同样，《爸爸的老师》这类少年儿童作品，成年人朗诵总觉得不得体。人的年龄往往和人生阅历成正比，有的朗诵作品，字面上并没有直接的显示，却在具体内容上可以分析出对年龄的客观规约,因此选材时还要由表及里地加以辨识。比如曾卓的《有赠》,通篇倾情抒怀,极富感染力;从这首诗的创作背景中我们知道,这是老诗人曾卓人生沧桑的艺术再现,并且可以看成是老一代知识分子共有的坎坷经历的缩影。因此,这首诗由中老年朗诵者来演绎,就比较有利于表达出作品所富有的深沉感、厚重感,也更能产生心灵震撼力。

还有音色对应问题。男女之别带来音色的基本差异,即便同一性别也必然存在音色的不同。人的声音色彩,有高和低、宽和窄、厚和薄、粗和细、硬和软、明和暗、润和涩、松和紧等区别,并且处于相对的稳定状态,成为一个人固有的声音个性和外部特征,每一个朗诵者在选择作品的时候,很有必要考虑自己声音条件的适应度。作为一门听觉艺术,朗诵创作对朗诵者的声音条件有着较高的要求,有时甚至有所依赖。比如高尔基的《海燕》,波澜壮阔,大气磅礴,就需要具有一定爆发力和浑厚度的男声音色来发挥,从而在力度和气势的体现上给作品以基本保障;相反,甜柔细弱的抒情性女声就较难淋漓尽致地体现这篇作品的风格基调。审美经验告诉我们,人的音色本身就具有一种象征性,它能引导人们的联想思维,从而产生形象感受。根据这一点,我们在选择朗诵作品时,就应当尽可能利用音色的积极作用,来为朗诵艺术创作增色添彩。

三、选材的能动性

上面谈到的"文学作品的规定性"和"朗诵者的适应性",其实只是朗诵选材中的两条静态的"防御性"原则,而真正体现实践意义的选材,便是在浩如烟海的可用之材中慧眼识珠,择其所优,是一个积极的动态过程。在这一过程中,有一个根本的着眼点,那就是投受众所好,诵受众所爱。

"受众是上帝",任何艺术的传播都服从这一信条。本质意义上的朗诵表演和演唱会有相同之处,材料能动性强,便于因情设事,有的放矢,因势利导,适需而为。然而,芸芸众人,口味不一,如何做到皆大欢喜呢?这就得讲究选材的策略了,不妨从切近感、永恒性、共性化三个方面把好尺度。

所谓"切近感",是指根据受众对象的客观因素设定作品,使之与受众的接受可能性之间没有隔阂,从而不被排斥。比如受众对象为少年儿童,就要慎用成人化的作品;如果是一场庆典性的朗诵会,就不宜出现基调低沉、情绪悲哀的作品。经验告诉我们,现场性的朗诵表演,作品内容与观众的现实贴得越紧密就越能奏效。八十年代后期,某大学举办的新年联欢会上,男女两位特邀嘉宾朗诵的一首长诗《一米八〇》,获得了极其热烈的效果。那个年代,"一米八〇"被年轻人视为男子汉的形象标高,这首诗就从这一角度着笔,用年轻人喜爱的诙谐手法,阐明了什么是真正的"男子汉"这一主题。两位朗诵者精心选择了这首作品,并进行了巧妙的艺术处理,因此朗诵时一呼百应,高潮迭起。之后的相当一个时期,这首诗在大学校园中流传。有时候,作品内容的这种"投其所好",不一定针对现场所有的观众,而只需贴近其中的一部分,甚至只是某一个人,也同样可以连带出群体性的现场效应,只是要做到这一点,朗诵者必须掌握来自观众的有效信息。

在大量的文学作品中,蕴含着"永恒的主题",如赞美亲情、友情、乡情、爱情的,讴歌道德理想、品格情操、精神风范的,或者阐发人生信念、生活哲理的,等等。这些人文思想范畴的主题,是历史留给我们的宝贵财富,为人类社会共同拥有,光泽四海,万世不朽,体现为一种永恒性。这样的作品,普遍贴近人们的心灵,往往是受众的一种精神期待,选择这类作品来朗诵,很容易激发情感共鸣。

从有声语言的传播规律上看,有些体裁或风格类型的作品,具有大众共通的审美需求,值得予以青睐。比如叙事性或有一定情节关联的作品,往往注重内容的具象化,并且一环扣一环,易于"引人入胜",保持听觉的兴奋感而不太容易产生疲劳。再比如具有诙谐、幽默风格的作品,在营造诗意之余,还能带来轻松愉悦的审美感受,这是当代艺术创造中最能赢得受众认可的一个构成要素。上面提到的《一米八〇》,除了作品内容贴近大学生观众的思想情感外,作品突出的诙谐风格,更是致使朗诵获得成功的重要原因。"讽刺诗"是以诙谐幽默为基本风格的一个诗歌类别。它以褒贬世间百态,唤醒人类良知为目的,小处着眼,大处着意,由此及彼,由表及里,言简意赅,警世省人;语言上一般朴实而凝练,不仅耐人寻味,而且易于记取。所以这类作品有着十分鲜明的现实意义和社会效应,为广大受众所喜闻乐见。选诵讽刺性作品值得注意的是,要看清传播对象,以免内容带来不必要的伤害或误解。

有时候,读到一首作品怦然心动,爱不释手,不吐不快,但仔细揣摩可发现,作品存在着某些与朗诵实际和要求不相协调的地方;一些大型朗诵会或综艺性演出还不乏这样的情况:既定的朗诵作品与节目的整体架构或导演意图有距离,等等。这就有必要对作品来一番独具匠心的润饰加工,使之为我所用。关于作品的艺术处理问题,第六讲将专门探讨。

四、语境的制约性

语境,简单说来就是语言传播时所处的某种环境条件。在朗诵选材过程中,语境因素也很重要,但容易被忽略。对现场朗诵来说,语境涉及的方面很广泛,除了观众对象之外,还有场地空间、观众布局、情绪气氛、传播条件等,这些语境要素,看似与艺术创作无关,却都有可能构成对朗诵作品的制约和对朗诵效果的影响。例如,在露天广场朗诵会上,如果没有特定的内容要求,似不宜选择《雨巷》这类缠绵朦胧的抒情诗。原因是这一作品的情感基调内在柔缓,气氛色彩氤氲空灵,这种意境韵味比较适宜在宁谧优雅的室内环境中生成效果。同样抒情,如果是一首基调比较明朗的具有叙事和赞美特点的作品,在开放型的露天场地朗诵就会显得和谐而入理。再比如室内朗诵会,如果现场是一种剧场格局,朗诵者与所有观众直面相对,那么,客观上语言传播的到达率就比较有保障,无论作品的风格热烈奔放还是细腻委婉、内敛深沉,一般都可考虑选用;而如果现场的观众区是一种分桌而坐的联谊会布局,形成"多中心"场面,现场难免有些嘈杂,朗诵者的语言到达就不如前者顺畅,作品的选用就有必要考虑适当侧重比较具有外在情感冲击力的,比如"大江东去,浪淘尽,千古风流人物……"(苏东坡《赤壁怀古》)、"北国风光,千里冰封,万里雪飘……"(毛泽东《沁园春·雪》)、"好! 黄山松,我大声为你叫好……"(张万舒《黄山松》)等等;如果观众席同样呈分桌散坐状,却设中心表演区,这种现场格局,朗诵者所处位置具有等距离的覆盖性,语言传达就相对比较容易到位。

还有一个语境条件,就是朗诵现场的音响设施,从某种意义上说,这是直接作用于声音艺术表演效果的一个极其重要的因素,与上述语境条件相辅相成。音响效果的好与差,对语言类艺术表演的影响尤其明显,一般说来,在音响效果不能充分保证的情况下,宁可朗诵"大江东去",而舍去"小桥流水"。

上述关于朗诵选材的四个"性",应当看作一个有机系统,不妨予以综合参考。而所有这些,都只是外部因素,真正决定朗诵表演得失成败的,主要还是朗诵艺术修养这一内在因素,这也正是以下各讲要着重探讨的内容。

附作品

一棵开花的树

席慕蓉

如何让你遇见我
在我最美丽的时刻,为这
我已在佛前求了五百年
求佛让我们结一段尘缘

佛于是把我化作一棵树
长在你必经的路旁
阳光下慎重地开满了花
朵朵都是我前世的盼望

当你走近　请你细听
那颤抖的叶是我等待的热情
而当你终于无视地走过
在你身后落了一地的
朋友啊,那不是花瓣
那是我凋零的心

世界上最远的距离

（印）泰戈尔

世界上最远的距离，

不是生与死的距离，

而是我站在你面前，

你却不知道我爱你；

世界上最远的距离，

不是我站在你面前

你却不知道我爱你，

而是爱到痴迷，

却不能说我爱你；

世界上最远的距离，

不是我不能说我爱你，

而是想你痛彻心脾，

却只能深埋心底；

世界上最远的距离，

不是我不能说我想你，

而是彼此相爱，

却不能够在一起；

世界上最远的距离，

不是彼此相爱

却不能够在一起，

而是明知道真爱无敌，

却装作毫不在意；

所以世界上最远的距离，
不是树与树的距离，
而是同根生长的树枝，
却无法在风中相依；
世界上最远的距离，
不是树枝无法相依，
而是相互瞭望的星星，
却没有交汇的轨迹；
世界上最远的距离，
不是星星没有交汇的轨迹，
而是纵然轨迹交汇，
却在转瞬间无处寻觅；
世界上最远的距离，
不是瞬间便无处寻觅，
而是尚未相遇，
便注定无法相聚；
世界上最远的距离，
是飞鸟与鱼的距离，
一个翱翔天际，
一个却深潜海底。

第二讲 阅读与理解

　　好的文学作品未必就是好的朗诵作品,而好的朗诵作品应当就是好的文学作品,因此,欲"动口"先"动脑"。实践告诉我们,技巧运用是"末",阅读理解是"本",朗诵创作如果舍本逐末,对作品浮光掠影,不求甚解,其结果必然言不尽意,情不感人,或者捉襟见肘,弄巧成拙。我们要的阅读,不是泛读是精读,词、句、段、篇,写作意图、艺术特色等等,由表及里,由浅入深,吃透它的精神实质,弄清它的精华所在。

一、背景的了解

　　任何作品都是在一定的时空里完成的,诗人抒情言志总是有感而发。感从何来? 什么情事理由激发了他的创作欲望和冲动? 又是在何种状态下完成的情思挥发? 总有个前因后果,这就是作品及其创作的背景。背景的概念比较宽泛,大到社会历史,时势动态,小到一事一物,方寸空间,它起着一种"显影"的作用,是作品解读的有效依托,也是朗诵者通达作者内心世界的可靠向导。因此,只有准确把握背景,才有可能到达朗诵艺术创作的理想境界,反之则会导致南辕北辙,心是物非。尤其是写作年代、写作环境与我们存在一定时空距离的作品,更离不开背景的分析把握。

以徐志摩的代表作《再别康桥》为例，这首诗人们喜闻乐诵历久不衰，为什么？因为它的意境和语言太美了！然而，当你为这看似一目了然的"美"而不能自已、急不可耐地开口便诵的话，也许就只能使声情语态漂浮游弋在文字表面了，因为这首诗的写作背景有着丰富的内涵，需要深入地领会一番，才能朗诵出情的厚度、意的深度、韵的浓度。

我们知道，"康桥"就是剑桥（"康桥"是当时的译名），徐志摩曾经在剑桥大学留过学。"再别"，说明已经有过一次故地重游的经历了。对故地、对母校依依惜别的情感经验很多人都有，而为什么诗人徐志摩对康桥的感怀却独显得格外浓烈而深沉，康桥的一景一物在他眼里都是那样的婀娜多姿、意味缠绵呢？这是因为，康桥的留学经历对他的人生影响实在是太深远了。在这里，不仅留下了他最最纯真的一段自由恋情，更重要的是，这里还是他文学事业的发祥地。他早先到英国留学学的是政治经济学，后来在林徽因家里偶然认识了仰慕已久的剑桥大学皇家学院著名学者狄更生，狄更生从徐志摩的气质、修养、谈吐中看出了诗人的内涵，便介绍他进入了剑桥大学文学院学文学，从此，徐志摩的求学生涯发生了转折，并很快在诗歌创作上有了卓越贡献。因此，康桥的生活对他来说刻骨铭心，以至有了难解的康桥情结；当他再度远涉重洋来到康桥面前的时候，怎能不触发万般情思呢。徐志摩在《吸烟与文化》中说："我的眼是康桥叫我睁的，我的求知欲是康桥给我拨动的，我的自我意识是康桥给我胚胎的。"诗人对康桥的情感如此深切，康桥在他的心里几乎与他的生命同等重要，所以 1928 年故地重游后，他心潮难平，写下了这首传世之作。了解了这些背景，找到了这首诗的情感渊源，作品的内蕴就得到了凸显，我们的朗诵创作有了可靠的理性依托作保障，也就不会偏向形而上了。

我们在一些朗诵的场合听到，《再别康桥》的朗诵，有的偏于客观，仅仅表现为对康桥景物自然美的欣赏；有的则主观随兴，过于张扬激情、恣肆语势;还有的低婉缠绵,演绎成极度的离别哀愁。这些情形的出现,大多与对作品背景解读不够有关。《再别康桥》的准确理解和处理应当是:情感深沉热烈而内敛,语调生动溢美而不纵。

其实,有不少作品像《再别康桥》一样,背景一经吃透,内容的理解和把握也就八九不离十了。

二、涵义的剖析

诗歌,这一朗诵艺术最青睐的文学样式,它以丰富的艺术想象、高度的语言概括,深刻地表达人类的思想情感,它善用比兴象征,讲究含蓄凝练,往往言此意彼,弦外有音,从而达到较高的语言表现力和较强的艺术感染力。对朗诵者来说,诗歌作品立意的深邃精辟,语言的含蓄婉丽,会相对增加理解的难度,尤其面对一些诗意较浓的名篇佳作,我们不能让目光和思维只停留在字里行间的表层意义上,更不能望文生义,要让朗诵"浅出",必先阅读"深入",作一番剥茧抽丝、探幽烛微的分析。

例如高尔基的《海燕》。首先我们借助这篇作品的写作背景了解到,这绝不是一幅普通的浓墨重彩的风景油画,而是一篇为俄国无产阶级革命鼓与呼的激情檄文。然而,迫于当时沙皇政府的反动军事暴政,并为了躲避检察机关的耳目,作品没有锋芒毕露地发出战斗号音,而是通篇运用了象征手法。也正是象征手法的运用,使得作品加深了寓意,扩大了张力,同时也对朗诵理解提出了更高的要求。《海燕》分析的重点和难点,就在群鸟的形象和海天气象变幻的象征意义上。一般的理解应当是:天低、云暗、风吼、雷鸣,是社会环境和政治环境的象征;海燕,是俄国无产阶级革命者的形象;海鸥、海鸭、企鹅,是1905年革命前夜俄国资产阶级自由派的写照。通过这样的解析,我们撩开了作品中象征艺术的面纱,使作者笔下的形象有了清晰的本义定位,整篇作品的思想脉络也随之得到彰显,朗诵起来就言之有物、有的放矢了,作者的褒贬爱憎,尽可借助语音元素得到淋漓尽致的发挥。

如上所说,任何作品,整体立意的准确把握是首要的。对诗歌朗诵来说,体裁所独具的个性要素,也是不可忽略的内容分析要点,主要有三个方面。

1. 解析结构层次

艺术都讲究结构,作为语言文字表现艺术的诗歌体裁,本质上是简约的,它与小说散文不同之处在于,轻叙述描写而重抒情喻理,语意表述往往概括而跳突,篇章的内部结构关系往往也体现为内容语意的关系,因此对它的分析作用相对比较突出。

以古代散文名篇北宋大家范仲淹的《岳阳楼记》为例。这篇作品一共五个段落。第一段"庆历四年春……"概述重修岳阳楼和作记的缘由;第二段"予观夫巴陵胜状……"综述作者登楼观景的直接印象,并推导别人览物之情的由来,引启下文;第三段"若夫淫雨霏霏……"和第四段"至若春和景明……",分别从"景暗情则悲"和"景明情则喜"这两个角度,刻画登楼者因景而异的截然不同的两种心境;第五段"嗟夫,予尝求古仁人之心……"承上所述,阐明作者登楼观景后的所感、所思、所愿。统观全篇,从总体引述铺垫,到亲历登楼直观,进而托"迁客骚人"之名,客观描述登楼触景或悲或喜的两种情态,最后升华境界,寓示自己的理想抱负。作品的思想脉络十分明晰,语意结构层递而进。照此分析,第五段应当是全篇的核心和朗诵表达的发展高潮,在这里,作者高瞻远瞩,以天下为己任,展现了他博大的胸怀和远大的政治抱负。整个这一段,意境超拔,哲思灼灼,字字珠玑,尤其"先天下之忧而忧,后天下之乐而乐"一句,脍炙人口,千古传诵。因此这一段中的几个对比句有必要予以重点突出,而至"先天下……"处时显然须着力以旷达豪迈的情感、气满韵足的语调推向高潮。

《岳阳楼记》语言十分精致,而三、四两段尤其优美,加上由景生情的语意推进、四字句行云流水一般的迭用,以至分别到达"感极而悲"和"其喜洋洋"两个"动情点",朗诵起来,痛快畅达,所以不少朗诵者自觉不自觉地把这两段处理成了高潮,其实是不尽妥当的,而问题就在于缺少对全篇内容结构的过细解析。

2. 领会辞采要义

诗歌作品,往往具有"状难写之情如在目前,含不尽之意见于言外"的艺术魅力,这便得益于语言运用艺术,我们管它叫"修辞",修辞技巧在诗歌里显得尤其活跃,它是致成诗歌情、理、意、趣、境的不可或缺的要素,我们在解读诗歌作品时必须着重面对。汉语有着丰富多彩的修辞方式,如比喻、起兴、夸张、拟人、借代、映衬、双关、移就、拈连,还有排比、回环、顶真、反复,等等。这些修辞手法,为语言运用增加了形象性、生动性、含蓄性和多样性,作品也因而富有弹性和张力。

诸多的修辞手法中,起兴、比喻、夸张、拟人、借代、映衬、双关等都与内容相关,在语意虚实关系之间产生审美效果,而排比、回环等则增加语言形式美。对朗诵而言,前者是作品中直接牵动内涵意义理解和表达的"敏感部位",因此在备稿阅读中不可慢待。

我们来看余光中的《乡愁》,全诗四个段落,高度概括了人生的四个阶段;四个段落以四个比喻为主体,使得一个抽象的主题得到了极其形象传神的展示。要朗诵好这首诗,重在吃透这一组比喻所承载的语意内涵:正是"邮票"、"船票"、"坟墓"、"海峡"这一系列生动准确的喻体,将诗人内心的万千感怀、无尽情思浓缩于寥寥数十言之中。朗诵者只有领会了这些比喻的奥妙,才有可能用声音语言再现作品的诗情意蕴,赋予作品以足够的外张力。

诗人下笔修辞往往娴熟灵活,手法丰富,朗诵者对作品中修辞艺术的体味揣摩,有其特殊的意义,它不仅在于把握好作品的风骨神采从而予以生动表达,更可以使之成为朗诵创作中艺术处理发挥的有效元素,升华朗诵创作的境界。

我们不妨欣赏一下《毛泽东的书法》这首作品。

这首诗妙就妙在,将"毛泽东的书法"和毛泽东的诗词,一虚一实化合成笔下独到的诗意。全诗运用近十种修辞技巧,构成了独树一帜的语言风格,也为作品的立意造境起到了无以替代的作用。其中"引用"修辞法,将毛泽东诗词中的"北国风光"、"钟山风雨"、"莽昆仑"、"英雄竞折腰"、"她在丛中笑"等意象巧妙化入"书法"笔意,使诗句的虚实交融浑然一体,天衣无缝;而"井冈山"——"最高的一竖"、"两万五千里"——"最长的一横"、"砚池里千帆竞发,腕底下百万狂飙"等极度的"夸张"手法,为诗篇注入了雄浑壮阔的气势;还有"比喻"、"借代"、"拈连"等修辞法,也大大增添了意趣情致,使得作品大气磅礴,不同凡响。毫无疑问,当朗诵者融通了作品上述丰富的文字语言技巧,并精心设计相应的有声语言艺术手段予以再现,那么他的朗诵也将风格卓然了。

上述修辞技巧在传统修辞学里称之为"积极修辞",相对还有"消极修辞",指的是对词、句的推敲加工,这在诗歌创作中也是格外讲究的,下面就探讨这个问题。

3. 吃透片言只字

词句是语言表达的基本结构要素,古人作文,有"立片言以居要"之说,也就是"微言大义"的意思。诗人写作,更是惜字如命,讲究"以少少许胜多多许",甚至一字千钧。又由于汉语自身的特点和诗歌语言的个性化形态及"诗无达诂"的多义性特征,因此,我们的阅读备稿,不可仅仅"一目十行"而置片言只字于不顾,严格地说,应当把功夫细化到一词一句上而不留一个"死角",才算真正完成了备稿。李白《将进酒》的开头两句"君不见黄河之水天上来,奔流到海不复回",听不少朗诵者都以昂扬奔放、开怀痛畅的歌颂性语调来表达,这似有所不妥。李白写这首诗时,正值"抱用世之才而不遇合"之际,故而借酒兴诗情以浇块垒,一舒积郁之怀。这两句与下面的"君不见高堂明镜悲白发,朝如青丝暮成雪"对照着看,就可以读出其中包含着"人生苦短"的无奈悲感;其实整首诗看似狂放不羁,内里却有着深广的忧愤和沉郁的自信。根据这样的分析,"君不见……"两句就不宜以乐观昂奋的语调来处之。由此我们也可懂得,阅读作品不能就词论词、就句论句,只见树木不见森林,而要放眼全篇,字斟句酌,博观约取。

有的作品中,往往一词一句关乎全篇。我国传统的诗歌理论,将诗中的精神灵魂所在或诗意闪光点,称为"诗眼"。"诗眼"在一首诗里,好比人体上的穴位和神经中枢,虽则一个"点",却能"反射"全身;朗诵中必须慎重妥帖地予以处理,否则轻者言不尽意,重者以言害意。这样的词句,阅读中要十分留心。鲁迅的散文诗《立论》,以"一家人家生了一个男孩"为由,通过三个"客人"为满月的男孩祝寿的对话,揭示现实生活中说真话的不易:当一个"客人"说出"这孩子将来是要死的"这句话时,便"得到一顿大家合力的痛打"。作品至此形成高潮,无疑这句"招打"的真话是全篇的核心和灵魂,究竟该怎么朗诵?有人以沉重而强调的语气来表达,并重音点诵一个"死"字。仔细揣摩作品的逻辑内涵,按常理,寿喜之时,而且是对刚满月的孩子,不该以"死"相提;如果不仅不识时务地说出了这个忌讳的字,而且还说得很刻意,岂不是有恶毒诅咒之嫌?那么,遭打就在情理之中了。所以,"这孩子将来是要死的"这句,应当极其沉稳平和地说出,完全是一种客观事理的坦然表述,只是直白地说了句真话而已,这种情形下的遭打,就发人深思了,作者的立意也就在这里。由此可见,阅读中如果轻易放过一个关键性的词句,就可能使朗诵破坏全篇的逻辑意义。

至于作品中的生僻字、新词语、歧义句,尤其是古典作品中的一些特殊语言形式,更是首先要在阅读中加以疏通的,这是朗诵备稿最起码的要求。

三、风格的把握

一般来说，传诵比较广远的作品，之所以脍炙人口深得大众的喜爱，大多离不开它的个性特色：有的细腻委婉，有的豪放激扬；有的深入浅出、充满哲思，有的借物及人、针砭讽喻；有的浓墨重彩、情深意长，有的轻描淡写，言简意赅，等等。作品丰富多彩的风格特色，都是我们要忠实地予以体现的，成功的朗诵创作，应当借助有声语言的优势，将文字作品的个性特色发挥到极致，而前提是对作品特色理解不走样。

我们再来说说李白的《将进酒》。这篇作品笔酣墨畅，情激神荡，极尽狂放豪纵的出世之态，又分明吐露悲郁不甘的用世之志。全诗纵横捭阖，大起大落，由悲而起，然后转自乐、转狂放、转激愤、再转狂放，最后着意于"万古愁"，照应篇首。统贯全篇而成其风格的便是极度夸张的笔法，诸如"千金"、"三百杯"、"斗酒十千"、"千金裘"、"万古愁"等一系列巨额数量词组的运用，虽"言过其实"，却反衬出诗人豪迈不羁的真性情，毫不显得浮夸矫饰。这是由于"酒话"底下充实着一股波涛滚滚的郁怒情绪的潜流。有了这样的理解，朗诵起来就可避免或情纵无余、或癫痴如醉、或抑郁悲苦的极端化处理，而会把握在放而不纵、情中有思、借酒泄愤、愁不夺志的尺度上，还作品以立体的造像。

我们不得不承认"诗如其人"，作品的风格往往也就是作者的风格。比如李白，既是"诗仙"，又是"酒仙"，他性情豪爽，充满浪漫，又喜置酒会友，一醉方休。这样的个性才有可能将酒意和诗意融合得如此绝妙。因此，要探讨作品风格，有时就有必要先读一读作者其人。

哲理诗是诗歌群体中具有鲜明共性化风格特征的一族，较为突出的就是内容的比附性、思想的尖锐性、用语的讽喻性、达意的婉转性等。如上一讲所说，哲理诗有着较理想的传播效应，比较可取，原因就在这儿；而要朗诵好这一类作品，关键就是从基本风格入手，读懂弄通与众不同的构思立意和表达手法。

四、阅读与默读

我们的阅读是为朗诵作前期准备的。作为朗诵爱好者，这时候难免怀有创作的热切期待，特别是心仪已久、初次阅读的名人名篇，或诗意闪烁，或神采飞扬，总之作品到手，眼前一亮，抑不住先读为快的冲动，兴之所至，便脱口而出，一诵方休。其实这种做法未必可取，我们认为，备稿阶段的作品分析阅读以默读为佳，用眼不用声。

为什么呢？原因在于，任何感官对外界事物的直观感知都是先入为主的。当一首新作刚刚出现在眼前，还不知所云，未曾"相识"，就信口诵出，即便具有一定朗诵经验，也难免挂一漏万，顾此失彼；如果是初学者，更会口忙心乱，不知所以，使作品支离破碎。问题的后果在于：这一切粗陋不整，以致错谬百出的"即兴"朗诵，会按照"先入为主"的原理，在你大脑的声音记忆系统中留下烙印，抢占主导地位，对后来的朗诵处理产生一定的干扰甚至排斥作用。

经验证明，在阅读的初始阶段，最好保持大脑的纯净，没有任何对作品的主观诱导、心理定势，一切从作品实际出发，条分缕析，字斟句酌，默读就有利于做到这一点。所谓"默"，是一种静而内的状态，偏于理性的表现。"默读"就可以在没有自我声音干扰的情形下"入静"，用心与无声的文字接触、交流、碰撞，从而不断生成对作品的认知。可以尝试一种"口中无声心里有声"的默读方法，就是凭借有声表达的经验，在意念中产生自己的声音，让它与视觉相伴，把文字语言转换成听不见的"有声语言"，进行"带声"默读。这种方法叫"意练"，就是脱离真实的状态，在意念中进行练习，声乐、书法等艺术门类都可以作这种练习。掌握并使用这种方法的好处在于，既可以贴近作品体会朗诵的感觉，使阅读在"立体"的效果中进行，同时又不会出现"先入为主"的声音痕迹。

附作品

四月的纪念

刘 擎 王 嫣

男:二十二岁的我爬出青春的沼泽　像一把伤痕累累的六弦琴

　　暗哑在流浪的主题里　你来了——

女:我走向你

男:用风凌草一样亮晶晶的眼神

女:你说你喜欢我的眼睛

男:擦拭着我裸露的孤独

女:孤独　你为什么总是孤独

男:真的

女:真的吗

男:第一次

女:第一次吗

男:太阳暖融融的

女:手指暖融融的

男:轻轻地

女:轻轻地

男:碰着我了

女:碰着你了吗

男:于是　往事再也没有冻结愿望

女:　　　于是　往事再也没有冻结愿望

男:我捧起我的歌　捧起一串串曾被辜负的音符

女:　　　我捧起我的歌　捧起一串串曾被辜负的音符

男：走进一个春日的黄昏

女：一个黄昏　一个没有皱纹的黄昏

男：和黄昏中一个不再失约的车站

女：不再失约　永远不再失约

男：四月的那个夜晚　没有星星和月亮

女：没有星星　也没有月亮

男：这个晚上很平常　我用沼泽的经历交换了你过去的故事

女：谁也无法遗忘　沼泽那么泥泞　故事那么忧伤

男：这时候　你在我的视网膜里潮湿起来

女：我翻着膝盖上的一本诗集　一本惠特曼的诗集

男：我看见你是一只纯白的飞鸟

女：我在想　你在想什么

男：我知道美丽的笼子囚禁了你　也养育了你绵绵的孤寂和优美
　　的沉静

女：是的　囚禁了我　也养育了我

男：我知道你没有料到　会突然在一个早晨开始第一次放飞　而
　　且正碰着下雨

女：是的　第一次放飞就碰上下雨

男：我知道　雨水打湿了羽毛　沉重的翅膀也忧伤了你的心

女：是的　雨水忧伤了我的心

男：没有发现吧　我在看你

女：你在看着我吗

男：我湿热的脉搏正在申请一个无法诉说的冲动

女：真想抬起眼睛看着你

男：可你却没有抬头

女：没有抬头　我还在翻着那本惠特曼的诗集

男：是的　我知道我并不是岩石　不是堤坝

女：不是岩石　不是堤坝

男：并不是可以依靠的坚石和大树

女:也不是坚石和大树

男:可是如果你愿意

女:你说如果我愿意

男:我会的　我会用勇敢的并不宽阔的肩膀　和一颗高原培植出
　　的忠实的心　为你支撑起一块永远没有委屈的天空

女:没有委屈的天空　你说如果我愿意

男:是的　如果你愿意

合:如果你(我)愿意

再 别 康 桥

徐志摩

轻轻地我走了,
　　正如我轻轻地来;
我轻轻地招手,
　　作别西天的云彩。

那河畔的金柳,
　　是夕阳中的新娘;
波光里的艳影,
　　在我的心头荡漾。

软泥上的青荇,
　　油油的在水底招摇;
在康河的柔波里,

我甘心做一条水草！

那榆荫下的一潭，
　不是清泉，是天上虹；
揉碎在浮藻间，
　沉淀着彩虹似的梦。

寻梦？撑一支长篙，
　向青草更青处漫溯；
满载一船星辉，
　在星辉斑斓里放歌。

但我不能放歌，
　悄悄是别离的笙箫；
夏虫也为我沉默，
　沉默是今晚的康桥！

悄悄地我走了，
　正如我悄悄地来；
我挥一挥衣袖，
　不带走一片云彩。

第三讲 创作与感受

    诗人们总是驾驭着独特的思维，驰骋在神奇的世界里，时间和空间、真实与梦幻、听觉与视觉……在诗人笔下融化了，于是我们需要"还原"，循着字里行间的幽幽小径去寻觅诗的履痕，伴"小草"歌唱、听"急流"絮语，去与诗人同忧同乐、同悲同喜……

一、艺术创作与感受

    诗，从本质上说是情感的产物。白居易在《与元九书》中说："诗者，根情、苗言、花声、实义。"他把"情"比作诗的"根"，可见，无"情"便无诗，古人称之为"诗缘情"。俄国诗人普希金的一首题为《秋》的抒情诗也许可以看作"诗缘情"的最形象化的注解："抒情的波浪冲击着我的心灵/心灵颤动着/呼唤着/如在梦乡觅寻/终于倾吐出来了/自由飞奔……/思潮在脑海汹涌澎湃/韵律迎面驰骋而来/手去执笔/笔去就纸/瞬息间诗章迸涌自如。"诗歌既然是情感的产物，那么，诗歌的朗诵也理所当然地要与作品一脉相承，以情感的表达和抒发为第一要义，朗诵者应当是一个激情饱满并"迸涌自如"的纵情歌者。

    那么，情从何来？诗人、艺术家的心灵应当是极其敏感和赤诚的，一枚落叶、几声鸟鸣,都会撞击心弦,引发创作的冲动。然而这种冲动本身并不会转换成艺术作品,它离不开一个特殊的思维加工环节,用俄国思想理论家普列汉诺夫的话说,就是"在自己心里重新唤起……所体验过的感情和思想",这也就是"感受"。

我们不妨看看诗人留给我们的启迪。郭沫若早期的一首诗作《地球,我的母亲》是这样写出来的:当时他正在日本读书,学校年假中的某一天,他在走往福冈图书馆的路上,忽然来了诗兴,想抒发对地球的情感,于是来到图书馆后面僻静的石子路上,脱了木屐,先赤着脚来回踱步,随后便睡到了路上,"想去和'地球母亲'亲昵,去感触她的皮肤,感受她的拥抱",郭沫若在回忆这段往事时说:"这在现在看起来觉得是有点发狂,然而当时却着实感受着迫切……在那样的状态中受着诗的推荡、鼓舞……便连忙跑回寓所把它写在纸上,自己觉得就好像真的是新生了一样。"诗人在这里把对所咏颂对象的感受推向了极至,是通达脏腑的一种感受。因此,才有"你把你怀中的儿来摇醒,我现在正在你身上匍行"、"你背负着我在这乐园中逍遥"之类的神来之笔,以及充溢整个诗篇的与地球亲拥相吻般的至浓情韵。

艺术创作中的感受往往需要更加具象、逼真和细腻,在这方面,我们朗诵者应当学习表演艺术家们的经验。电视剧《汉武大帝》中汉武帝扮演者陈保国,第一次出演汉武帝这样一位威震四海的帝王,他全身心地投入到角色的体验感受当中,几乎到了忘乎一切不能自拔的地步,以至于对剧组的同人傲视相待,俨然一副帝王派头。等拍完了戏,卸下了角色的重负,他便诚恳地向剧组成员道歉,说明对剧组的冷淡不是故意的,因为汉武帝这个角色和以前的角色反差太大,一头扎进去出不来,全身心撑着在找感觉,一副威武尊严的派头,所以不能轻易和人说话。陈保国的这段经历给我们很大的启发,它说明艺术创造中对生活和事物深入感受的重要性,以及艺术实践者对此所应有的自觉态度。我们不得不承认，真切的感受是艺术才思和灵感迸发火花的强大动力。

　　朗诵创作中的感受，可以填补和充实文学作品与朗诵者之间一段感性思维活动的空白，从而使朗诵者和作者同呼吸、共命运，和作品意相连、气相通。这样，情感有了真实的依托，语言有了切实的着落，朗诵出来就有血有肉、有筋有骨了。上海著名话剧演员冯淳超在朗诵艺术实践中有着极其深切的体验。他曾多次朗诵臧克家的《有的人》，其中有一次他难以忘却。那一次他应邀带着《有的人》赴外地参加企业界聚会的演出，来到现场才知道，节目是在盛宴进行当中表演。当他上台时，豪华的筵席已酒过三巡，"食客"们正自顾推杯换盏、高谈阔论，有的忙着穿梭敬酒，现场一片喧哗嘈杂。此情此景，使这位老艺术家感慨系之，不由得心生鄙意，一瞬间，对《有的人》的寓意有了新的感受，他仿佛直接触摸到了诗人褒贬分明的情感神经，一种"唤醒醉态人生"的义气和责任感强烈地冲涌而起，加上现场语言环境的迫使，他用几乎是爆发的语气朗诵出"有的人活着，他已经死了"这一句。这一声振聋发聩的呐喊，使全场顿时哑然无声。紧接着他又把下一句"有的人死了，他还活着"处理得十分内敛深情。这时候会场上再也没有一点儿异响。朗诵完毕，在热烈的掌声中，几位企业家激动地走到冯淳超面前，对他说："冯老师，谢谢你给我们朗诵了一首好诗，我们都掉眼泪了……"冯淳超还有一首保留的朗诵诗作品《一个公安局长的人生片断——怀念任长霞》，每次朗诵总能使观众感动不已，这同样得益于他对作品及其所歌颂的英雄人物有着相当深入而深刻的感受，因此字字句句情真意切，发自肺腑。他认为，切不可一歌颂英雄，就把基调定得高高的，气势撑得足足的。其实英雄最本真的一面就是一个普通人，尤其是任长霞这样的人民公安干部，把自己的手机号码公之于众，与群众鱼水难分，歌颂这样一位英雄人物，不妨情绪饱满而语气平实些，如同述说我们身旁一位可敬又可亲的同事姐妹，让人物通过我们的声音留在听者身边；反之，则会给人高不可及、敬而远之的感觉。正是由于用自己的真心真情去贴近真正的英雄，冯淳超才能把这首诗朗诵得那样细腻、生动，富有感染力。比如在不同的段落里，同一句"她就是任长霞"，他就有着恰到好处的声音处理：表现任长霞的关心群众，用亲切动情的语气；赞扬任长霞的嫉恶如仇，用刚烈决然的语气；述及任长霞在执行任务途中因公殉职时，用了深沉的语气，而声音却轻轻的、弱弱的，完全是真真切切痛惜的情感，也就是这样看似毫无波澜的表达，却每次都会激荡起听者内心情感的巨澜。

这里需要说明，朗诵不同于影视戏剧表演，需要"感同身受"，而不等于"身体力行"；尤其是诗歌朗诵，朗诵者是作者作品的代言人，而不是替身，感受要深入，而不必"身入"。即便如诗表演一类的样式，也只是适当增加了情景色彩，有时人物甚至化妆造型，但还是不脱离朗诵的基本定位，并非完全角色化、情节化的戏剧表演。

二、感受作者

为什么要感受作者？因为任何作品的朗诵，作者无疑是最忠实可靠的向导。

我们在阅读作品、分析作品背景的过程中，已经对作者有所了解，如生活经历、艺术风格、创作动机等等，这些背景资料为朗诵者勾勒了作者的外部轮廓，这还不够。朗诵者不同于评论家，评论家往往只需把作者的创作背景推介给读者，留待读者自己去充实和完善；而朗诵者却要在一定程度上直观再现作者的情感、态度、心理、志趣、风貌，特别是朗诵诗歌，绝大多数都是诗人真情实感驱动下的心声吐露，甚至"诗就是我，我就是诗"。所以，要走进诗得先走近诗人，体验作者创作时喜忧哀乐、褒贬爱憎的情感心理，使自己的思想情感融入其中并产生共鸣，这样才具备为作者"代言"的资格。清代戏剧理论家李渔精辟地指出："欲代此一人立言，先宜代此一人立心"，一个"代"字，道出了感受作者的必要前提。

感受，是一种内部技巧，朗诵中对作者的感受有难易。有时候作者就"站"在你的面前，他创作时的所思所想乃至一颦一笑都让你"亲眼目睹"，如上面提到的郭沫若创作《地球，我的母亲》时的情景，让我们很容易触摸到诗人的心灵轨迹、情感脉搏，宛如"直面"诗人的"音容笑貌"，这类较为直观感性的作者创作背景资料不可多得。更多时候作者是"躲"在理性的资料里的，这些资料往往并不直接显现作者与具体朗诵作品的关系，有的作品甚至只有作者名字，旁无任何作者方面的信息可供参考，因此朗诵者必须对作者进行特殊的感受。通常是从有限的相关资料或作品当中去发掘有效元素，并借助朗诵者自己的社会阅历、世事感悟、情感经验、生活态度等，进行"虚拟"性的感受。

朗诵者通过对作者的感受，可以渗透作者的灵府，与诗人的神魂诗思相契合，并生成出鲜明而强烈的"代言"感，从而激活朗诵表达的真情和语言，获得朗诵再创作的"原动力"，与诗人共达诗作的妙境。曾卓的《有赠》是一首极富个性色彩和感染力的抒情诗，这首诗所记述的内容和所表达的情感，有着诗人人生经历的投影，要朗诵好这首诗，就不得不对诗人作深入细致的感受。《有赠》是一首不同凡响的爱情诗，它所体现的情恋不是"粉红色"的风花雪月，而是充满"灰土和血印"的沧桑，有着饱经世态炎凉、笑对命运悲苦的深邃和力度，诗中不乏奔涌难抑的激情、刻骨铭心的感念，使得不少朗诵者自然而然地让一种冲动溢于言表，语势表现得较为激越，特别是最后两小节，表达"我"的壮心未已、乐观向上，往往情不自禁地进入昂扬奔放的状态。其实从细处去感受诗人创作时特殊的境遇况味，再来琢磨这首诗，朗诵表达就会有更深一层的处理和效果。这首诗写于1961年，这时的诗人因受政治的影响，正遭受着长达二十余年的误解、歧视和迫害。在这样的年代，又身处这样的逆境中，诗人依然以青春的心灵，去拥抱爱情、升腾热烈、喷吐歌声，这不得不说是诗人超拔的精神境界的动人写照,难怪在将近四十年后的一次同仁聚会上,诗人亲自朗诵这首诗后,依然使得"满座重闻皆掩泣"。但如果设身处地地加以体会,这一情爱的"灼热"、歌声的"飞腾",毕竟源自落难诗人的身心,况且诗人当时已届不惑,从情理上说,纵然"欢乐",也蕴含一丝苦涩,因此,朗诵这首诗包括最后的部分,有必要以深沉、从容、内敛为本,"我将在彩云般的烈焰中飞腾,口中喷出痛苦而又欢乐的歌声"两句应在加强表达力度的同时,体现情感的多重性,尤其"欢乐"和"歌声"两个词,适当掺入"我全身战栗"和"我忍不住啜泣"这一情态下的深层意味,就会多一种厚重感,产生非同一般的情感冲击力,达到"扫除腻粉呈风骨,褪却红衣学淡妆"(鲁迅《莲蓬人》)的境界。

三、感受作品

朗诵艺术创作从根本上说离不开对作品本身的感受,即便感受作者,也往往与作品相关联。感受作品有必要着重以下两个环节。

1. 在事理中感受

作品中人、物、情、景的存在以及相互间的关系,必然受着一定的事理逻辑的影响或制约,朗诵艺术创作中的内部技巧也好,外部技巧也好,设计、运用得妥当不妥当,巧妙不巧妙,首先必须经得住作品内容所蕴含的客观事理的检验。换句话说,当你循着作品相关人、物、事、情的信息线索,在事理的层面进行感受,并给予深层次的逻辑推演,才能使所有的技巧有所依附,从而实现对文字作品的超越和升华,达到"再创作"的境界。从朗诵实际考察,朗诵者对作品的感受,实质上就是对事理的感受,可以说,作品的朗诵,没有感受不行,背离了事理逻辑的感受更不行。在一次朗诵大赛中,有位选手表演了《我骄傲,我是中国人》,从技巧上看,这位选手具有较好的基本功,声音条件也相当不错,然而评委最后给出的分数却很不理想,选手本人不太理解,现场观众也有所疑惑。当赛程结束,一位担任大赛顾问的艺术家在现场点评中对这位选手的失利作了分析,她指出:《我骄傲,我是中国人》这篇作品,充满着对伟大祖国的挚爱之情,朗诵者的声和情应该饱含作为中华儿女的豪迈和自信;而这位选手在朗诵表演中始终眉头紧蹙,显出一种痛苦的神情,这就直接影响了表达效果。这位艺术家的即兴点评与评委们所见完全相同。公正地说,这位选手对作品理解的准确度我们完全不必怀疑。问题就出在对作品内在事理的感受这一环节上,显得浮浅或者敷衍,因此内心无依托;而同时却在技巧的表现上强化了感受,加上长期形成的一种习惯性表情(有不少人朗诵或者唱歌时,无论悲喜,都好皱眉"作痛苦状"),于是就出现了"意外"。

有经验的朗诵艺术家,都善于就作品的重点或要点部分进行事理上深入的感受、精细的推敲、合理的演绎,从中获得有益的创作启迪,用以指导独到的艺术处理和技巧发挥。朗诵艺术家、上海戏剧学院赵兵教授在这方面显示出相当深厚的功力和精益求精的创作态度,他朗诵的作品,每每因恰到好处的出新发挥而产生强烈的艺术感染力。例如《中国最高爱情方式》,这首诗描写一对"爱了六十年没说过一句话"的老人独特的爱恋经历。他们爱情的"表白",是在一个"六十年的雪落下来"的深夜,他终于"叩响了她的门",而两人"没有说一句话","只是久久地凝视着"。这时候,"外面的雪还在落,沉重地落下来,盖住屋顶,盖住道路,盖住整个世界",之后是一声感叹:"六十年的苍茫大雪啊",整首诗到此结束。赵兵在爆发出一声"六十年的苍茫大雪啊"的长叹之后,紧接着加上一阵仰天大笑,把激情推向了高潮;而更加动人心魄的是,笑着笑着,声音变得黯然,笑声转成哭腔,随后以颤巍巍的泣语把"六十年的苍茫大雪啊"这一句又抑郁地重复一遍。结尾经这样一处理,顿时升华了作品的内涵和意境,产生了极其强烈的情感冲击力,使观众不得不为之动容。赵兵的这一笑一哭,体现出对诗中特定背景情境和人物性格的内在事理逻辑有着深切感受和精准把握。你想,六十年的盼待,六十年的心照不宣,终于一朝成真,能不令人畅怀大笑吗?然而,这爱情毕竟是降临在"头发已经像雪一样"的暮年,美好的爱情生活"已经像雪一样"了,这又怎能不生出几多苦涩而怆然唏嘘呢! 这短短的一句话、一声笑,饱含了六十年漫长人生的万般感慨,倾尽了一代人情感世界特有的雨雪风霜、甜酸苦辣,意味十分悠长。这就是事理感受催化的诗情魅力。

2. 在词语上感受

词,是语言中最小的能够独立运用的表意单位和建筑材料,语言这座"大厦"再宏伟,也要靠词语这一"砖"一"瓦"构建而成。

诗歌历来讲求用语洗练精辟、要言不烦,尤其是旧体诗,古人为此而到了"吟安一个字,捻断数根须"的地步。我们汉民族语言有着极其丰富的表意能力,精彩纷呈的修辞手法中相当一部分直接和词语运用相关,而诗歌则最能体现汉语词语运用的活力和魅力,往往看似小小的一个词,却有着极重的分量、极大的张力。因此,朗诵,尤其是诗歌朗诵,必须认真善待作品的每一个词语,把对作品分析和感受的工夫下到词语这个基本点上。

张颂先生在《朗读学》中这样说明词语感受的必要性和重要性,"善于最精细、最灵动地感受词语,是朗读者至关重要的能力,是朗读好一篇作品的必备条件"。有人认为朗读只要认字就行,张颂指出:"其实,识字也不是简单地、没有心理活动地念、懂、写、用。识字是对符号的感知,尤其是对符号与世间事物的关系的认知……朗读,远比识字复杂得多、高深得多,但必须是在对语词产生具体感受的基础上进行,否则,就会变成照字读音、有音无意的'和尚念经'。"这里提到的"符号与世间事物的关系",准确揭示了词语的本质特征,词语是什么? 说到底,就是代表客观事物或现象的一个概念符号,在书面是有形的文字,在口头是有声的语音,词义无论虚实,都可以找到与之相对应的客观事物与现象。

所谓感受词语,就是在朗诵的思维认知过程中,透过词语的符号外表,"还原"它所代表的事物或现象的"本来面貌",让抽象的符号具象化,实质上也就是通过"词语"表层的符号概念,去感受这一概念所反映的相关事物或现象,唤起鲜活的质感直觉,使朗诵中千变万化的声情语态有准确的归依;这样,内在感性知觉越透彻具体,外部声情语态的附着表现越逼真细腻,朗诵艺术生动活泼、丰富多彩的语言表现力也尽在其中了。

我们不妨以余光中的《乡愁》来加以体会。这首诗在语言形式上特点鲜明,那就是具有整体结构上对称均衡的整饬美和句式词形上循环复沓的节律美。这些美的特征,实际上是通过一系列词语的组合关系来体现的,如:名词"邮票"、"船票"、"坟墓"、"海峡",形容词"小小的"、"窄窄的"、"矮矮的"、"浅浅的",以及"小时候"、"长大后"、"后来啊"、"而现在"等名词性词组。这是就书面语言形式而言。如果从有声语言的角度看,这种匀整、对称的语言形式,朗诵时容易把人引入单调、呆板、四平八稳、周而复始的"车轱辘调"。值得指出的是,同形反复的语言结构形式是诗歌最常用的表达手段,而"车轱辘调"也因此成了朗诵初学者中的"常见病"、"多发病"。

朗诵语言美感体现的基本原则,就是语调富于变化;当诗歌作品出现同形的词、句时,更要讲究同中求异来带动声情的变化,从词语这一基本表意单位的感受上下工夫便是极其有效的一个手段。回到《乡愁》上说,其实,面对这一组组词语,只要启动我们的词语感受意识和思维触觉,就不难在大脑知觉层面感知各个词语符号所代表的事物现象之间形状、体积、质感、色彩、分量……方面的客观区别,声音语言的外部技巧也就不难随意赋形,落到实处而变化无穷。

无疑，这一原理适用于任何作品的朗诵，从某种意义上说，朗诵创作的过程，就是词语感受的过程。

四、感受的直接与间接

从上可知，无论感受作品还是感受作者，都与朗诵者的生活经历、现实体验密不可分。艺术实践历来强调深入生活，为的是获得真情实感，"纸上得来终觉浅，绝知此事非躬行"，讲的就是这个道理。但任何艺术家个人的生活经历和体验总是极其有限的，不可能为艺术创造提供所有直接的感受。经验告诉我们，对作品的感受，大多具有间接性，如同小说家，笔下的人物故事未必或者不可能全部亲眼目睹、亲历亲为，大量的来自合理的虚构，所谓"合理的虚构"，其实就是建立在真实基础上的间接感受的产物。

当然，对艺术创造者来说，感受作品有着亲身生活经历、经验的依托，总是更容易唤起真切感，产生激发力。著名朗诵艺术家瞿弦和作为煤矿文工团团长，一年之中有三分之二的时间带团在矿区为一线职工演出，并无数次地亲自下到矿井深处，对矿区生活和煤矿工人有着深厚的感情。在一次大型诗歌朗诵会上，他朗诵了一首题为《父亲，我们坐在餐桌前等你》的优秀作品。这首作品以矿难为背景，通过一个普通矿工家庭对父亲即殉难矿工的无望等待，表达了对矿难事故的诅咒和对死难矿工及其亲人的哀怜与同情。作品很长，准备的时间也很有限，但瞿弦和在演出时流畅自如、一气呵成。尤其是他饱含泪花，用发自心灵、痛彻肺腑的语调，朗诵到"父亲，父亲，你回来啊，回来啊！你怎么能，怎么能，彻底地从黑夜的一部分，变成了一整个黑夜？父亲，我们依然坐在餐桌前等你"时，他声音哽咽，泪水夺眶而出，现场观众为之感动不已。过后，瞿弦和说："我对煤矿工人太熟悉了，和他们在一起就像兄弟朋友一样，说他们的事，就是说自己的事，朗诵起来总是特别的动感情。"其实,这位朗诵艺术家朗诵其他作品何尝不动感情呢？之所以"特别",足以表明直接感受能带来那样一种巨大的创作激情。

在朗诵实践中,朗诵者不能奢望对作品内容都能做到"感同身受",绝大多数情况下,靠的是用间接的经验、信息来实现对作品的感受。在2005年9月28日中央电视台等单位主办的纪念孔子诞辰2 556周年活动中,上海文庙的典礼上有一个《孔子先生》的诗表演,节目的形式是孔子与当代年轻学子跨时空对话,孔子的朗诵由笔者担任。刻画这样一位两千五百多年前的杰出人物,内容又涉及博大精深的儒学文化,难度相当大。演出最终获得预期的效果,而排练过程中,对人物的悉心感受,是达到成功的极为重要的因素。首先通过孔子理论的悉心研读,感受这位儒学文化的创始者、中国古代思想先哲的内心世界和品格风貌;进而感受这位"大儒"为推行仁政、倡导礼义而周游列国、忍辱负重、特立独行的卓然气度、不屈禀性;而更重要的是将人物的这些个性元素置于现实语境,唤起内心深处对儒家学说当代意义的强烈共鸣,仿佛孔老夫子跨了两千五百多年的历史直面陈词。为了更有效地感受人物,笔者还穿上人物造型服装反复进行角色体验。经过这样深层次的精神契合和情感流动,朗诵时便觉得胸有成竹,充满自信,能够由内而外地把孔子那种心忧天下、济世扶国、学而不厌、诲人不倦的言语神情,发挥到较为完满的程度。

斯坦尼斯拉夫斯基在《体验艺术》一文中深入阐述了"体验"的重要性后说:"情感的创作工作借助人的精神生活的真正正常的体验及其自然体现的过程来完成。正因为如此,创作体验过程成了演员工作的基础,而我们这一派得出自己的名称:体验艺术。"斯氏这里提出的"体验"即我们所说的"感受",他用"体验"二字来称谓整个表演艺术,可见对体验之看重,这对我们是很有启迪意义的。

附作品

岳 阳 楼 记

范仲淹

庆历四年春,滕子京谪守巴陵郡。越明年,政通人和,百废具兴,乃重修岳阳楼,增其旧制,刻唐贤今人诗赋於其上,属予作文以记之。

予观夫巴陵胜状,在洞庭一湖。衔远山,吞长江,浩浩汤汤,横无际涯;朝晖夕阴,气象万千。此则岳阳楼之大观也,前人之述备矣。然则北通巫峡,南极潇湘,迁客骚人,多会於此,览物之情,得无异乎?

若夫霪雨霏霏,连月不开,阴风怒号,浊浪排空;日星隐耀,山岳潜形;商旅不行,樯倾楫摧;薄暮冥冥,虎啸猿啼。登斯楼也,则有去国怀乡,忧谗畏讥,满目萧然,感极而悲者矣。

至若春和景明,波澜不惊,上下天光,一碧万顷;沙鸥翔集,锦鳞游泳,岸芷汀兰,郁郁青青。而或长烟一空,皓月千里,浮光跃金,静影沉璧,渔歌互答,此乐何极!登斯楼也,则有心旷神怡,宠辱偕忘,把酒临风,其喜洋洋者矣。

嗟夫!予尝求古仁人之心,或异二者之为,何哉?不以物喜,不以己悲:居庙堂之高,则忧其民;处江湖之远,则忧其君。是进亦忧,退亦忧。然则何时而乐耶?其必曰:"先天下之忧而忧,后天下之乐而乐"乎。

噫!微斯人,吾谁与归?

时六年九月十五日。

将 进 酒

李 白

君不见黄河之水天上来，奔流到海不复回。
君不见高堂明镜悲白发，朝如青丝暮成雪。
人生得意须尽欢，莫使金樽空对月。
天生我材必有用，千金散尽还复来。
烹羊宰牛且为乐，会须一饮三百杯。
岑夫子，丹丘生，将进酒，杯莫停。
与君歌一曲，请君为我倾耳听。
钟鼓馔玉不足贵，但愿长醉不复醒。
古来圣贤皆寂寞，惟有饮者留其名。
陈王昔时宴平乐，斗酒十千恣欢谑。
主人何为言少钱，径须沽取对君酌。
五花马，千金裘，呼儿将出换美酒，与尔同销万古愁。

第四讲　表达与想象

想象,为我们的思想生出翅膀,它让我们翱翔在无垠的时空里,又把无限的美好带回到我们身旁。科学家有了想象,能把神话创造为现实;艺术家有了想象,则能把现实塑造成神话。朗诵,旨在把无声的符号化为有声的信息,让"躺"着的每一个文字"站"起来,变成千姿百态的艺术天使,去叩击人们的心扉,擦亮人们的情感……这静与动的转换,这抽象到具象的升华,无不靠想象去润滑、去驱动。

一、想象和视像

美学家王朝闻说:"想象这种心理能力,是人类在长期的劳动实践中逐步发生和发展起来的……正由于人有这种想象的能力,人的有目的的创造性劳动才成为可能。"(《艺术哲学》)这里从根本上提出了想象对于人类发展的意义。包括朗诵在内的艺术活动,是人类在劳动生活实践基础上产生的更高形式的精神创造,这就更加需要和依赖这种"心理能力"。

诗人是最富有想象能力的,诗歌和其他体裁最明显的区别,就是靠形象来传情达意、传神写照,虽然同样用文字来表述,字里行间却隐现着鲜明的"视觉"感,人们总是把"诗情"和"画意"相提并论就说明了这一点。诗歌又讲究比兴和象征,言约意丰,弦外有音。可以说,诗是沿着想象之路高歌而来的,毫无疑问,要用声音来再现诗歌的这种丰富和奇绝,并赋予更大的艺术张力,想象将起到至关重要的作用。

莎士比亚在《仲夏夜之梦》第四、五幕第一场中有一段精彩的论述,他认为,诗人之所以成为诗人,是因为他们"转动着眼睛,眼睛里带着精妙的疯狂,从天上看到地下,从地下看到天上,他们想象为从来没人知道的东西构成形体,他笔下又描出他们的状貌,使虚无缥缈的东西有了确切的寄寓和名目",真所谓"精骛八极,心游万仞"、"笼天地于形内,挫万物于笔端"(陆机《文赋》)。莎士比亚提到的这种"转动着眼睛"并非来自视觉的"看",而是我们朗诵创作所需要的特殊想象技巧,称之为"内心视像"。在"内心视像"中,诗歌书面的文字符号变成了"有声有色"的立体画面,一切抽象的事物都活灵活现,使朗诵创作获得直接的感性依靠,从而能准确地用声音技巧"为从来没人知道的东西构成形体……描出他们的状貌,使虚无缥缈的东西有了确切的寄寓和名目"。刘勰在《文心雕龙·神思》中这样描述"神思"即艺术创作中想象的神奇状貌:"寂然凝虑,思接千载;悄焉动容,视通万里。吟咏之间,吐纳珠玉之声;眉睫之间,舒卷风云之色。"大意是说,只要让思路与视界疆域无际地驰骋开来,那么,艺术表演便能声情并茂,焕发无穷的光彩。这里所说的"吟咏之间,吐纳珠玉之声;眉睫之间,舒卷风云之色",不仅是一种技巧的描述,也恰好形象地阐明了想象在朗诵艺术创作中的重要价值。

二、想象的生成

想象和感受一样,都是朗诵艺术创作中的重要"内部技巧",之所以称之为"技巧",就是因为想象具有可驾驭性。一般说来,它建立在朗诵者生活体验积累的基础上,通过一番由此及彼的联想来完成。比如《卜算子·咏梅》"悬崖百丈冰"的北国雪景,"犹有花枝俏"的吐艳红梅,都是我们童年时代就储存在大脑记忆中的景和物,只需把它从记忆中"提取"出来,展现在大脑屏幕上就可以了。有的作品所关涉到的情景事物,未必是我们形象记忆中已储存的现成内容,这时候我们有必要突破狭隘的记忆空间,拓宽联想渠道,借助相关物象信息来激发和唤起想象,比如,我们曾经观赏过的舞台场景、影视画面、图片影像等,都可以用来作为朗诵想象的参照物。英国著名戏剧导演莫里森在《表演技巧》一书中说:"生活中的任何事物都是培育想象力的素材。许多舞台和银幕上的故事情节可能永远不会发生在我们大多数人身上,但是演员必须学会想象它们:死亡、灾难、吸毒致幻,还有置身于不同时代、族群和文化之中的感觉。"

在这方面,我们应该借鉴诗人在创作中对想象"技巧"的运用。诗人洛夫在介绍自己的创作经验时说:"诗人首先必须把自身割成碎片,而后揉入一切事物之中,使个人的生命与天地的生命融为一体。作为一个诗人,我必须意识到:太阳的温热也就是我血液的温热,冰雪的寒冷也就是我肌肤的寒冷,我随云絮而神游八荒,海洋因我的激情而咆哮。我一挥手,群山奔走;我一歌唱,一颗果树在风中受孕;叶落花坠,我的肌体也碎裂成片;我可以看到山鸟通过一幅画面融入自然的本身;我可以听到树中年轮旋转的声音……"

这种创造性的想象是如何产生的呢?如何"异想天开"地"揉入一切事物之中,使个人的生命与天地的生命融为一体"呢?下面我们从两个方面来探讨。

1. 激情促发想象

在文艺创作中,感情是一种特殊的动力和原料,用它能发动想象、催化思维。心理学数据显示:人在平静状态下,脑中表象数目不及感情激动时的百分之一,记忆处在休眠状态;而创作时主要的思维方式——形象思维,需要高度活跃的表象活动。因此,形象思维活动要靠情感来发动它、催化它。感情从何而来？除了从生活体验和作品感受中获取外，应当从根本上培养起一种艺术家独有的品质，这种品质具有天真、纯朴、热烈、敏感的特征，蓬勃着生命的活力。这就是如我国明代学者李贽提倡的艺术"童心说"。

童心是激情的发源地。英国近代诗人柯勒律治在《文学传记》中指出：艺术家和诗人要善于"保持儿时的感情，把他带进壮年才力中去；把儿童的惊奇感、新奇感和四十年来天天都惯见的事物……结合起来，这个就是天才的本质和特权，也就是天才和才能所以有区别的一点。"海涅在《诗歌集》二、三版序言中祈叹："啊！众神啊，我并不祈祷你们还我青春，我却要你们给我留下那种青春的品德，那种大公无我的憎恨，那种大公无我的眼泪！不要让我变成一个噜苏的老人，怀着嫉妒之情向那青春的精神狂吠，也不要让我变成一个瘦弱的哭泣者——老是哀悼美满的往昔的时代……让我变成一个热爱青年并且老当益壮地还在参加青年人的游戏和冒险的老头子！"

"童心"成就了很多艺术家的艺术个性，如著名电影配音演员童自荣，就是一位富有童心的艺术家。他嫉恶如仇，有着"佐罗"般的爱憎情感，又常常以新奇的目光、敏锐的思维打量世界，他的朗诵创作，无论是余光中的《乡愁》，还是岳飞的《满江红》，始终透溢着一种真切、纯朴而具有个性色彩的激情，展示出独到的声音意象。他认为，朗诵者只有善于"投入"和"感动"，才能打动别人。朗诵创作是一种高级的情感活动过程，作品内容的千姿百态、五光十色，都需要激情和热血来润染，这种激情和热血的能量离不开"童心"源源不断的造化和输送。艺术家们身上的"那种青春的品德，那种大公无我的憎恨，那种大公无我的眼泪"，是很值得我们每一个朗诵爱好者珍视的。

2. 生活培育想象

想象需要激情，但激情只是想象的有效催生剂，而不是根本的原动力。文学家、艺术家的想象不是脑袋一拍异想天开的空穴来风,如果把想象比作艳丽绽放的鲜花,那么生活便是想象所根植的良田沃土。苏联作家康·巴乌斯托夫斯基在他的《金蔷薇》一书中讲述了一个安徒生生活中想象产生奇迹的故事,并且说明,以这个故事来代替原本要在书中阐述的关于想象的道理。我们也不妨从这个故事中去领会想象的奥秘。

那一年,安徒生到意大利旅行,坐在一辆驿车上,从威尼斯到维罗纳,车上除了安徒生,另有五位乘客:一位上了年纪的脸色阴沉沉的神父、一位贵妇人和三位姑娘。三位姑娘上车时因为车费不够和车夫发生了争吵,是安徒生为她们付足了钱。这时天已落黑,车上互相看不见脸孔。为了解除旅途寂寞,安徒生戏言自己是一位预言家,能在黑暗中洞察一切,预卜未来,他对三位姑娘说:"啊,我看你们看得那样清楚,你们的美丽简直使我心醉。"说完便开始给三位姑娘"预测"未来。

这时候,他感到又进入了构思长诗和童话时的那种想象境界:正像他的一篇童话里说的那只魔箱"砰"地打开了盖子,里面藏着神秘的思想、沉睡的感情和大地所有的魅力——五颜六色的花朵、丰富多彩的颜色和声音、馥郁的微风、无涯的海洋、喧哗的树林、痛苦的爱情、儿童的咿呀声等等,全都复苏过来,活跃起来。他首先想象其中一位姑娘生着柔软的金发,爱笑,喜欢一切生灵,在菜园里干活时,连画眉也喜欢落在她的身上。他描绘这位姑娘"有一颗热情、温柔的心。假如所爱的人遇到了灾难,会毫不踌躇越过积雪的山岭,走过干燥的沙漠,到万里之外去看他,去救护他。"接着他对第二位姑娘开始想象,他说这位姑娘应该叫玛丽亚,是属于那种性情孤僻的人,孤独地忍受着会焚毁她自身的热情。她由于出身农家,很难幸福。不过会碰上一个意中人。第三位姑娘在安徒生的想象中,"将来会有很多小宝宝,他们一个一个跟着排队来喝牛奶,未来的丈夫也会帮忙的,而作为孩子的母亲,每天会把这些眼睛里露出好奇的小男孩和小女孩亲几遍"。安徒生的这番想象预测,有的一言中的,有的引起了姑娘们对未来的遐想,车厢里气氛大为活跃。车到站了,大家着了魔似地坐着一动不动,车夫一再催促,他们才恋恋不舍地下了车。三位姑娘临走时还分别吻了安徒生,那位贵妇人热情地邀请安徒生去家里做客。

有一天安徒生闲暇无事,真的去了贵妇人家,贵妇人非常热情,并对安徒生表示了爱情。安徒生深知自己形体丑陋,贵妇人爱他是因为他想象的魅力盖过了形体上的不足,一旦想象的魅力失去了,自己就会常常感到背后有一种嘲笑的眼光。他告诫自己:只有在想象中,爱情才能永世不灭,才能永远环绕着灿烂夺目的光环。看来,幻想中的爱情比现实中所体验的美得多。于是下定决心,见过这一次永不再相会。

康·巴乌斯托夫斯基讲的这个生动的故事,很有启迪意义。安徒生不认识那三位姑娘,甚至都没有看清容貌,只是听了她们几句话,便凭着丰富的生活经验展开想象,去"洞察"她们的容貌和性情,甚至未来的情境,这"未卜先知"的超绝想象力竟赢得了贵妇人的情爱。这个故事给我们这样几点启迪:一是说明了想象的意义和价值;二是说明有作为的艺术家总是充满想象的热情和活力;三是说明想象也是一种美的创造,朗诵艺术创造,首先应该投入想象的创造。

艺术想象是一种愉快的创造劳动,高尔基在《论文学》中说过:"想象和推测可以补充事实的链条中不足的和还没有发现的环节",从而把见到的一点事实或根本没有见过的事实,生发、推测出一幅完整的生活图画,使记忆中平淡而分散的生活材料集中起来加以发展,创造出一个新的世界,让艺术家的灵魂,自由翱翔到他愿意去的任何地方,把感受、意愿、理想化为活生生的真实图画。

三、想象的途径

想象无极限,朗诵和其他艺术的创作一样,所需要的想象原则上应

该广及"八极"和"万仞",但实践告诉我们,朗诵创作中最直接的想象应
该建立在作品和作者这两个基本层面上。

1. 想象作品

从某种意义上说,朗诵创作中的想象,首先是一种"还原",依据作
品字里行间蕴含的想象元素进行形象思维的提炼加工,从而生成新的
大脑图像。如上所说,优秀的诗歌语言高度凝练,意象鲜明生动,理义
深隽婉曲,是文学样式中的"浓缩精华"。这也在客观上给我们朗诵者
提供了广阔的想象空间,也期待着朗诵者运用声音语言技巧,将这"浓
缩"的内涵意蕴通过想象,转换成更为具象的直观体现。请看下面这首
微茫的《湖心亭》:

> 从雾里走出
>
> 走进
>
> 水中之岛
>
> 雾亦从水中浮起
>
> 向对岸望去
>
> 有一人坐于土岗之上
>
> 我们各有一种
>
> 无法让对方看清的
>
> 姿势
>
> 在湖心亭与对岸之间
>
> 有一片倒伏的芦苇
>
> 一只玄鸟
>
> 受惊而飞

这首诗具有含蓄空灵之美。全诗只有短短七十多字,笔墨相当精

简,却由于选择了一个独特的角度来构成画面透视空间,又以景喻情,巧用象征,因此内有蕴涵,外具张力,别有一番情致:在风格上,景物朦朦胧胧,情由扑朔迷离,似乎意犹未尽,却又情满意足,一切皆在不言之中,让人心领而神会。

这样的作品,朗诵时不从想象入手,是难以开口的。作品表现的应当是爱情生活,但主题并未明示,这首先就需要我们凭借作品的情景意境来想象和体悟。整首诗是由三个空间构成的,以"我"的角度和视点来贯穿:第一个空间是"水中之岛",第二个空间是"对岸",第三个空间是"湖心亭与对岸之间",三个空间人物有虚有实,景物若隐若现。这里,从三个空间的透视,到景与人的描写,都需予以想象,尤其是一系列表现动态的词和词组,是画面构成和诗意体现的核心原素,应当加以重点想象;这还不够,根据这首诗的特点,要将可"意会"的情境加以"言说",还要去想象诗中隐逸朦胧的物象,如最后一小节,有必要去想象让芦苇倒伏、使玄鸟惊飞的"幕后"情景,想象对岸"那人"的去踪、情态和心理。通过这些想象,让语言符号成为一个个活的视像,并使之贯连呼应形成有机的视像链,朗诵者有了这样的感性依托,声音技巧的运用便有了准确可靠的着落,作品意蕴情趣的表现也就不会虚无缥缈了。

想象,不仅能丰富朗诵创作的具象感,还能帮助朗诵者感知意境美。著名电影演员梁波罗在谈到两首关于女性题材作品的朗诵时就有着深切的体会。一首是《雨巷》,他在很多场合朗诵过这首诗,虽然未曾做角色化的人物造型,但每次朗诵前,总想象着自己穿着长衫、戴着围巾,甚至撩起长衫去探一探雨,然后慢慢撑开雨伞走进"雨巷",眼中尽是似曾相识又别具韵味的雨中情景……于是,声音语调也随之落到实处,观众虽然面对的是艺术家梁波罗,"神思"却不由得一起来到了"雨巷",感受到了氤氲于诗中的那种朦胧之美。梁波罗还朗诵过女诗人张健桐的一首题为《关于一束鲜花》的抒情诗:

我为一个细节而怦然心动/一个女人手持一束鲜花回家//宛如音乐沿水面滑行/她纤细的手指轻盈地握住一抹移动的晚霞/两侧的绿树纷纷摇曳//黄昏的亲情降临/她将这一束芬芳/温柔地植于丈夫和孩子中间/娇小的情调/覆盖了一天的平淡和疲惫//一盏温暖的灯下/有什么能与满怀爱意的女人平分秋色/无论小阁楼还是大客厅/一簇内心绽开的微笑/都是对生活的一次照亮//热爱这一切吧,朋友/如果你拥有一位带花回家的妻子或母亲/你不会不清楚/初春也好/深冬也罢/所有的苍茫都抵不过//一束柔情的明媚

这首诗与《雨巷》有一个相似点:同样有关女性题材,但时代背景和风格基调相去甚远,朗诵处理自然不能简单潦草地搬用经验。梁波罗又是通过想象来寻找声音技巧归宿的:都市、黄昏、暖色的灯光、温馨的家室不乏现代气息……他都"看"到了,感受到了,被陶醉了,这也正是他最熟悉的情境氛围,于是声情语言自然融入了进去,仿佛倾吐自己的心声,语调节奏也相应地有别于《雨巷》,朗诵完最后一句"一束柔情的明媚",感到意犹未尽,便不由得即兴重复了一句。

在朗诵的想象中,朗诵者有时不仅仅要"看到"情景物体,还应该具备一种自我"物化"的境界,而进入物化状态后的想象便使作品获得了出神入化的艺术品质。宋代高邮有一位画家陈直躬善于画野雁,苏轼大加赞赏:"野雁见人时,未起意先改,君从何处看,得此无人态?"(《高邮陈直躬画雁》)意思是说,野雁是很怕人的,一见人就会惊恐而远飞(诚如《湖心亭》中的那只"玄鸟");如果让它看到你要画它,还没动笔它就飞了;而你笔下的野雁是这样地悠闲自得,一副无人惊扰之态,你是如何画出来的呢?不用说,这是画家自我物化后精心揣摩的结果,他把自己想象成了一只野雁,于是才下笔有神。通过这种自我物化,创作者不仅可以把对象表现得真切细腻,栩栩如生,而且还能推己及物,把自

己鲜明的思想感情、精神诉求移植到表现对象的形象上,使这一描写对象充满意蕴和情趣。李白与山"相看两不厌"(《独坐敬亭山》),辛弃疾与山则"我见青山多妩媚,青山见我应如是"(《贺新郎》),两位大诗人都有着物我通灵的想象能力,当他们看山时,山也会"看"他们;于是山便透出活力,跃然出纸。画家诗人们在创作过程中,思维活跃着物我融化后的意象,当我们把视觉符号转化为相对抽象的听觉符号时,更应当以己及物,容我于物,强化形象思维,发挥想象的艺术创作能动作用。

著名电影配音演员曹雷十分重视朗诵创作中对想象的运用,经常通过"物化"的形象思维,来深刻、传神地表现作品内容。在深圳的一次朗诵会上,她朗诵《致橡树》,来到舞台上,忽然有了一种如临其境的感受,仿佛自己已成了那棵"作为树的形象,和你站在一起"的"木棉",此刻正在直面"橡树"作倾心之谈。于是,她在开口前抬了一下头——对着"橡树"投去了亲切的目光,然后声情并茂地开始了内心的表述。曹雷事后说,朗诵开始前的那一个抬头,完全是下意识的,那是自己真正融入作品情境物象后自然而生的效果。她认为,朗诵任何作品都需要这种深入的想象,不仅自己眼前有物,还要让观众眼前有物。她特别指出,有的朗诵者,朗诵表达时缺乏想象的能力,尤其不能进入物化的境地,眼中茫然,传达出来的内容也就显得空泛乏力。即以朗诵《致橡树》为例,常常有人不是对着"橡树",而是对着观众,用一种很夸张的语调大声表白,这样就破坏了作品的意蕴和情致。

2. 想象作者

朗诵者作为作者的代言人,在表达诗人的思想情感时,眼前应当出现诗人的音容笑貌、神情状态,特别是朗诵诗人直抒胸臆的作品,围绕诗人展开想象,从中获取直接的创作激情和动力,对诗情的营造和诗意的刻画十分有益。

当代诗人雷抒雁在《小草里的诗情》这篇文章中谈到创作《小草在

歌唱》时的思想情感经历。当他被张志新烈士的事迹所感动，产生了燃烧的诗情，又找到了寄托情思的小草的形象时，便在一个不眠之夜，和小草进行了"对话"，他描述道："她向我讲述着烈士的不平，我痛苦地又在解剖着自己。我觉得在英雄面前，我不如小草勇敢；我觉得在风暴面前，我不如小草清醒；我让小草鞭挞自己，寻找内心埋藏已久的公正和良知。我知道，只有公正和良知才是我和读者间可以互相了解的桥梁。"于是诗人的笔下就流淌出这样沉甸甸的诗句：

　　我曾满足于/月初，把党费准时交到小组长的手上/我曾满足于/党日，在小组会上滔滔不绝地汇报思想/我曾苦恼/我曾惆怅/专制下/吓破过胆子/风暴里/迷失过方向//

　　诗人在《小草在歌唱》中还写道："我恨我自己/竟睡得那样死/像喝过魔鬼的迷魂汤/让辚辚囚车/碾过我僵死的心脏。"当我们在朗诵这首诗的时候，如果能想象到诗人感受小草、落笔成诗过程中，自我拷问、严于反思、痛心疾首；想象到诗人孤灯独影下伏案沉思、熬红的双眼中滴落着晶莹的泪珠、因悲愤痛苦而紧抿的嘴唇在微微地颤动……想象到这一切并使之如同己出，再用声音技巧忠实地加以再现，那么，就不难表达出作品的深度和力度，从而产生强烈的艺术感染力和思想震撼力了。

　　我们再来读一读杜甫的一首《月夜》，这首千古名篇完全是诗人想象的产物：

　　　　今夜鄜州月，闺中只独看。

　　　　遥怜小儿女，未解忆长安。

　　　　香雾云鬟湿，清辉玉臂寒。

　　　　何时倚虚幌，双照泪痕干。

　　当时诗人独处长安，在一个皓月当空的夜晚，他遥望远在鄜州的妻子儿女，深厚浓烈的思念之情把他带入了一个想象的世界：此刻妻子也正在孤单地凭窗遥望,苦苦想念着自己;年幼无知的儿女却还不懂得想念远在他乡的父亲;妻子由于站立得太久了,雾气打湿了她的头发,清凉的月光使她感到有些寒意;他还想到,一旦夫妻聚首,相依在窗帷前一同赏月,月光照射下,两人的泪水才会抹干。想到这里,就挥笔把无尽遐思凝结成了诗行。朗诵这样的诗作,无疑应当把对诗人的想象放在首位,也只有沿着诗人想象的思维轨迹,朗诵者才有可能真正表达诗作深含的情感意蕴。

也许朗诵者会觉得,上述两首诗,从作品本身也不难产生丰富的想象,何必把想象对准作者呢? 是的,这些作品中蕴含的都是人之真情,但不一定都是人之常情。比如杜甫的对月思亲,不同于人们"每逢佳节"之思,其中还饱含着安史之乱所带来的战乱离愁;同时诗人表达的也并非单一层次的思念,而是因想象到妻子对自己的苦思苦念而备加思念妻儿。这种深层次的想象,只有面对诗人才能真切地得到。

当然,对诗人的想象并非都如上述两首作品那样,有现成的背景资料可依,但这并不影响我们对诗人的想象。如同我们想象作品一样,生活和激情,可以为我们铺设一条到达想象至高境界的道路。例如朗诵余光中的《乡愁》,不妨把想象的光点聚焦在诗人身上:但"见"诗人余光中伫立宝岛海岸,苍苍白发与一袭披风微微飘拂,容貌略带疲惫,双眉微蹙,神情凝重,眼里充满着期待,时而长舒一口气……朗诵毛泽东的《沁园春·长沙》,则可想象毛泽东那"指点江山,激扬文字"的豪迈风姿和浩然气势。我们还可以运用"通感"来丰富想象,如毛泽东《卜算子·咏梅》中"待到山花烂漫时,她在丛中笑"这一句,虽然"笑"是视觉的感知,但不妨加入一重听觉的想象,朗诵时用心去"聆听"梅花的"笑","听出"银铃般美妙的声音,脆脆的、柔柔的,可爱动人极了。这时候,我们的声调语气,自然会因为神情专注又满怀欣喜而表现得亲切入微、充满爱意,梅花"俏不争春"的品格内涵也就更见神采了。法国哲学家、心理学家李博在《论创造性的想象》一文中说："思想秩序中创造性的想象里，根本的、基础的要素，就是以类比来进行思维的功能，换句话说，就是借事物之间的、也往往是偶然的相似关系来进行思维。"(《外国理论家作家论形象思维》)朗诵者最难能可贵的，就是这样一种在"偶然的相似关系"的发现中进行想象，创造思维的崭新结果。

最后我们有必要一提，想象应当"进得去出得来"、"放得开收得拢"，要避免用声音技巧简单地图解大脑中的图像，变成角色化、情景化的外部夸张表演。其实，朗诵对于人、物、情、景的表现，追求的是"神似"，想象的运用，归根结底也是为了赋予我们的朗诵创作更多"神似"的依据和保证。

附作品

致　凯　恩

普希金

我记得那美妙的一瞬：
在我的面前出现了你，
有如昙花一现的幻想，
有如纯洁之美的天仙。

在那无望的忧愁的折磨中，
在那喧闹的浮华生活的困扰中，
我的耳边长久地响着你温柔的声音，
我还在睡梦中见到你可爱的倩影。

许多年过去了，暴风骤雨般的微笑
驱散了往日的梦想，
于是我忘却了你温柔的声音，
还有你那天仙似的倩影。

在穷乡僻壤，在囚禁的阴暗生活中，
我的日子就那样静静地消逝，
没有倾心的人，没有诗的灵感，
没有眼泪，没有生命，也没有爱情。

如今心灵已开始苏醒：
这时在我面前又重新出现了你，
有如昙花一现的幻影，
有如纯洁之美的天仙。

我的心在狂喜中跳跃，
心中的一切又重新苏醒，
有了倾心的人，有了诗的灵感，
有了生命，有了眼泪，也有了爱情。

致 橡 树

舒 婷

我如果爱你——
绝不像攀援的凌霄花
借你的高枝炫耀自己；
我如果爱你——
绝不学痴情的鸟儿
为绿荫重复单调的歌曲；
也不止像泉源
长年送来清凉的慰藉；
也不止像险峰
增加你的高度，衬托你的威仪。
甚至日光，
甚至春雨。

不，这些都还不够！
我必须是你近旁的一株木棉，
作为树的形象和你站在一起。
根，紧握在地下
叶，相触在云里。
每一阵风过
我们都互相致意，
但没有人
听得懂我们的言语。
你有你的铜枝铁干，
像刀，像剑，
也像戟；
我有我的红硕花朵，
像沉重的叹息，
又像英勇的火炬。
我们分担寒潮、风雷、霹雳，
我们共享雾霭、云霞、虹霓。
仿佛永远分离，
却又终生相依。
这才是伟大的爱情，
坚贞就在这里：
爱——
不仅爱你伟岸的身躯，
也爱你坚持的位置，足下的土地。

第五讲　基调的确立

　　唱歌有音调,绘画有色调,说话有腔调,"调"显形态、见个性、定分寸。诗的朗诵,是语言的"歌唱"、声音的"绘画"、灵魂的"说话";它来源于文字,形成于音韵,没有乐谱、没有画布,没有量化的规定,情感的张弛、语意的开合,须听凭于基调的把控。

一、基调的特征

　　有声语言艺术的实践,无论是朗诵还是播音,基调的把握和运用都是一个直接影响表达效果的核心问题。

　　张颂先生在《朗读学》中说:"基调,指作品的基本情调,即作品的总的态度感情,总的色彩和分量。"这里所提到的"作品",应当既指我们朗诵所依据的书面文字作品,也包括经过有声语言加工再现的朗诵艺术作品。朗诵,说到底就是要做到用有声语言准确地表达文字作品,而其中,"看"和"听"两种"作品"基调的完满统一是一个首要的环节。

　　基调在朗诵过程中起统领全篇的作用,它是"纲","纲举"才能"目张"。张颂先生把基调具体解释为"总的态度感情,总的色彩和分量";不同的作品表现出的"态度感情"、"色彩分量"千差万别,一篇作品中也会有参差变化,这里一个"总"字是关键。对听者而言,基调是对作品的一个总体感觉;对朗诵者来说,基调是一个有声语言构成的总体形态。比方说:毛泽东的词《沁园春·雪》基调是热情洋溢、豪迈奔放、大气磅礴;《大堰河,我的保姆》基调是深沉、悲愤、痛切、感奋;《我愿意是急流》基调是热切而质朴、衷情而坚毅,等等。这些表述基调的关键语词,勾勒出的既是作品的客观概貌,又是朗诵的主观准则;我们应该做到的是,让这一客观概貌和主观准则的并现,既在阅读中可以看出,又在朗诵中可以听到。

既然基调是全篇表达的统领,那么朗诵创作中基调把握得准确与否,就直接影响着整体的效果,基调出错,整体走样,如同建造楼宇,地基不实,楼体难免变形以至倾倒。举例来说,用朗诵张万舒的《黄山松》的基调来应付席慕容的《一棵开花的树》,用朗诵冯至的《我是一条小河》的基调来处理《大堰河,我的保姆》,"感情"的"分量"显然大相径庭;假如用朗诵《我为少男少女们歌唱》的激情奔放的基调,来对待余光中的《乡愁》、臧克家的《老马》、殷夫的《血字》,那"态度"、"色彩"就谬之千里了。基调本质错位到这个程度,以至千部一腔,恐怕不大会有,但在有些场合,"走调"、"离谱"的朗诵也确实并不鲜见:明明是颂扬的主题,却抛洒一腔愁绪;明明是淡雅的情调,却倾泻无限激情。这种情形,不无技巧主义的因素,但究其实,是缺乏对基调这一概念的认识。因此,慎重对待并严格驾驭好基调,应当视为朗诵艺术创作的一个重要前提。

二、朗诵基调的形成

朗诵的基调来源于作品,作品的基调形成于对作品主旨题意、内容情境、思想脉络等个性特征的综合、提炼和概括。

有时,作品的基调不是显而易见的,需要通过由此及彼、由表入里、由浅入深的解读剖析才能确立。例如高尔基的《海燕》这篇散文诗精

品,有着特殊的历史背景和深邃的思想内涵,在写作手法上,又运用了大量的比喻和象征,显示出一定的深度,也给阅读和理解增加了难度。这篇作品的基调是较为丰富的:沉郁与激越交融,热情而不乏针砭,豪放中透溢深邃。有了这样的基调作支撑,朗诵表达中张和弛、抑和扬、虚和实、放和收等,就不可能出现"总体上"倾向性的偏差。我们有时候会听到初学者朗诵《海燕》,因着"苍茫的大海"、"暴风雨就要来了"这一语境,通篇就用一个调门高亢到底,声音疲累且不说,作品丰富的内容层次也被淹没在这种粗浅的单调中,这样的基调显然有悖于作品表现的要求。再如李白的《将进酒》,不少人由"黄河之水天上来"来定调,全篇用颂扬的基调来处理,忽略了诗人借酒开怀、忧乐交并的复杂心绪,朗诵的效果必然会直接受到影响。

"子美诗铿锵磊落,譬如高山大川,苦于登涉,乐天诗坦荡真率,譬如平原旷野,便于驰骋。"(清代诗人周亮工)对初学者来说,基调确立过程中有一个具体的操作环节不可忽略,即对基调的归纳和表述,也就是用一系列的词句将基调分析的结果描写出来,比如《我为少男少女们歌唱》,我们给它确立的基调是"热情、舒展、豪放",看起来这好像"多此一举",其实不然。这些语词,是从朗诵要求出发,对作品整体概括的表述,它的作用在于:给朗诵表达确立一个"态度感情"、"色彩分量"的具体尺度,而这一尺度并不只停留在"意会"上,而是把它"言说"出来,为朗诵提供声情运用的明确依据和规范。这与歌谱的情感提示异曲同工,如《在那桃花盛开的地方》:"深情、明媚、自由些",《在希望的田野上》:"中快,节奏鲜明而有活力、朝气蓬勃地",等等,这些提示语对歌曲的演唱处理起着一定的统摄作用。所不同的是歌曲的情感提示语直接来自作者,无需歌者去提炼表述;朗诵的基调则基于朗诵者的理解,具有一定的分析性和不确定性。不可忽略的是,朗诵基调描述语词的产生过程,实际上是对作品由感性到理性,认知逐渐清晰、解读不断深化的过程,这对朗诵者来说是一种十分自然而有益的强化阅读。

我们强调基调的重要性,是基于基调在朗诵过程中所能起的总体统摄作用,对全篇的朗诵走向作引领和把舵,避免被枝枝蔓蔓、琐琐碎碎所支离。但这不等于说,基调就是涂抹全篇的单一色。事实上,朗诵的语言运动过程必然是由局部而总体,而每一个局部都可能具有个性化内容,也就必然体现出具体的色彩和分量,同时各局部之间一定有机关联,一脉相承。那么,基调和局部的色彩分量是什么关系呢?一般说来,前者是后者的综合,突出共性特征,起着指导性的作用;后者是前者的依附,突出个性特征,起着直接体现或间接衬托的作用,两者相辅相成。例如《海燕》,总体上应以热情、激越、豪放、深邃的态度情感、色彩分量,来刻画象征无产阶级革命战士的海燕和象征人民群众革命力量的大海波浪,声情并茂,恰如其分;而那些象征机会主义者、资产阶级自由派等保守、反动势力的海鸥、海鸭、企鹅的形象,则只能用轻蔑鄙夷、嘲讽贬斥的情感色彩加以描摹。但这并不意味着对全篇基调的游离或突破,相反正是对这些反面形象的"抑",才能更鲜明地衬出对正面形象的"扬",从而更有力地支撑起全篇统一和谐的基调。

朗诵创作中,我们不仅要把握好基调这一全篇总体态度分寸、情感色彩的共性运动,更有必要追求诗作中小节、层次、语句等每一个局部单位的个性发挥,这一共性指导下的个性发挥所产生的效果,就是朗诵表达的艺术,也是朗诵创作的根本目的。

三、基调与风格

这里所说的风格包括两方面,一是作品的风格,二是朗诵表达的风格。同一主题不同的作品或同一作品不同的朗诵者,无论有什么样的风格差异,基调应当是不为所动的。基调是总的思想和感情、总的色彩和分量,是整体给人的印象,体现的是内在本质上的倾向,决定着朗诵最终的品质效果;风格则是在这本质基础上附加某些个性化的因素,属于外在表现的范畴,不能影响总的倾向。

先从作品风格和朗诵基调的关系看。台湾著名诗人于光中和洛夫分别写过《乡愁》和《边界望乡》两首乡情诗。这两首诗主题完全一样,并且都是取隔海望乡的角度来展开,但风格上却有着较大的不同。《乡愁》为等式四段体的结构,从时间的层面展开,概括凝练,每段都以一个比喻来表达诗情意境,取象设喻浅近而精当,体现了现实主义的风格。《边界望乡》则富有较浓郁的超现实主义的色彩,诗中着重空间的意象驰骋,以"一座远山迎面飞来/把我撞成了严重内伤"、"杜鹃以火发音/那冒烟的啼声/一句句穿透异地三月的春寒/我被烧得双目尽赤,血脉贲张"等一系列极具夸张的象征手法,强化意蕴,凸现炽情。在朗诵处理上,显然《乡愁》应偏于平实,语势情态相对控敛,总体节奏趋于规整;而《边界望乡》,情思纷繁、意象跳跃,必然导致情势收放、语流跌宕的艺术处理。然而这两首作品的朗诵,在基调上都不应该游离深沉感怀、炽烈由衷这样一个基本要求。

再从朗诵风格的角度说,例如邵燕祥的《谜语》,这首诗以谜语的语体构成,借设谜的形式阐发诗意:

> 有人有它/有人没有它/有它的人珍贵它、爱护它/真正的人不能没有它/没有它的人说这个世界上根本就没有它/却在市场上零整地出卖它……//

在层层的对比描述之后,诗的末尾揭晓谜底:"这就是良心,良心就是它"。这首诗构思独特,形式新颖。这样一首作品,在朗诵处理上,可以就作为一个谜语来对待,总体上以启迪性的语调贯穿,语势较平缓,充分体现对象感、交流感;也可以仅仅把它当作一首诗来表达,褒贬爱憎通过语势张弛、语调跌宕加以充分体现,语气色彩也较浓重。这两种朗诵处理都有相当的合理性,在实际表演中究竟取何种风格,可视对象、场合等语境情况而定,但基调中的决定性要素应当是一致的:语气中的力度不可缺少,态度上的褒扬贬抑必须分明,这无可异议。

四、基调和"腔调"

基调的确立,不能脱开诗作的本体,其根本的依据便是作品的题旨情境,它不是技巧或经验层面的作为。基调不应格式化,不同的作品可能有相同的主题,但不等于可以"信手拈来",照搬套用,基调的确立应当有个性化的追求。有的朗诵者,一开口,就有似曾相识的基调,而这个朗诵基调与作品基调是错位的,不是缺些什么,就是多点什么,甚至大相径庭。这种我行我素、千部一腔的调子,我们称之为"腔调"。

腔调是形式主义在朗诵中的表现,是有声语言的僵化,这是朗诵艺术创作中的大忌。有人片面地理解"朗诵"这个词的定义即"大声诵读诗和散文,把作品的感情表达出来。"(《现代汉语词典》2005版),夸大了"大声"两个字的作用(值得注意的是,在中小学语文朗读教学中这种现象很普遍),结果,"声"大了,语言的层次少了,本该活泼多姿、色彩斑斓的语调形式被强化成僵硬、粗糙的腔调。拿《再别康桥》这首名篇来说,就有不少朗诵者出口成"腔",或若痴若醉,或撕心裂肺,让人实难接受。

腔调容易出现在古典诗词的朗诵中,这有一定的客观原因。古典诗词严于格律,格律本质上就是"格式"、"规律",示人以规范、模式,尤其是绝句、律诗、古体等诗歌体裁,体式规整,句式匀称,加上篇幅容量有较大的局限,凡此种种,便是腔调产生的客观基础,不少朗诵者自然而然地被作品的外在格式牵着走,久而久之便形成了语言定势,具体表现为音步呆板,语调单一,有声无情,有情无意。

但格律本身无过,相反,古典诗词的"格律",恰是一种音乐性的体现，它完全可以用来丰富和美化我们朗诵语言的声音形式，再加上作品内容浩瀚丰富、千姿百态，只要我们以作品内容为本，合理调动并有效发挥好声音技巧元素，就完全能够避免呆板无物的朗诵腔调。关于古典诗词的朗诵技巧，有待相关部分具体探讨。

附作品

海　燕

高尔基

　　在苍茫的大海上,狂风卷集着乌云。在乌云和大海之间,海燕像黑色的闪电,在高傲地飞翔。

　　一会儿翅膀碰着波浪,一会儿箭一般地直冲向乌云,它叫喊着,——就在这鸟儿勇敢的叫喊声里,乌云听出了欢乐。

　　在这叫喊声里——充满着对暴风雨的渴望!在这叫喊声里,乌云听出了愤怒的力量、热情的火焰和胜利的信心。

　　海鸥在暴风雨来临之前呻吟着,——呻吟着,它们在大海上飞窜,想把自己对暴风雨的恐惧,掩藏到大海深处。

　　海鸭也在呻吟着,——它们这些海鸭啊,享受不了生活的战斗的欢乐:轰隆隆的雷声就把它们吓坏了。

　　蠢笨的企鹅,胆怯地把肥胖的身体躲藏到悬崖底下……只有那高傲的海燕,勇敢地、自由自在地、在泛起白沫的大海上飞翔!

　　乌云越来越暗,越来越低,向海面直压下来,而波浪一边歌唱,一边冲向高空,去迎接那雷声。

　　雷声轰响。波浪在愤怒的飞沫中呼叫,跟狂风争鸣。看吧,狂风紧紧抱起一层层巨浪,恶狠狠地把它们甩到悬崖上,把这些大块的翡翠摔成尘雾和碎末。

　　海燕叫喊着,飞翔着,像黑色的闪电,箭一般地穿过乌云,翅膀掠起波浪的飞沫。

　　看吧,它飞舞着,像个精灵,——高傲的、黑色的暴风雨的精灵,——它在大笑,它又在号叫……它笑那些乌云,它因为欢乐而号叫!

这个敏感的精灵,——它从雷声的震怒里,早就听出了困乏,它深信,乌云遮不住太阳,——是的,遮不住的!

狂风吼叫……雷声轰响……

一堆堆乌云,像青色的火焰,在无底的大海上燃烧。大海抓住闪电的箭光,把它们熄灭在自己的深渊里。这些闪电的影子,活像一条条火蛇,在大海里蜿蜒游动,一晃就消失了。

——暴风雨! 暴风雨就要来了!

这是勇敢的海燕,在怒吼的大海上,在闪电中间,高傲地飞翔;这是胜利的预言家在叫喊:

——让暴风雨来得更猛烈些吧!

我愿意是急流

裴多菲

我愿意是急流,
山里的小河,
在崎岖的路上、
岩石上经过……
只要我的爱人
是一条小鱼,
在我的浪花中
快乐地游来游去。

我愿意是荒林,
在河流的两岸,

对一阵阵的狂风,
勇敢地作战……
只要我的爱人
是一只小鸟,
在我的稠密的
树枝间做窠、鸣叫。

我愿意是废墟,
在峻峭的山岩上,
这静默的毁灭
并不使我懊丧……

只要我的爱人
是青青的常春藤，
沿着我荒凉的额，
亲密地攀援上升。

我愿意是草屋，
在深深的山谷底，
草屋的顶上
饱受风雨的打击……
只要我的爱人
是可爱的火焰，

在我的炉子里，
愉快地缓缓闪现。

我愿意是云朵，
是灰色的破旗，
在广漠的空中，
懒懒地飘来荡去，
只要我的爱人，
是珊瑚似的夕阳，
傍着我苍白的脸，
显出鲜艳的辉煌。

第六讲　案头的加工

朗诵作品从书面到口头,并非仅仅是语言由"无声"到"有声"的简单形式转换,即便是"朗诵诗",由诗人的笔墨倾诉而成为艺术家的声情咏诵,目的、要求、方法和效果,客观上也不尽相同,其间的过渡,需要以创作的理念来对待。有经验的朗诵者,不会错过每一次精加工、再创作的机会,聚精会神地做好朗诵前的案头作业。

一、艺术处理的必要性

这里所说的"艺术处理",是指从局部或整体对原作品加以内容上的更动或形式表现上的设计。

并非所有的书面作品,都必须经过"整容"才能成为朗诵作品,相当多的著名诗篇往往是以固有的风貌活跃于朗诵艺术舞台的;但从朗诵者的角度说,应该保持一种创新意识,审慎对待每一篇有待朗诵的诗歌作品,即便是脍炙人口、广为传诵的名篇佳作,在特殊的情况下,也有可能要接受朗诵创作的某种艺术处理。作品从书面文学形态到朗诵艺术形态,究竟处理不处理、发挥不发挥,关键要看有没有必要性,其实,我们在作品选用的过程中就应当同时考虑这个问题了。

一篇作品,从书面到口头,从视觉阅读到声音传播,是一种静态和动态之间的变化,处在动态情状中的朗诵表达,相比静态的文字表达,语境因素丰富活跃得多,对作品的影响作用也要大得多,因此有必要通过对作品的精心处理,使朗诵表达不落窠臼、臻善臻美。就诗歌作品的音乐性、形象性、抒情性等个性特征而言,从书面到口头,艺术处理的必要性就更为突出。

总的来说,这种必要性体现在以下几方面。

1. 凸显作品特点

很多诗歌作品本身就具有文学层面上的某种风格特点,当这些作品被用来朗诵时,针对这些特点予以有声语言上的"度身定做",就会别开生面、不同凡响;反之,仅仅让声音技巧一成不变地"拷贝"文字作品,就有可能达不到应有的艺术感染力,有时甚至可能影响作品内容的表达。

例如《谜语》的朗诵。这首诗作妙在以谜语形式构成,诗的最后是"谜底"的自问自答。如果按原作朗诵,内容是完整无缺的,但作品"猜谜"的情趣色彩就被隐没了,朗诵的现场艺术效果也必然有所影响。这首诗艺术家们朗诵时大多作这样的处理:先后朗诵两遍,第一遍以较慢的速度进行,以交代清楚"谜面"的意思,这也是"出谜"的一般规则。朗诵完"朋友,请你猜一猜,它是什么"之后,稳稳地停下来向观众征集"谜底",待几番"互动"之后,再诵出谜底:"良心"。这一遍侧重"出谜",作品有所松散支离,所以有必要从头再朗诵一遍,并且语势也有所推进,以还原诗作的完整性。经过这样的处理,作品的特色在特殊的语境中发挥出了独特的艺术效果。

柯岩的《周总理,你在哪里?》是一首优秀的诗歌作品,曾经在中华大地上广泛传诵。这首诗成功地运用了呼唤式的语体,人与自然环境一应一答,表达出了"万众放声、天地同悲"的感人情景。在一次朗诵会上,这首诗被设计成集体朗诵的形式,"我们对着高山喊"、"我们对着大地喊"、"我们对着森林喊"、"我们对着大海喊"等领起句由单人领诵，"周总理"的深情呼喊，以及"高山"、"大地"、"森林"、"大海"、"广场"的回应，则由群诵担任，并且每一声呼喊和回应都作由强而弱的处理，模拟成自然的声音回响效果。这一处理，将书面的"声音"还原成了逼真的听觉形象，让诗作的艺术魅力得到了完美的体现，从而制造出了强烈的语言震撼力。

又比如《一米八〇》这首诗，原作是以第一人称写的，它借着对男子汉身材"高度"的多侧面演绎，升华出一个主题：人格的伟岸才是男子汉真正的高度。作品笔调风趣诙谐，时加自我揶揄，设喻作譬新鲜生动，富有时尚色彩，很合乎年轻人的欣赏口味。作品发表于二十世纪八十年代后期，某广播电台在将这首诗搬上朗诵舞台时作了精心处理加工，由男女双人朗诵，构成特殊的对话形式和角色关系，诗中的称谓作了调整，并在女声部分加入了一些对"男子汉"们的善意揶揄取笑。经过这样的加工处理，整首诗情趣盎然，现场效果不同凡响。

2. 突破文字局限

有的诗歌作品，在语言风格、结构体式、文学色彩等方面具有某些特征，不尽适宜朗诵表达，如完全按照书面文字来朗诵，会在一定程度上影响传播效果，这就需要进行适当的加工处理，既化解原作中的不利因素，又开出作品的新生面。

比如诗歌中有一种超长排比的语言结构形式，整首诗一排到底，并且在句首冠以同一个词或短语，形成特殊的诗体风格，舒婷的《这也是一切》就是这种风格的作品。这首诗是为了"答一位青年朋友的'一切'"而作的，全诗几乎每一句都以"不是一切"开头，这样的表达风格，有一种语势激越、不容置辩的修辞效果。但由于句式比较整齐划一，表达处理上稍一欠缺，就难免令人产生雷同单调的听觉疲劳。因此可以由男女双人朗诵，用音色的对比变化来提高听觉效果，突出语意层次，增强整体上的生动性。

再来看下面这首诗：

瞧你的眼睛乐得眯成了月牙儿，

难道耳机里藏着痴迷的灵丹妙药？

青春偶像、pop 生活，

欧，欧，激情、时尚、劲爆……

拿什么拯救你，我的孩子！

快餐音乐是年轻人爱吃的甜糕？

哎呀，妈妈！不是我们缺少文学细胞，

谁还在吟李白的诗，唱屈原的调？

……

这是女诗人成莫愁的《让屈原走进音乐殿堂》的片断。这首诗是以"母子对话"的形式构成的。在书面形式上并未作角色区分的标示，如果以单人的形式来朗诵，虽也可以完成内容的表达，但在效果上显然会有所逊色；如果以男女双人分角色朗诵，让"母"与"子"直接"面对面"，不仅可以加强表达的层次感，而且语言发挥的空间也拓展了，艺术效果会大大提高。

3. 完善节目样式

在很多情况下，作品本身并没有明确的规定性特征，而是从朗诵会的整体效果出发，为避免节目形式的单一化，有选择地对具体作品进行一定的加工处理。

上海曾经举办过"诗意中华"大型朗诵会，在这方面就作了有益的尝试。演出是在上海大剧院的大剧场举行的，节目为古今文学名作，按史的线索贯连,内含"和谐"主题。在这些内、外部前提条件下,如果把作品原封不动地往舞台上搬,势必会失之单调,视觉效果也不会理想。因此必须从全局着眼,根据节目整体架构和艺术表现的需要,对有关的节目进行大胆处理。于是,《天上的街市》处理成男女对诵;《黄河颂》由男生四人朗诵;《微笑》这首诗则改编为八位姑娘的小组诵,等等。当然形式的出新会带来内容上的相应处理,比如《微笑》的朗诵,由八人担当,就有一个彼此承接呼应的问题,否则有可能使作品表达凌乱松散,因此加入了部分应答性的语词,并且在态势等方面也加入了一定的表演元素,不仅使内容紧凑完整,整体上也更见活泼多姿了。

在这场朗诵会上,对《雷电颂》①所作的艺术加工是较为大胆的。作品中对黑暗激愤诅咒的内容被删节,使得作品焕然呈现歌颂性的主题;又设计成屈原和风、雷、电四个形象并作了造型。这样,一个传统的经典作品被赋予了崭新的精神内涵和生动的表现形式,舞台的空间也得到了充实,产生了十分强烈的现场艺术效果。

有时候,一首作品,因多次在相同的环境中朗诵,也有必要考虑形式上的推陈出新,给人以新鲜感。如《致橡树》、《我愿意是急流》这类作品,人们百读不厌又耳熟能详,如一味地拘于作品的原貌,很容易令人听来索然,不妨作些表现形式上的突破变化:《致橡树》可改为男女双人朗诵;《我愿意是急流》的处理甚至可以更大胆些,设计成男声独诵与女声小组诵相结合的形式,等等。

4. 增添艺术色彩

除了内容上的增删加工和形式上的变化处理,在更多的情况下,面对朗诵作品,我们应当尽可能调动有声语言的各种技巧手段,来升华朗

---

① 《雷电颂》是郭沫若创作的话剧《屈原》中的一段精彩独白,文学界也把它当作议论性的政治抒情散文诗,《古今中外散文诗鉴赏辞典》以"雷电颂"为题收入了这段内容。

诵创作的艺术品格,增强作品的表现力和感染力,使朗诵效果锦上添花。这样的创作处理,发挥的空间和机动性很大,但要做到恰到好处甚至别具匠心,是需要相当的艺术修养和朗诵创作经验的。

许多朗诵艺术家在这方面深有造诣,赵兵先生就是其中的一位,他的朗诵,经常出现匠心独运又恰如其分的技巧发挥。比如李季的《因为我是一个青年团员》,这是赵兵先生在长期朗诵实践中,经过精雕细琢有着独到处理的作品之一。诗中的"石虎子"是八路军的交通员,在一次穿越敌人封锁线时落入魔掌,敌人对他施以酷刑,"火炉里抽出了烧红的枪探条,大腿上对穿了一道指头粗的眼",并铡去了他的一根手指头,但他坚强不屈,其中有这样一段:"受伤的老虎总要吼叫……听啊,他竟忍痛唱起歌来,'一支枪,三颗手榴弹……'""一支枪,三颗手榴弹"是当时流行于陕北部队中的一首雄壮军歌的第一句,赵兵先生朗诵至此把这句歌词唱了出来,虽然歌词很短,但以唱的形式出现,特别是在残暴酷刑描写的语境中加入这歌声,就不仅直观地展示出了小虎子顽强的意志和革命乐观主义精神,还有一种气氛色彩强烈对比的美学效果。在另一次朗诵会上,他朗诵老诗人黎焕颐的一首《宇宙以和谐为歌》,诗中引用了《诗经》的"呦呦鹿鸣,食野之萍,我有嘉宾,鼓瑟吹笙"四句诗。这首诗的语言风格具有典雅色彩,句型也长短错落,整散有致,富含韵律。根据这样的特点,赵兵先生在朗诵中就用吟唱的形式来表现以上四句《诗经》诗,使这四句诗如浮雕一般格外突出,整个朗诵也给人耳目一新的感觉。此外,我们在第三讲中提到的,在《中国爱情的最高方式》这首诗的朗诵中,赵兵先生对笑和笑语以及哭和泣语等技巧的综合发挥运用,更是充分体现了艺术处理的可贵与成功。

二、艺术加工的可能性

从根本上说,如果通过加工处理能做到精益求精、增色添彩,那么,任何一首诗都有必要进行这种朗诵的再创造,尤其是大家耳熟能详的作品,通过精心的艺术加工使人耳目一新,岂不美哉。但是这种创造,无论是内容的更动还是形式的变异,都要看作品本身是否具备加工处理的可能性,这可以从两个方面来考虑。

1. 本体的客观适切性

任何作品都有它的个性因素,对如何进行朗诵加工处理有着一定的选择要求。朗诵对原作的艺术处理,根本目的在于通过声音语言使作品的艺术潜能得到最大的释放,它是对作品的一次完善和升华,因此,首先就要与作品的个性相适切,而不能仅仅为了标新立异。

这里所说的适切性包括两层关系,一是朗诵形式对原作内容的适切,二是朗诵形式对原作形式的适切。

例如上面我们提到的《天上的街市》,内容的指向是泛泛的,没有具体的约定或限制,因此可以考虑由男女两人来朗诵,并且不妨发挥想象,设定一种语境:星空之下,两人共同仰首望天,边观赏边好奇地作着交流……诗作第三小节首句的"你看"两个字,可以为我们的这番联想提供参考依据。《一米八〇》的处理也是在内容许可的前提下完成的。作品虽然是以男性作为叙述主体,但诗中有一部分客观的描述,给女声的介入提供了机会,女声可以一种补充性的旁白出现,并带有某种俏皮色彩,这样就别致圆满、有情有趣了。

男女双人朗诵的形式比单人朗诵要生动得多,因此较为朗诵者所青睐,但须注意,双人朗诵的内容划分,并不是简单地对作品"一刀切",由朗诵者二五平分,而是需要仔细研究作品,根据具体内容精心设计方案,有时往往要对词、句或大小不等的结构作一定的调整。比如《致橡树》这首诗,它的内容定位隐含着性别的规定,从"木棉"对"橡树"的情态倾向以及相关的一系列意象来看,作品的叙述主体应是女性个体;假如要处理成男女双人诵,可由女声主诵,男声应合衬托,对个别语词作技巧性调整；假如处理成女声双人朗诵，情感投向并行不悖，就可以设定为一种你呼我应的语意关系，这样处理倒也不失为一种新尝试。

而有的作品，内容决定了形式的不可更动性。有一首题为《情到深处才是真》的诗，以独白的形式构成，是一位老者述说几十年的情爱心路和经历，诗中从"五岁的时候我说我爱你"写起，按年龄段一路说着"我说我爱你"，一直写到"八十岁的时候你说你爱我"。内容显示着男方对女方表白的特征，这一规定性因素就基本上排除了处理成女声独诵或男女双人朗诵的可能性。再比如《雨巷》，整个情绪氛围主观色彩十分浓厚，诗句也反复强调"独自彷徨"的情境，一般看来，也不宜打破单人朗诵的形式。

朗诵形式的设计处理，同样也受诗歌原作语言体式风格的约束，在确定某种朗诵表演形式的时候，也要有的放矢、量体裁衣。许多朗诵诗在创作的过程中就已经顾及了朗诵表达的特殊要求，语言文字形式上体现出了鲜明的朗诵体特征，有的诗人甚至直接在作品的体式上提供了诸如双人朗诵、集体朗诵等形式加工基础。

例如纪宇的《风流歌》：

> 风流哟，风流，什么是风流？
> 我心中的情思像三春的绿柳！
>
> 风流哟，风流，谁不爱风流？
> 我思索的果实像仲秋的石榴。
>
> 我是一个人，有血，有肉。
> 我有一颗心，会喜，会愁。
> ……

这是作品开篇的六句，从诗句的工整、对称上就不难生发出男女对诵的形式构想,当年瞿弦和、张筠英也正是把握了作品的形式特点,充分发挥了男女对诵的语言表演优势,把"歌颂时代风流"的主题演绎得生动传神,为朗诵艺术留下了一件精品力作。

在朗诵活动中我们遇到的作品,往往并非为朗诵而作,语言体式上也未必具有特色性的醒目参照,这类作品的朗诵形式,就要有更为细腻入微的设计。比如邹荻帆的《如果没有花朵》,全诗五小节,小节与小节之间较为匀整,而小节内部的语言参差不齐;假如按男女双人朗诵来处理,可有两种方案,一是以小节为单位,男女交替一人各两小节,最后一小节前五句男女对分,末句"让暴风雨更猛烈些、更猛烈些"男女合诵;再一种处理方案是根据语意和句式特征来具体细化男女分工。相比较而言,前一种处理基本上顺从了文字作品的自然结构形态,不无简单公式化和粗枝大叶之嫌。在一次朗诵会上,朗诵者是按照后一种方案来设计节目形式的,收到了良好的演出效果。具体表现是这样的:

(男)如果世界上没有花朵,

(女)没有花朵

(男)不会有甜蜜的果实,

(女)没有果实

(男)不会有酸喷喷的水果。

(女)没有水果

(男)蜜蜂会从哪儿来?

(女)孩子们哪知道甜蜜的生活?

(男)如果世界上没有花朵,

(女)没有花朵

(男)当少男少女们唱着恋歌,

　　　难道送给对方的永远是经典著作?

(女)难道永远是金钱饼干一盒?

（合）呵，没有夜来香的爱情，

　　　多么寂寞！

（男）如果世界上没有花朵，

　　　天涯比邻的友谊怎么说？

（女）当你把樱花给我，

　　　把金黛莱给我，

　　　把惠特曼的紫丁香给我，

（男）而我没有牡丹，

　　　没有出墙的红梅灼灼，

（合）呵，没有鲜花的友谊，

　　　多么寂寞！

（男）我呼唤五风十雨，

（女）我呼唤五风十雨

（男）让花朵有流风的轻抚，淋雨的洗濯，

（女）让花朵有流风的轻抚，淋雨的洗濯

（男）我呼唤花朵在暴风雨中怒放，

（女）我呼唤花朵在暴风雨中怒放

（男）像勇猛的海燕那样飞鸣：

（女）像勇猛的海燕那样飞鸣

（男）让暴风雨更猛烈些、更猛烈些……

（女）让暴风雨更猛烈些、更猛烈些……

　　在上述设计中，诗句没有平均分配，而是男女有主有从，主要发挥了"复诵"（女声的四句"没有花朵"，下划"～～～"）和"轮诵"（男女声同句错行部分,下划"～～～")两种艺术手法的优势,另外在"永远是金钱饼干一盒"前加了"难道"一词,以求与上句对称。经过这样的精工细作,不仅仅在形式上有了较为新颖的表现,更重要的是,扬长而避短,利用原作语言个性特征加以再造,从而更有效地为内容的表达和诗意的渲染提供了服务。比如女声的"没有花朵"的应和重复,起到了强化主题的作用;而第五小节是全诗的升华,用轮诵来表现,把作品的意境氛围烘托得十分浓郁,最后一句的轮诵,更有一种余音袅袅的形象效果,整个设计处理使形式和内容达到高度的统一和完美。

上述例子告诉我们,其实,朗诵形式对原作形式的适切,归根到底还是要服从和服务于作品的内容。

2. 创意的主观能动性

朗诵作品创新处理可能性的实现,离不开朗诵创作者的主观能动作用。

除了少数朗诵诗如《四月的纪念》、《永生的和平鸽》等,作品文本上已体现了一定的朗诵艺术处理意图,绝大多数作品的朗诵处理,都是从无到有的过程,尽管其中相当一部分作品本身具有某种可再创作元素,但这些参考元素或显或隐地相对存在,也有赖朗诵创作者主动地去发现、发掘和发挥。上述所有的朗诵处理的成功例子,可以说无一不是朗诵者主观能动作用下的产物。

更多的时候,特别是大型主题性诗歌朗诵会,根据整体的构思,每一首朗诵作品的处理,都可能面临"无中生有"、"异想天开"的挑战,需要朗诵创作者在创新思维的主导下,对原作进行深层次的突破,做到"意料之外"而"情理之中",把主观能动性发挥到极致。例如上面我们提到过"诗意中华"大型诗歌朗诵会上《雷电颂》的处理就属于这种性质。这篇作品早已作为戏剧独白的经典片断为人们所喜闻乐诵,这样一篇看似不可移易的作品,当必须服从编导意图而脱胎成一个全新的表现形式时，就不得不凭借主观努力，对原作进行深度的挖潜加工。从作品的内容看，包含着"我"和"风"、"雷"、"电"四个角色，这就向我们暗示了"分角色四人朗诵"的客观可能性，这是不容错过的一个创新突破口。然而要突破原作的框架，在合乎原作情理逻辑的前提下，把一人的独白，分给四个人表述，并且要压缩篇幅、调整内容基调，是有相当难度的。作品的最后改定，无疑印证了主观能动性在朗诵作品加工处理中的决定性作用。

再来举一个《琵琶行》作品处理的例子。

在一场古典诗词朗诵会上，《琵琶行》需要处理成男女双人朗诵，这首诗所叙述的故事由"我"即诗人和琵琶女两个人物构成，看似具备男女双人朗诵的条件，实则不然，因为作品整体上是从第一人称的角度来写的。要让男女双人来表达，就不是表面的诗句拆分组合，而要深入到作品的内部，让思维的触角去扫描和探寻每一个可利用要素，经过深层次的解构剖析，催生出创意和技巧来。

《琵琶行》的双人朗诵处理最后运用了三种手段，一是按照语意的虚与实和角度的正与侧，对作品结构加以再理解，然后作出男女声划分。比如"浔阳江头夜送客"到"添酒回灯重开宴"，聚焦于诗人的所见、所感、所闻、所欲，适应男声朗诵；"千呼万唤始出来"到"初为《霓裳》后《六幺》"，是对琵琶女仪态的生动描绘，男声诵来是一种侧面描写，而由女声来表达便转换成了直接的展示，这就增加了形象感和生动性。这一处理原则在下面还有沿用。二是运用轮诵表达技巧，来处理"大弦嘈嘈如急雨，小弦切切如私语。嘈嘈切切错杂弹，大珠小珠落玉盘"四句，并且在"嘈嘈切切"四个字上重复轮诵，让"错杂弹"的乐感效果充分地具象化。三是复诵手段的变化运用。首先是对核心句子加以复诵，如"我闻琵琶已叹息，又闻此语重唧唧。同是天涯沦落人，相逢何必曾相识"四句，男声朗诵之后，再由女声复诵其中的后两句，使诗意承转推进的关键部分、千古流传的抒情名句得到充分的表现。其次是将设问的句子处理成问答式复诵,如"其间旦暮闻何物,杜鹃啼血猿哀鸣"、"岂无山歌与村笛,呕哑嘲哳难为听"、"座中泣下谁最多,江州司马青衫湿"三组,先由女声朗诵问,然后男声复诵问句并连诵答句,形成问答呼应的表达效果。

以上处理,绝非仅是技巧层面的发挥,而是形式和内容的高度融合:整体上的男女声划分让作品人物及其关系更加立体多姿,丰富了空间动感;"嘈嘈切切……"的处理,把轮诵技巧发挥到了极致;而复诵的运用,则与作品的结构、句式特点一脉相承,天衣无缝。这样的朗诵作品处理,达到了较高的艺术境界,它不仅是一种技巧体现,更是文学和艺术修养的综合发挥。

附作品

微　笑

杨钧炜

微笑是心灵无声的问好
是淡雅、友爱的花苞
是蓝天一样明净的小诗
是探索性的信任和礼貌

不要在上级面前才慷慨馈赠
不要见到关系户才咧开嘴角
不要为蝇营私利去廉价拍卖
不要被迷惘和失望扔进冰窖

在繁忙的柜台，在拥挤的车厢
在摩肩接踵的人行道
越是"火星"容易燃爆的所在
越是需要微笑、微笑

探索者对生活微笑
生活会以光明和信心回报
失足者对劳动微笑
人民会以赤诚和温暖相交

我们的事业扇着金色的翅膀
喜悦溢出唇缝,漫上了眉梢
微笑应是中华民族经常的面容
微笑应成为我们相处的一个信条

朋友,微笑吧,微笑是沉静的美
同志,微笑吧,微笑是文明的桥
让全世界投来惊喜的羡慕
——中国,中国,充满微笑!

谜　语

邵燕祥

有人有它,
有人没有它。
有它的人珍贵它、爱护它,
真正的人不能没有它;
没它的人,
说这个世界上根本就没有它,
却在市场上零整地出卖它。
有人因为它而颠沛流离,
却得到它的抚慰;
有人因为没有它而飞黄腾达,
却受到它的责骂。
它化作真理的鞭挞,

它化作道义的惩罚！
它又具体，
它又抽象。
请你告诉我，
它是什么？
它就是良心，
良心就是它。

第七讲　停连的活用

作品的有声表达，气息再长，也难用"一气"来"呵成"全篇；作品的听觉接受，能力再强，也难理解"连刀成块"的内容传达。于是就必然产生言者的呼吸换气，文章的句读标点，也就有了朗诵中停连运用的讲究。朗诵创作中的停连作用，远非仅仅标明语法、点示逻辑，它是作品肌体的"神经系统"，往往牵筋而动骨。

一、停连与标点

在对朗诵艺术的探讨中，我们不能不把"停"和"连"相提并论。这不仅因为它们是难分难解的矛盾统一体：朗诵表达除了篇末终了，不可能停而不连，也不可能连而不停，停与连始终相生相应；也因为朗诵中的起承转合，不只是"停"的艺术，也离不开"连"的技巧。

现代汉语的书面语言，用不同的标点符号来显示内在的语义层次和外部的语法关系并构成一个系列（当然标点符号不只具有语义、语法意义），为阅读理解提供一定的方便。书面语的种种语义层次和语法关系，进入口语，就要用声音的停顿形式来再现了，可以说，停顿是有声语言的"标点符号"。

"停"和"连"，是任何声音艺术的重要构成要素和表现技巧，在音乐创作中，就是休止符和连接线表现的部分，它对于作品结构的体现、旋律情绪的推进、基调色彩的变化等都有着强烈的作用力，白居易《琵琶行》中有一段描写："间关莺语花底滑，幽咽泉流冰下难。冰泉冷涩弦凝绝，凝绝不通声渐歇。别有忧愁暗恨生，此时无声胜有声。银瓶乍破水浆迸，铁骑突出刀枪鸣。曲终收拨当心画，四弦一声如裂帛。"诗人笔下的这一番描写，极其形象地刻画出琵琶女乐曲演奏中对停连技巧的发挥，及产生的无与伦比的艺术表现力，以至使"此时无声胜有声"成为千古哲理名句。朗诵创作和音乐创作原理相通，异曲同工，停连技巧的重要作用不言而喻，所以有人把停连称为朗诵中的一张"王牌"。

　　书面标点符号是朗诵停连的依据，但绝不是朗诵停连的依赖。朗诵创作中的"停"，与标点符号相关，并有着基本的对应关系，一般说来，停顿按句号、分号、逗号、顿号的次序由长而短，但这总体上只体现语言的语义语法的静态关系。朗诵创作是语言的动态表现，在多元复杂的语境制约中，在纷繁复杂的情感支配下，停顿的实际需要和可能性将大大超过语法层面，停顿的长短必然会突破既定的次序。至于"连"，它本不是书面标点符号所能够表示的，"连"不只是对"停"的被动呼应，在朗诵创作中，"连"往往体现为一种积极的艺术处理。

　　自由体诗歌，相比其他文体，作品情感更强烈、意蕴更凝练、形式更自由、语言更张扬个性，因此标点的使用往往显得灵动不拘，朗诵创作中停连的处理也就更应当不落窠臼。如余光中的《等你，在雨中》，整首诗中逗号是书面上仅见的标点，句号或其他标点显然是被省略了，但行末或节尾又并非都独立成句，不经意间一个诗句跨了行甚至跨了节，而从整体上看是很整齐的三行一小节的排列体式。现代自由体诗这样的书面句式很普遍，显然不无形式化的追求，这就与我们朗诵创作内容表达的目的形成一定的差异。面对这类作品，如果仅仅从视觉阅读感觉出发,朗诵时循规蹈矩地跟着书面的标点和诗行格式行止停连,必将导致声音语言的呆板僵滞、了无生气,甚至破坏逻辑、曲解句意。

因此,在文字作品面前,朗诵者应当眼中有标点,心里无羁绊。

二、停连的形式

长期以来,人们对"停顿"较为关注,对"连接"不甚在意;而关于停顿,大多分为语法停顿、逻辑停顿、心理停顿和生理停顿几种形式。这样的分析结果,孤立地看具有相当的合理性,每一种停顿都可以得到相应的言语规律的引证。然而从实际应用的角度看,除了生理停顿,其他三种停顿往往表现为言语运动中的"一体三维":一个停顿,既具备语法规律的合理性,也合乎逻辑事理的准确性,又不无情感的支配性;也就是说,一个停顿往往同时包含着语法、逻辑、情感三方面的致成和制约因素,虽然在具体表达语境中会侧重于某一因素,但更多的时候三者的作用是同时并现的。我们在朗诵实践中常常会遇到这样的情况,当对某一处停顿进行合理性分析解释时,会自然而然地由此及彼、由表及里,将三者相提并论以求透辟,而如果硬是将三者拆开来说明,就其一点不及其余,就会显得顾此失彼、孤立不支、浅尝辄止。再从朗诵者言语目的和机能上看,停顿的出现,并非主观上有意归顺语法、逻辑、情感的结果,朗诵过程中,朗诵者不可能也不应该把注意力投放在语法对不对、逻辑通不通之类的理性思考上;显然,把停顿确定为语法、逻辑和情感三个类型,不太容易把问题说透。

鉴于这样的现实,我们不妨尝试调整一下角度,根据诗歌作品的题材特点和诗歌朗诵的特殊要求,从朗诵者的言语感受、创作心理、情感运动、发语机制等"语用"的视角来探寻更有说服力和实际指导价值的停连规律。为了清晰有效地展示停连在朗诵创作中的表现特征和特殊作用,这里我们不妨把"停顿"和"连接"分开来探讨。

（一）停顿的形式

考察朗诵中的停顿现象，从功能和效果出发，我们可以把它分为两类：一类是基础性的，一类是修辞性的。有的停顿，是为了句意的明了、层次的清晰、结构的完整、逻辑的合理、语脉的通畅，总之，达到的是言语表达准确规范的要求，这就是基础性停顿，标点符号系统就为我们提供了这方面的参考。有的停顿，在准确规范的前提下，更是为了语意的雕琢、韵味的烘托，情感的升华、节奏的完善、意境的美化。这种停顿，具有言语创造的美学附加色彩，是一种锦上添花的技巧，我们不妨称它为修辞性停顿。

诗歌朗诵，修辞性停顿的作用尤其显著，下面就有关的几种修辞性停顿加以探讨。

1. 强调性停顿

这是一种既有规律又无定法的停顿，它在句中的位置比较灵活，可以在词、短语、句子的前面或后面，通过停顿，使这些语言单位所表达的意思得到凸显。

如《谜语》：

> 有人∨有它，
>
> 有人∨没有它；
>
> 有它的人珍贵它、爱护它，
>
> 真正的人不能没有它。

作为一首谜语形态的诗，"谜面"要交代得一清二楚，特别是关键性的内容。这首诗的"谜底"是"良心"，这几句是诗的开头。诗人巧妙地在"有"和"没有"的对比中切入，一下就点出了实质，只是含而不宣；在"有人"后面作停顿，就使"有它"和"没有它"这两个核心语意得到充分的强调，从而大大增强了悬念的色彩。

再如《"人"这个字》：

......

历代的权贵们

为着装点门面

都喜欢弄点文墨附庸风雅，

他们花一辈子功夫

把▼"功∨名∨利∨禄"‖几个字

练得龙飞凤舞，

而那个最简单的∨"人"字，

却大多是——

缺骨少肉，歪歪斜斜……

（说明："▼"比"∨"停顿相对长一些，"‖"停得最短。）

诗人借书法的名义揭示"权贵们"的虚伪本质：貌似儒雅实则利欲熏心，对"功名利禄"肆意追逐，因此在这四个字前面加一停顿来强调；"功名利禄"是两个词，要强调它，按说只需在两个词的中间加停顿就行了，但现在为了更好地强调它、突出它，在后面"几个字"的照应下，干脆把两个词拆开来，中间再分别加上一个小停顿；由于三个停顿处在大小不同的结构层次上，因此停顿长短有区别。"人"字前的停顿与上面同理。

我们不难看出，强调停顿往往和强调重音相关。

在诗歌朗诵中，强调停顿使用的频率是相当高的，这是因为诗歌的语言凝练紧凑，言简意赅，以少胜多，单位信息承载量较大，因此语意强调的需要也就相应增多；这种强调停顿一多，语言的节奏自然会减缓，这也就形成了诗歌朗诵独有的基本形式规律。

再请看：

卑鄙▼是∨卑鄙者的‖通行证，

高尚▼是∨高尚者的‖墓志铭。

这是北岛《回答》这首诗开篇的两句,诗人借助比喻赋予这短短的两个句子充满深刻、隽永的哲理,具有格言般的思想冲击力,其精辟之处,便是"卑鄙"与"卑鄙者"及"高尚"与"高尚者"的语意碰撞,可以说它们是这首诗的"眼",无疑应当以停顿来给予足够的显现。请注意,两句中的第一个停顿突出的是"卑鄙"和"高尚",这就是上面所说的出现在词语后面的强调停顿;而第二个停顿强调的则是后面的部分。这两句的停顿处理还告诉我们,在一个句子、哪怕不长的句子中,也可能有几次停顿,但这要视作品内容及表达的需要而定,可能性要服从必要性。像这两句,为了揭示和诠释深邃警世的内涵,多停顿是有必要的;如果随意地在句子中增加停顿,则有可能变为一种造作,破坏句子的严整性和内容情感表达的准确性。

2. 体味性停顿

我们用来朗诵的诗歌作品一般都充满情趣意味,在朗诵过程中,有关的词、句、语段往往不能一带而过,需要给听者留下体会、联想、回味的余地,这就少不了在这些词、句、语段的后面给以足够的停顿,我们称之为体味性停顿。这一停顿技巧在诗歌朗诵中作用尤其突出。

我们不妨选取《再别康桥》的几个片段来具体领略这种技巧的妙处:

那河畔的金柳/是夕阳中的新娘/波光里的艳影/在我的心头∨荡漾/软泥上的青荇/油油地∨在水底招摇/在康河的柔波里/我甘心∨做一条水草/那榆荫下的一潭/不是清泉,是天上虹/揉碎在浮藻间/沉淀着∨彩虹似的‖梦/……悄悄地∨我走了/正如我悄悄地来/我挥一挥衣袖/不带走∨一片云彩/

诗人在这首诗中寄情于一景一物,对康桥的留恋难舍,使得诗人的感官触觉格外敏感细腻,眼有所见,心有所动,缱缱绻绻,意味深长。因此朗诵时,要"随物以婉转"、"与心而徘徊",除了标点符号外,在相关的部位增加停顿,减缓语言节奏,情感心理进入"体味"状态,使外部语言达到形神兼备的效果。值得一提的是,这种停顿的情境体验,离不开语气控制的配合。

体味性停顿不只用在较感性的情境诗句表达中,它同样经常用来表现思索、感悟等较理性的内容。例如大卫的《还原一个名字》:

如果/一枚绿叶∨能够擦掉一场大雪/那么/这个∨比绿叶还要绿叶的名字/足以把整个冬天擦去/其实∨这只是个普通得不能再普通的名字/流转的岁月∨让她成为了钻石/作为"春天"的另一种叫法//相信∨他既有许多形而上的想法/也有许多形而下的苦恼/为什么∨这么多年过去了/还有那么多的人∨需要向他学习//

这首诗向人们提出了当下应该如何学雷锋的问题,是一首富有思辨力的作品。它以"起兴"开头,形象化地导入一个思考的角度,亦述亦论,次第演进,言语含蓄而主旨明朗。这就不得不把握好关键的词句内容,凸现它们的"弦外之音",于是,就有了上述的停顿处理,我们在无标点处,增加了体味性停顿,这些停顿的介入,增强了语意的提示效果,连同原有标点的同类停顿,赋予了诗句深一层的蕴含,给人以思索性体味的语感。

体味性停顿的长度应视作品内容而定,一般说来,情境意趣越浓、哲理蕴含越深,回味就越丰富,停顿的时间就越长。至于究竟多长,已不只是简单的语言外部技巧问题了,特别是情境内容表达中的体味性停顿,同一篇作品,停顿的长度完全可能不一样。著名话剧演员陈奇朗诵毛泽东的《卜算子·咏梅》,最后一句是这样发挥体味性停顿技巧的:

待到山花烂漫时,她▼在‖丛∨中▼▼笑。

这里选用两个长停顿符号来表示"笑"字前面停顿之长。在实际朗诵表演中,陈奇对这一停顿处理得大胆而精细,寥寥五个字,中间三处停顿,第一个是强调性停顿,突出歌颂对象"她"即梅花的形象。之后便出于情境体味的语感需要作了长短不等的两次停顿。而最后一个"笑"字,是全篇的精魂所在,也是极其传神的点睛之笔,是诗之"眼",因此在这里用了一个超长的停顿。而这一停顿声停气足,语势不减,其间神情毕至,随后意味十足地点诵出"笑"字,从而把诗的意蕴境界渲染到了极致,同时也把体味性停顿技巧发挥到了极致。这种超常规的停顿运用,不得不说是一种语言艺术高度修养的体现,这种停顿,必须有丰富的潜台词,应当是"无声胜有声"。

体味性停顿是朗诵中情感意蕴表达的重要技巧,但不能滥用,不能动辄"体味",不该停顿而停顿必然造成文气滞塞,语脉断裂。

3. 转换性停顿

在朗诵表达中,语意忽然有变,由是而非、由动而静、由顺而逆、由悲而喜……这文势、情态的转换,需要停顿来显示,这种显示往往带有一定的夸张成分。例如:

> 我的行囊很小/∨但我背负着的东西却很重,很重/你看我的
> 头发斑白了/我的背脊佝偻了/∨虽然我还年轻/

> (曾卓《有赠》)

这里有两处语意的陡转,充足的停顿,留出时间的空隙,才能保证心理得以转换。再请看:

> 惜秦皇汉武/略输文采/唐宗宋祖/稍逊风骚/一代天骄/成吉
> 思汗/▼只识弯弓射大雕/

> (毛泽东《沁园春·雪》)

在这首词中,毛泽东以指点江山的宏大气魄,抒发了无产阶级革命家的壮阔情怀。诗人对中华历代杰出的帝王一一评说,褒贬由之,从"秦皇汉武"到"唐宗宋祖",不是"略输"就是"稍逊",独独对成吉思汗,尊其为"一代天骄",不过紧接着调转笔锋,依然取笑其"只识弯弓射大雕"。这一语意的跌宕颇见情采。我们不妨在"只识"之前作些处理,先以褒扬之势诵出"一代天骄,成吉思汗",随即一个大停顿,然后语调陡然沉下,

略含揶揄地诵出"只识弯弓射大雕"。这一停顿大大超过了词章本身的标点限制,它不仅强化了句子内容的情感分量和机趣色彩,也为下面对"风流人物"的赞美作了强有力的对比铺垫。

转换性停顿客观上便于制造一种"悬念"效果,掌握得好,可以增添语言表达的谐趣性。请看:

> 大街上高楼大厦成班成排
>
> 林阴下一米八〇成连成营
>
> 都是男子汉了
>
> 我这个男子汉干脆知趣地礼让三分
>
> 况且我只有一米七九
>
> 况且我毫无英雄气概
>
> 怪可怜见的一介书生
>
> 况且——已婚

(黄羊《一米八〇》)

这首诗旨在揭示一个真正的"男子汉"的"高度",即"比一米八〇的形象还高的人格"。这一段是诗人暗含反讽的自嘲,三个"况且"之后来一个"已婚",借鉴了相声艺术"三翻四抖"的包袱技巧,颇有理趣意味,这里表达好"已婚"两个字是关键。其实诗人已在书面上用一个破折号给了我们提示:第三个"况且"后面要停顿,具体的表现应当是:三个"况且"一句紧似一句,尤其是第三个"况且",紧衔上一句的"一介书生",然后戛然而停,过了两拍再从从容容地轻轻一点"已婚"。多次现场朗诵实践证明,在这一句里运用转折性停顿,都能产生强烈的诙谐效果。反过来,如果三个"况且"不推进,"已婚"前不停顿,跟着"况且"一气说出,便毫无意趣了。

4. 调节性停顿

这是一种特别的停顿技巧。诗歌作品语言有一个显著的特点,就是同型结构的迭用,最具代表性的就是排比句式,往往数句之间,不仅字数相等、句式相同，连遣词造句都相差无几。这种情况下停顿很容易出现惯性，重复于各句的同一位置，导致节奏的单调呆板。这就需要通过停顿的灵活安排，来打破诗句同型的僵化，调节好句群的整体节奏。例如《大堰河，我的保姆》中，排比的运用占了很大的篇幅，而且每组排比多在六句以上，调节性停顿就能发挥很大的作用。拿其中的一段来说：

大堰河，今天我看到雪使我想起了你。

你用你厚大的手掌把我抱在怀里，抚摸我，

在∨你搭好了灶火之后，

在你∨拍去了围裙上的炭灰之后，

在你尝到∨饭已煮熟了之后，

在你把∨乌黑的酱碗放到乌黑的桌子上之后，

在你补好了儿子们的，∨为山腰的荆棘扯破的衣服之后，

在你把小儿∨被柴刀砍伤了的手包好之后，

在你把夫儿们的衬衫上的虱子∨一颗颗地掐死之后，

在你拿起了∨今天的第一颗鸡蛋之后，

你用你厚大的手掌把我抱在怀里，抚摸我。

这个排比一式八行，由八个"在你"领启，是一个介词结构。仅从内部结构关系来说，在介宾之间，即在"在"和"你"之间作第一个停顿是最合理的，但照此表达，显然会使整组排比刻板迟钝，失去活力；而如果按上述的安排来调节，将停顿的位置上下错开，语言表达整体面貌就完全不一样了。这当中"在你把∨乌黑的……之后"和"在你把小儿∨被柴刀……之后"，孤立地看，停顿不尽合乎语意，但因为有着整体结构和上下语意环境的依托支撑，所以并不妨害理解，而整个排比因此就灵动多姿了。

　　具有修辞色彩的停顿除了上述四种外，还有一种生理停顿，它是用来表达人的特殊心理的，如哽咽、语噎、口吃、气喘吁吁等，这种技巧的使用在诗歌朗诵中比较少，这里就不加展开了。

（二）连接的形式

上面我们说过，连接是对停顿而言的，没有停顿便无所谓连接，而有时候停顿的实际作用和效果，又恰恰是通过具体的连接技巧来完成和体现的，比如"转换性停顿"，停顿时间的长短、停顿前后语调的高低、语气的强弱等因素，是达到效果的关键，这也就是连接方面的讲究。诗歌朗诵中停顿后连接的形式很丰富，这里我们主要来探讨几种艺术处理中具有特殊色彩的连接技巧。

1. 紧停缓连

句子内或句子间，停顿时语气紧促，音尾急收上扬并屏气，造成一种突起语势，让相关语意浓化从而得到充分的显露。这里的"紧"，势必要求有力度的保证，但不一定在声音的高度或强度上张开。停顿之后，气息相衔，语气略收，语速陡地减缓，语调有所回落，加重抒情色彩，语意通过停顿前后声音形态的对比得到强调。如：

后来啊，

乡愁是一方矮矮的坟墓，

我在外头，

母亲▼在……里……头。

（余光中《乡愁》）

诗人在这首诗中通过四个比喻抒发了人生经历中的四种离愁别绪，而对母亲的怀念尤其深切，因为母亲已在"矮矮的坟墓"里。每念及此，便情难自抑，"母亲"两个字冲口而出，如呼似唤，短促急收；然而千思万念，只能是永远的绝想、无尽的惆怅，"在里头"三个字，含悲忍泪，字字情切，故而拉长了着力诵出。这首诗的最后一句"大陆在那头"同样可以用紧停缓连的方法来处理，而"大陆"二字要比上一句的"母亲"更着力些，"在那头"三个字拉得再开些，赋予隔海凝望遥想的意味。

这种紧停缓连的技巧，要避免气脉因停而断，内在情感心理的依托要丰富厚实,停与连跌宕而贯通。

2. 缓停紧连

与紧停缓连相反,停顿前的部分比较松缓,而这种松缓,主观上是对后续语意的铺垫,强调的重心一般在停顿后,而一缓一紧之间语言状态的反差,使停顿后部分的内容备具情感的强烈冲力。这一技巧很有利于诗歌语言个性的表现。请看:

> 有的人活着∨
>
> 他已经死了;
>
> 有的人死了∨
>
> 他还活着。

(臧克家《有的人》)

这是富有哲理性的著名诗句,对人生价值意义作了精辟的褒贬概括。它又是诗的开头,要让它通过声音语言的表现而产生不同凡响的震撼力,可以在停顿处发挥缓停紧连的技巧:"有的人活着"缓而带懈,含有轻蔑的口气,"着"的后面音略拖,以引启对命题的关注与思索;沉稳停顿之后,语速突转,"他已经死了"一贯而出,语气淡然。这一缓停紧连的处理,把那种对"行尸走肉"者的鄙夷和贬斥表达得十分鲜明透彻。这也给后一句褒扬之意的对比表现作好了衬托。再看:

> 轻轻地从我琴弦上
>
> 失掉了成年的忧伤,∨
>
> 我重新变得年轻了,
>
> 我的血流得很快,
>
> 对于生活我又充满了梦想,
>
> 充满了渴望。

(何其芳《我为少男少女们歌唱》)

这一停顿前后两部分语意上有着强烈的对比,"轻轻地从我琴弦上失掉了成年的忧伤"从容轻松地诵出,"我重新变得年轻了"是语意重心所在,也是诗意推进、境界升华之处,在停顿之后急切诵出,一种难耐的激情和勃发的朝气便油然而生,一下子就把气氛推向高潮。

3. 强停弱连

当朗诵进入情感高潮时,语势逐渐向上推,语气分量和声音强度不断加强,达到相当程度后收住,适加停顿,然后轻柔地表达后半部分。如:

> 啊,上海人,
>
> 上海的一种精彩,
>
> 中国的一个缩影,
>
> 世界的一道风景——
>
> 啊,上海人,大写的人;
>
> 上海人,∨ 可爱的人。

这是诗的结尾部分,从"上海的一种精彩"开始,力度逐步加强,后两句"上海人,大写的人;上海人,可爱的人"是全诗的最高潮,也是主题思想的核心闪光部分,值得用足力量来表现,如果顺势而推,把最后的"可爱的人"四个字作为力度和强度的最高点,是无可厚非的。但如果作"弱连"的艺术处理,把最高力度和强度的位置前移至"上海人"三个字上,停顿之后,柔和亲切地表达"可爱的人"四个字,对"上海人"的褒扬就不仅有语意的力度,还增加了情感的浓度。这样处理不只是技巧发挥的必要,也是"可爱"这一词意内涵表达本身的需要。

强停弱连与上面两种技巧相似而不相同,紧停缓连和缓停紧连,"紧"未必强,"缓"未必弱。当然"强"与"弱"也只是一个相对的概念,紧停缓连和缓停紧连之中也会有一定的强弱变化,不能绝对化地看待。

4. 弱停强连

与强停弱连相反,语气前弱后强,主要为了强调停顿后的语意。诗歌朗诵创作中,诗句间前弱后强是一种基本的表现手法,为的是让语言起伏有变;而这里所说的弱停强连,需要在具体表达时有意识地放大停顿前后两部分强弱的对比度。而为了对比的"放大",往往对停顿前部分适当弱化。请看:

> 我是一条小鱼
>
> 穿梭在你连天的碧波
>
> 你时而平静时而翻腾
>
> 最终,却总还我清澈∨
>
> 祖国啊……

(赵丽宏《祖国啊》)

毫无疑问,"祖国啊"三个字情感最强烈,但这也必须有"弱"的反衬才会得以具体显示;这就有必要在保证"祖国啊"的情感爆发力度的同时,把停顿前的"我是一条小鱼……却总还我清澈"这一部分,尤其是"却总还我清澈"这句处理得柔情一些、内在一些,这样对比效果就能充分凸显。这一小节如果不作这种处理,而是逐层上推强化,在高潮中表达"最终,却总还我清澈"这一句,然后顺势发出"祖国啊"的呼唤,也未尝不可,但相比之下,不如运用弱停强连的处理来得生动精彩。再请看:

> 为什么我的眼里常含泪水?∨
>
> 因为我对这土地爱得深沉……

这是艾青《我爱这土地》的最后两句,可以说是泣血倾吐的祖国之爱,情感炽烈如火。把这两句表达得都很强、很重,完全合情合理;但如果换一种处理,停顿前句气息下沉,语气轻软,加强内在感,而停顿后句(准确地说应是"因为"后的部分)则加以强化,就可以使这两个诗句内涵更为丰富,情感更具张力。

三、修辞性停连的相关要素

在实践中我们体会到,修辞性停连的运用有着明显的主观灵活性,因此致成其表达效果的不只是停连技巧本身,而是有着一定的复合制约因素,其中最重要的相关因素就是感受和想象的发挥、语气的贯通以及态势的呼应。下面就这两方面作一简要的阐述。

1. 停连和感受、想象

停连不仅仅是语流时间的概念,还应该是语义空间的概念。停顿时,朗诵者心理和意念上不应该出现空白、停顿,哪怕再短,也不意味着消极等待,而是通过深入的感受和丰富的想象,让"脑子里"充满内涵,这些内涵可以广及情感、心绪、思量、理趣、物象、状态等等,它们不是空穴来风,而是与停顿前语意一脉相承,成为一种合理的补充、延伸或升华,我们把这样的内容叫做"潜台词",这些潜台词就填补了停与连之间的内心空间,潜台词越丰富,停连的间隙就可能越长。例如《乡愁》中"母亲▼在……里……头"一句,一声"母亲"的低唤迸发出亲情母爱被割断的痛切,此时此刻、此情此景,"母亲"二字承载着何等丰富的情意内涵:有怀想、有敬爱、有感恩、有悼念……"小时候"、"长大后"的一幕幕油然重现在眼前。如此丰富的内心情感激荡之下,"母亲"一词便会有"一字千钧"之力,其后的停顿便是情思奔涌而凝滞顿歇的必然,而这一停顿也就不会流于空泛无物,"在里头"三字自然字字含意、声声蕴情了。再比如"待到山花烂漫时,她▼在‖丛∨中▼▼笑"这一句,中间的两次较长的停顿,靠什么来使它气畅、声匀、情满、意足? 我们认为,充实的感受和想象才是根本的依托。这时候的朗诵者,应当进入物我交融的境界,眼前是具体的山花丛、花丛中的一枝梅,和梅花绽开的嫣然笑意……你不是在简单地把文字符号声音化,而是在用声音描绘一幅美妙无比的画。

当然技巧也要讲究。修辞性的停顿,停连的前句后句之间,要防止语气的脱节和断裂,尤其是间歇较长的体味性停顿,内在的语绪必须相应相承,一脉贯通,即所谓的"语断意连","声断气接"。

2. 停连和态势

在现场朗诵表演中,修辞性停连技巧往往需要和态势语结合运用,尤其是涉及情景描绘、哲理阐述等方面内容的朗诵表演,每一个停顿都"弦外有余音",在视觉接受的要求下,有时候光用有声语言还不足以尽善尽美地传情达意,产生艺术感染力,还必须用相应的态势动作这一"无声语言"来加以补充和烘托。例如:

　　　而现在/乡愁是一湾浅浅的海峡/我在这头/∨ 大陆 ▼ 在 ▼
那头/

这是《乡愁》的最后一小节,从内容上看是一个开阔的画面,这画面由"这头"和"那头"两个空间构成,而对"那头"即大陆的思念和遥望是整首诗的核心和高潮,最后一句句前和句中的停顿在有声语言的层面,把情感的分量和空间的意义作了淋漓尽致的表达。当现场朗诵这一句的时候,就需要配以视像和手势动作,进行"如临其境、如见其景"的直观引导,在视觉上强化语言所表达的"空间"概念,让观众更具象化地感受诗意内涵。

以上的探讨让我们体会到,修辞性停顿技巧性和灵活性比较强,我们在运用中要提防脱离作品实际的"技巧发挥"。比如有的朗诵者动辄用"紧停缓连"和"转折性停顿"来营造张弛变化的语势,在一首作品的表达中周而复始地出现,形成一种"腔调";有的朗诵者在表达过程中无端地频频运用"体味性停顿",想求得"意味深长"的效果,整首诗的朗诵似乎都"若有所思",给人拖泥带水、支离破碎的感觉。这些形式化的技巧运用在朗诵创作中有害无益,是大忌。

附作品

等你，在雨中

余光中

等你，在雨中，在造虹的雨中
　蝉声沉落，蛙声升起
一池的红莲如红焰，在雨中

你来不来都一样，竟感觉
　每朵莲都像你
尤其隔着黄昏，隔着这样的细雨

永恒，刹那，刹那，永恒
　等你，在时间之外
在时间之内，等你，在刹那，在永恒

如果你的手在我的手里，此刻
　如果你的清芬
在我的鼻孔，我会说，小情人

诺，这只手应该采莲，在吴宫
　这只手应该
摇一柄桂桨，在木兰舟中

一颗星悬在科学馆的飞檐

耳坠子一般地悬着
瑞士表说都七点了。忽然你走来

步雨后的红莲,翩翩,你走来
　像一首小令
从一则爱情的典故里你走来
从姜白石的词里,有韵地,你走来

雨　巷

戴望舒

撑着油纸伞,独自　　　　　　　她彷徨在这寂寥的雨巷,
彷徨在悠长、悠长　　　　　　　撑着油纸伞
又寂寥的雨巷,　　　　　　　　像我一样,
我希望逢着　　　　　　　　　　像我一样地
一个丁香一样地　　　　　　　　默默彳亍着,
结着愁怨的姑娘。　　　　　　　冷漠、凄清,又惆怅。

她是有　　　　　　　　　　　　她默默地走近,
丁香一样的颜色,　　　　　　　走近,又投出
丁香一样的芬芳,　　　　　　　太息一般的眼光,
丁香一样的忧愁,　　　　　　　她飘过,
在雨中哀怨,　　　　　　　　　像梦一般地,
哀怨又彷徨;　　　　　　　　　像梦一般地凄婉迷茫。

像梦中飘过
一枝丁香地，
我身旁飘过这个女郎；
她默默地远了，远了，
到了颓圮的篱墙，
走尽这雨巷。

在雨的哀曲里，
消了她的颜色，
散了她的芬芳，

消散了，甚至她的
太息般的眼光，
丁香般的惆怅。

撑着油纸伞，独自
彷徨在悠长、悠长
又寂寥的雨巷，
我希望飘过
一个丁香一样的
结着愁怨的姑娘。

第八讲　朗诵的节奏

"节奏是宇宙中自然现象的一个基本原则。自然现象彼此不能全同,亦不能全异。全同全异不能有节奏,节奏生于同异相承续,相错综,相呼应。寒暑昼夜的来往,新陈的代谢,雌雄的匹偶,风波的起伏,山川的交错,数量的乘除消长……都有一个节奏的道理在里面。艺术返照自然,节奏是一切艺术的灵魂。在造型艺术则为浓淡、疏密、阴阳、向背相陪衬,在诗、乐、舞诸时间艺术则为高低、长短、疾徐相呼应。"(朱光潜《诗论》)

美学大师的精辟论述,为我们的朗诵艺术,指明了一条通达听觉审美愉悦和快感的必由途径。

一、诗的节奏美

诗歌是最讲究节奏、最具有音乐感的一种文学样式,特别是旧体诗,有一套严格的节奏韵律格式,所以又称它为格律诗。格律诗诗句内部和诗句之间的声韵调搭配关系都是固定的,平仄相间,合辙押韵,不可出格,所以朗诵格律诗,客观上就给人以较为鲜明的抑扬顿挫、回环迤逦的节律美。真所谓"好诗圆美流转如弹丸"。

自由诗突破了格律的束缚，以口语写诗，不求节数、行数、字数的工整，韵可押可不押，语词组合讲节奏，但无定规，总之语言运用十分自由，诗体名字也由此而来。自由诗最早出自美国诗人惠特曼笔下，它张弛自如的语言风格，是惠特曼在十九世纪揭露资产阶级的虚伪、贪婪、残酷和宣传民主思想的诗情喷发中逐渐奠定的。自由诗不仅是语言上对格律的挣脱，也是一种思想上的自由表现，换个角度说，自由诗语言的这种开放、随性，极其有益于情感的宣泄和诗意的表达，也最适合有声语言功能的发挥，所以，在朗诵艺术领域，自由诗有着显著的体裁优势。

　　自由诗，尤其是朗诵诗，虽不讲究格律，却不能缺少语言的音乐性，它的语言可以"自由"，但不应"散漫"。自由诗的音乐性主要表现在押韵和节奏两个方面，当然这些音乐元素完全听从诗人的调遣，可取可舍，可松可严。例如押韵，我国的自由诗在"五四"新文化运动诞生以后，一开始就从严格的韵辙中解放了出来，二十世纪后期，在西方现代派诗风的影响下，越来越多的自由诗"反叛"用韵的传统，这一客观趋势无可厚非。

　　自由诗语言可以无韵，却不应没节奏，否则就异化为散文诗或者别的文体了。对朗诵而言，显然节奏感的作用更为重要。因此这里我们着重来探讨自由诗和自由诗朗诵的节奏问题。

　　和旧体诗一样，自由诗的节奏存在于诗句中，也活跃在节段篇章间。这样的自由诗佳作不胜枚举，这里不妨来欣赏臧克家的《老马》：

　　　　总得叫大车装个够，它横竖不说一句话，
　　　　背上的压力往肉里扣，它把头沉重地垂下！

　　　　这刻不知道下刻的命，它有泪只往肚里咽，
　　　　眼前飘来一道鞭影，它抬起头望望前面。

这首诗的节奏首先体现在整体上，每两句之间的语节长短错落，形成总的节奏感；而当我们把八行诗句按单双分开后会发现，单句侧重对"老马"环境惨状的描述，双句着力于"老马"凄楚神情的刻画，单句之间节奏变化无定，恰好烘托和强调"老马"多舛不安的恶境，双句都以"它"开头，句内基本上都是"×｜××｜×××××"的同一个节奏，这又凸现出饱经压榨和摧残后，"老马"极度悲愤、痛苦而无奈的神情。顺便一提：这首诗的声韵艺术也极其高超，全诗八句四韵，并且诗中以仄声字为主体，造成沉重压抑的语音修辞效果，与诗的内容情境完全吻合，体现了古人所说的"音境"。

慢说自由诗，不少优秀的散文诗往往也讲究语言的节奏性。试举朱自清的《春》为例："盼望着／盼望着／东风来了／春天的脚步近了。"你看，作品开篇就以"×××｜×××｜××××｜××××××××"的递进节奏来描述，有一种春风扑面的态势。

再看下面的段落：

"小草偷偷地从土里钻出来／嫩嫩的／绿绿的／园子里／田野里／瞧去／一大片一大片满是的／坐着／躺着／打两个滚／踢几脚球／赛几趟跑／捉几回迷藏／风轻悄悄的／草软绵绵的"和"桃树／杏树／梨树／你不让我／我不让你／都开满了花赶趟儿／红的像火／粉的像霞／白的像雪／"

时而由短而长地层递，时而长长短短地交错，时而长短相等地排比，节奏丰富多变，加上全文短句居多，因此动感十足，这正应和了万物勃发、生意盎然的大自然生命的节奏。

无论是《老马》还是《春》，从作品的整体风格和语言特征上可以看出，诗人笔下的韵律节奏，那么流畅熨帖，完全是意到"声"到，词句节律自然天成。这足以说明，诗人的语言意识中蕴含着丰富的节律感，只要笔动，便有律动。这是长期实践所积累的学养，这种学养正是我们朗诵者所不可缺的。

　　　　　　　第八讲　朗诵的节奏

二、自由诗朗诵节奏的形成

上述分析告诉我们,从文字作品的角度看,节奏仅仅体现为词语、词组、句子语义结构关系的亲疏远近上,转换成朗诵的有声语言,即为"顿挫长短"、"速度快慢"的概念。但从诗歌朗诵的角度来认识,节奏不仅仅局限于顿挫的长短和速度的快慢,也包括力度的强弱、抑扬的高低。概括地说,朗诵的节奏,就是抑扬顿挫、轻重缓急的回环往复。

朗诵节奏的形成有着主客观双重因素,一是语言结构,二是事理情感。

1. 语言结构的规约

自由诗朗诵的节奏,从根本上说,受约于作品语言的节奏,而作品的节奏则植根于语言的结构形式;尽管自由诗语句长短由之、行数多少不论,但遵从一定的语言结构规律是不容置疑的原则。我们知道,语言中能独立使用的最小的意义单位是词语,任何诗句都是由一个个词语,遵照语义指向,按一定的规则即语法构成的,词与词的语义语法关系远远近近疏疏密密,形成了句子内部的结构,这种远近疏密的语义语法结构关系,就是诗的节奏,把它转换成声音语言,也就相应地成为了快慢徐疾的朗诵节奏。现代汉语双音节词使用比例相当高,这在客观上更增添了句子表达的节奏感。同理,大于句子的句组、小节、段落等各级语言单位内部,语义语法关系也有着远近疏密的结构关系。所有这些形形色色的结构关系,错落分布在整首诗中,于是就形成了汉语诗歌及诗歌朗诵的基本节奏体系。

作为文字作品的诗,往往由标点符号和分行分节的格式来显示大的语义语法关系,如上面介绍的《老马》和《春》两篇作品所显示的那样,这在总体上为朗诵者提供了很好的节奏运用和处理的基本依据,同时也是对朗诵语言节奏的一种基本约束。现当代的朗诵诗,诗人往往在书面语言格式上就融入了节奏因素,请看贺敬之的《雷锋之歌》:

你——雷锋

　　我亲爱的

　　弟兄……

　　　　你的名字

　　　　竟这样地

　　　　神奇，

　　　　胜过那神话中的

　　　　无数英雄……

这样分行，显然打破了"句子"的概念，而是兼顾了诗句内部语义语法的结构关系和朗诵节奏表达的需要，通过这种"解构"，内部的语义语法关系得到凸现，同时也提示了朗诵的节奏。最典型的分行写法是"阶梯诗"，上海诗人桂兴华的几部政治抒情长诗，都采用了阶梯诗的格式。如《中国豪情》：

　　记得很久

　　　　　很久

　　　　以前

滔滔黄河的

　　　第一滴水

　　　　　　就从星宿海的

　　　　　　　　　沼泽里

　　　　　　　　　　出发

　　　反反复复

　　　　　曲曲折折

　　　从母亲的脚边

　　　　　　　三元里

　　　　　　　到伟大的心脏

　　　　　　　　天安门

把一个个诗句按语义语法规律"拆装"成阶梯形状,目的就是为了突出诗句的节律。诚如诗人自己所说:"这种排列,完全是中国式的,不是为分行而分行,而是为了情感的横泻使朗诵起来更加铿锵有力,跌宕起伏,并突出汉语的语音重点。"(《中国豪情·后记:激情为时代熊熊燃烧》)当然,诗人书面上所划定的语言节奏,未必就是准确的朗诵节奏,朗诵者不应当简单地将此翻版成声音形式,朗诵创作所需要的节奏表现要比它丰富多彩得多,但这种作品体式上的节奏框架,对朗诵节奏的基本形成有着突出的直观提示和相对规范的作用。

这里我们有必要顺便关注一下押韵与节奏的关系。押韵其实和语义层次的表现相关。以何其芳的《我为少男少女们歌唱》为例:

> 我为少男少女们歌唱。
>
> 我歌唱早晨,
>
> 我歌唱希望,
>
> 我歌唱那些属于未来的事物,
>
> 我歌唱正在生长的力量。
>
>
> 我的歌啊,
>
> 你飞吧,
>
> 飞到年轻人的心中,
>
> 去找你停留的地方。

这是作品的前两小节,这首诗押的是"ang"韵,第一小节韵落在一、三、五三句的"脚"上,而第二小节的韵只出现在最后一句的末尾。为什么?我们不难看出,韵的落点,恰恰就是语义层次的归宿;其实说到底,之所以押韵,使语言产生复沓回环的韵律美,不仅为了"悦耳",更是为了强化语义的层次感,因此,韵脚与语义层次必然合拍。由此也就不难发现,自由诗的朗诵,只要作品押韵,整体上的节奏点一般都出现在押韵的部位。换句话说,自由诗的韵脚也可以作为朗诵节奏处理的参考,使之节律并现。

2. 事理情感的激发

以上我们探讨了语言"结构"和朗诵"节奏"的关系。实践使我们体会到,在朗诵创作中,节奏的表现不应"安分守己"、"循规蹈矩"地在作品的语义语法上简单地"徘徊",在"再创作"理念的驱动下,朗诵者可运用丰富的情感动力来强化语意,激活节奏,使语言形态由视觉而听觉、由"静"而"动"、由"平面"而"立体"、由理性而感性、由抽象而具象、由共性而个性。在这一过程中,意缘感发,声为情动,节奏变化必然超越作品的书面格式而灵活多姿,构成鲜明的个性化形态。如刘勰《文心雕龙》中所说:"诗人感物,联类不穷,流连万象之际,沈吟视听之区;写气图貌,既随物以婉转;属采附声,亦与心而徘徊。"

以《有赠》为例。这首诗有着特殊的主题背景和表达语境,作品中的"我"涉过"感情的沙漠",走向"生命的灯",通篇是"痛苦而欢乐的歌声",情感偏于内敛,如同内心独白,语言表述也很平稳,总体上以"我……"和"你……"相交织构成框架,句式相对整齐,节段布局均匀;但当我们穿过文字构成的诗行,进入诗人的内心深处,就不难感受到情感激流的跌宕起伏。从在"饥渴、劳累、困顿"的孤旅中望见远处"光亮"而心生希冀,到"轻轻地叩门","走进你洁净的小屋"的小心不安;从面对"母亲般温存的眼睛"的诚惶诚恐,到人生坎坷的沉重叹息;从感受到"好意和温情"的神圣领悟,到"在彩云般的烈焰中飞腾"的精神升华,意外、忐忑、喜慰、感念、激奋……诗人沧桑而敏感的心灵在叙述情感的脉络中激荡搏动。当朗诵者通过深入的作品感受,获得了深层的理解和强烈的共鸣,并升华为"自己的语言",朗诵节奏便会超越表层的语义结构而与情感心理的节奏合拍,语气的强弱、语调的沉浮、语势的升降、语速的缓急,张弛开合"随物以婉转",这就必然不入窠臼,创造出作品朗诵独有的语言节奏。比如：

　　一捧水就能解救我的口渴，

　　一口酒就使我醉了，

　　一点温暖就使我全身灼热，

　　那么，我能有力量承受你如此的好意和温情么？

　　　我全身战栗，当你的手轻轻地握着我的，

　　　我忍不住啜泣，当你的眼泪滴在我的手背。

　　　你愿这样握着我的手走向人生的长途吗？

　　　你敢这样握着我的手穿过蔑视的人群吗？

这八句，在全诗中是核心所在，起着承上启下的作用，其内涵十分丰富，它说透了"好意和温情"的作用力和感染力，并切入了"讴歌和渴望风雨同舟、荣辱与共的人间真爱"这一主题，既充满朴实的尘世生活，又富含深邃的人生哲理，正如下面一句概括的"在一瞬间闪过了我的一生"。如此厚重浓烈的情感诗意，必需突破语句外在形式关系的界限来表达，以事理情感的逻辑脉络将两个小节整体化处理："一捧……"、"一口……"、"一点……"三句，可在含情而凝重的基础上逐渐加强语气，语速在沉稳中略加推进，到"那么……"一句时用声抑调扬的方法，让情感达到高潮；随即接上一个"倒抽"的外部技巧，将语调下沉并加重气息色彩朗诵下面两句，可略加颤音，并在句内增加顿歇，表达出激动难抑的效果。后两个"你愿……"是这一层次的语意顶点，又是问句，应当饱满有力地表达出来，后一句语气语势强化递进，"愿"、"敢"两个词加以点诵，两句的"手"后加以顿歇，以增强语意分量。

　　到这里我们可以明了，如果说语言结构是朗诵节奏的立足点，那么事理情感则是朗诵节奏的原动力；在事理情感的作用下，朗诵节奏具有极大的能动性和生动感，这也才意味着朗诵语言进入了艺术创造的层面。

三、朗诵节奏的基本应用

1. 节奏的类型

朗诵的节奏,在作品一定的语义和情感条件下,由某些语音元素相配置,构成不同的运动形态;这些不同的形态,在作品的相同条件下重复出现,显示出共性特征和共用的客观可能性,这就形成了类型。

我们一般把朗诵节奏分为六个类型:

(1)轻快节奏

轻快节奏的主要特征是:句内顿歇少,词间密度大,语调抑少扬多,语气重少轻多,整体上语速灵捷,语流波动但不强烈。一般表现欢悦、舒朗、风趣的情绪或情景,如朗诵何其芳的《我为少男少女们歌唱》、海子的《面朝大海春暖花开》、朱自清的《春》等都以这类节奏为基础。

(2)凝重节奏

凝重节奏的主要特征是:语速滞缓,语节多而词距疏,语势平稳多压抑,落音着力,声调抑扬适中,一般用来表现庄重、严峻、冷酷等情态事端,如朗诵陈然的《我的"自白"书》、雷抒雁的《小草在歌唱》、张志民的《爱情的故事》等都要用到这种节奏。

(3)舒缓节奏

舒缓节奏的主要特征是:声调高低适中,语速较缓慢自如,语势走向较平稳,语气强弱反差小,句内疏松而少顿歇,一般用于对平静、舒展、悠然的心境或情状,如朗诵徐志摩的《再别康桥》、戴望舒的《雨巷》等少不了这样的节奏。

(4)紧张节奏

紧张节奏的主要特征是:语势多上扬,重音较强调,句子内外密度大,语气较急迫。但须说明,紧张节奏表现的并非仅仅是紧张情绪或紧张情势,它适用于急切、激动、意外、危难等多种情态的朗诵处理上,如朗诵李季的《因为我是一个青年团员》、曾卓的《有赠》等这种节奏的作用较为显著。

（5）低沉节奏

语调多呈降势，语速沉缓，句尾落音滞重，音色黯淡，语节较为松懈，一般用以描述悲伤、压抑、郁闷、愤懑之类积郁于胸的情愫，如朗诵陆游的《钗头凤·红酥手》、白居易的《卖炭翁》、艾青的《大堰河，我的保姆》等都离不开这样的节奏。

（6）高亢节奏

语气较强烈，语调多高扬，语势凌厉，声音着力，用来倾吐激昂、豪壮、愤怒等强势情绪，如高尔基的《海燕》、张万舒的《黄山松》、王怀让的《我骄傲，我是中国人》、岳飞的《满江红·怒发冲冠》等，朗诵的节奏一般都用高亢节奏。

上述罗列只是一种抽象和概括，并不意味着我们的朗诵就可以据此简单套用并且一成不变。在具体的朗诵语境中，尤其是篇幅长的诗作，一般内容层叠，情感跌宕，节奏形式往往是多种交替并现的。例如《大堰河，我的保姆》，除了表达对大堰河的追思和对大堰河悲苦生活的描述用低沉节奏外，朗诵到"在你……"和"呈给……"这些表述感恩和无以回报的追悔心情的大段排比时，就有必要转入紧张节奏，以表现诗人难以自已的激动情绪。这种节奏的异型交替，其实是一种更大范围的节奏效果。

2. 节奏的误用

从本质上看，节奏本身并不等于美，朗诵中的节奏美感是在对节奏的正确使用中产生的。最根本的一点，是要做到准确合理，即前面所强调的合乎作品语义情感，既不能根据经验表面化地搬弄节奏，更不应为了表演技巧炫弄节奏。它应该出于内而形于外，最准确完美的朗诵节奏总是与心理节奏、情感节奏相生相应、相辅相成的。

在自由诗的朗诵实践中，有几种节奏误用的情形值得注意。

一种是有意淡化和弱化节奏,将本身存在于诗歌作品中的节奏因素加以拆散"稀释",所谓"口语化"、"生活化",具体表现为顿歇随意、语气乏力、语调单一、语势平抑。本该抑扬顿挫的乐律动感被静化得波澜不兴甚至萎靡不振,诗中多姿多彩的情景诗意、有声有色的言语技巧,变成了不痛不痒的喃喃自语。有些朗诵者甚至以为这是一种"返璞归真"的艺术风格,其实,这是对风格的曲解。任何艺术品,都是以自身的内在规律和审美原则为风格定位的;朗诵艺术的至高境界就是达到与诗意内涵高度和谐统一的节律美,以唤起听者的艺术关注和审美愉悦。至少,诗人赋诗作语言以节律,就是为朗诵着想的,那种刻意异化节奏的做法,所付出的代价必将是诵者"昏昏",听者"欲睡"。

第二种是以僵化的节奏形式来对待作品的朗诵。闻一多把写格律诗比作"带着镣铐跳舞",揭示了格律要求对诗人思想驰骋和语言发挥的束缚性。朗诵中也存在这种现象,尤其是格律诗的朗诵,自觉不自觉地把既有的语言格式当作"镣铐",自囿于词句的语法地位和关系,声音中规中矩地在"读"的形态中运动,或者格式化地拖腔拖调,语势无动力、语调无张力、语气无活力,声音形式单一往复,千篇一律,千部一腔,令人听而生厌。

再一种就是游离内容实际地"演"节奏,时而轻缓从容、和风细雨,时而雷霆万钧、狂飙突起;看似有板有眼,实则故弄玄虚,不仅产生不了美感,反而以声害意。这涉及到艺术创作的态度问题,是一种华而不实的浮躁表现,朗诵者应当引以为戒。

四、节奏体现的艺术手段

诗歌这一体裁在语言形式上有一个鲜明的风格特征:词、词组、句子、节段等各级语言单位经常同型选用。例如汪国真的《感谢》,全诗四个小节,每小节四句,语言的整体框架相同,字数相等,其中"让我怎样感谢你，当我走向你的时候"这两句，在四个小节的第一、二句重复使用，而三、四两句中，"我原想……"和"你却给了我整个……"这两个基本内容也反复出现，全诗三个小节仅仅在第三、四两句中分别有"收获一缕春风"、"捧起一簇浪花"、"撷取一枚红叶"、"亲吻一朵雪花"和"春天"、"海洋"、"枫林"、"银色的世界"这两处的些许不同，而前一处的句式也还是相同的。再比如裴多菲的《我愿意是急流》，全诗五个小节的语言结构都相同，其中"我愿意是……在……，只要我的爱人……在……"这一词句组合一再出现，成为支撑全诗的骨架。

这一系列相同语言单位及其结构形式的反复迭现，对诗歌本身具有语意强调、气势开拓、音调复沓等积极的修辞作用，但如果在朗诵表达中不加以特殊的艺术处理，让声音语言惯性化地顺从作品的书面语言形式，就会僵化朗诵节奏，陷入单调平淡、枯燥无味的被动状态，有声语言的创造价值也就被破坏了。

艺术美的产生，贯穿着一个法则，就是求"变"，语言艺术创造同样如此。我们的朗诵，需要的是灵活多姿的节奏，面对《感谢》、《我愿意是急流》这类语言同型化的诗作，就需要尽力在声音表现上避同求异，赋语言以自然清新、生动有致的节奏美。

这里，我们有必要从句子的层面来探讨两个节奏运用的外部技巧。

1. 句子中语节的参差

语节这个术语前面已经出现过，它是指根据语义结构和表达需要在句子中划定的节拍，也叫音步。它可以是一个词，也可以是若干个词的组合。语节的参差，是指相邻或相应的若干个句子，语节划分长短不一，构成一定的节奏关系。

诗歌中，不同型的句子，因其内部语义结构相异而客观上不容易造成语节的简单重合；而同型句，特别是基本用语和结构完全等同的句子，就很可能自然而然地使若干句子重复一种语节组合形式。比如"我愿意是××"这一句,重复出现在《我愿意是急流》中五个小节的首句,不少朗诵者只会用"我｜愿意｜是急流"这单一的语节划分形式来表达,听来觉得节奏呆板乏味。节奏的简单划一,不单单带来听觉审美的疲劳,更重要的是限制了内容表达、情感抒发的灵动性。

因此,当遇到相邻或相应的同型诗句时,就要精心地组合语节,具体来说,就是在各个同型诗句中设置错位的顿歇点,使彼此的语节数量不等,长度不一,从而达到节奏的多样变化。例如"我愿意是××"这一句,在五个小节中就可以有以下不同的语节组合设计:

① 我｜愿意｜是急流

② 我愿意｜是荒林

③ 我愿意是｜废墟

④ 我愿意是草屋｜

⑤ 我｜愿意｜是云朵

这里应当强调的是,我们绝不能把语节划分和节奏处理当成纯技巧的表现,它必须在服从和服务于作品的原则基础上,对诗意的阐发和升华起到推波助澜、锦上添花的作用。

上述对"我愿意是急流"的语节划分组合,是从作品整体表现效果的角度来考虑的。第一句由三个语节构成,语气相对松缓;二、三两句两个语节,第四句仅一个语节;我们在书面标记上就不难看出,从第一句到第四句,语节数逐渐减少,语节线步步后移,语气呈趋进之势,而第五句又照应了第一句的节奏,语气回复松缓。节奏的处理,要经得起作品内蕴逻辑的推敲:"我愿意是急流"作为全诗的首句,并且是抒情主体"我"和第一个比喻意象"急流"的出现,因此在两个相关位置加顿歇形成三个语节,使"我"和"急流"这两个核心词以及强调主观情态的关键词"愿意"有了一定的凸现空间,朗诵语调也由此缓缓开启;第二句"我愿意是荒林",同中之异是在比喻意象部分即"是荒林",而"我"和"愿意"这两个代表主体和情态的符号已经重复,意思不言而喻,可以一气表明,因此这一句只分成两个语节,在"愿意"后作一次顿歇;第三句"我愿意是废墟"同样只有两个语节,却把"是"这一比喻判断词划离了喻体"废墟",使"废墟"独立成语节,理由很简单,是为了更有力地突出这一意象,而"废墟"这一象征"静默的毁灭"的意象,在全诗中语意相对较重;第四句"我愿意是草屋"把整个诗句作为一个语节来处理,句中无顿歇,显然语气有所加紧,不仅如此,这一句还有必要与上一小节的末句紧接,语气一贯而下,至"饱受风雨的打击"处达到高潮,这样就同时还带动了小节之间的节奏变化;最后,"我愿意是云朵"又还原首句的节奏,用三个语节松缓地道来,衬托"在广漠的空中懒懒地飘来荡去"的意境,同时奠定这首诗结束部分应有的稳而坚实的节奏感。

在《我愿意是急流》中,同型句分别出现在各小节中,彼此间形成了上面所说的"相应"关系。这种隔节同型复现的用句方式,在自由诗中是很常见的。尽管句与句"遥相呼应",但由于出现在同一位置上并且作为各小节的首句,有着统领整个小节的影响力,因此,处理好它们之间语节的参差变化很关键,这不仅仅决定着这些句子的节奏效果,而且会牵动全篇,左右整个作品的节奏感。

这里有两点需要说明:第一,语节参差的节奏生成方法,不只是对相邻或相应的同型句有用,非同型句也同样具有参考价值。第二,语节间的顿歇在表现节奏的过程中,往往离不开重音、语气等其他外部技巧的配合,这里只是就事论事谈语节而已。

2. 句子间语势的错落

语势,就是有声语言中语流行进的走向和运动态势。

有声语言表达具有线性特征。在人们的审美意识中,总是青睐有声语言语流的"曲线"美感,套用古人的一句话,叫做"语似看山不喜平"。如何做到"不平"? 行之有效的方法就是强化语势的表现,让上下相关诗句的语势"此起彼伏"、错落有致。

　　情感激荡下的语势运动,用模糊图形来表示的话,状如波起浪涌的水面,由此,我们把语势中的高耸部分叫做"波峰",低伏部分叫做"波谷",波峰和波谷之间的落差叫做"波幅"。

　　旧体的律诗和绝句上下句讲究平仄,反映到有声语言中便是字调的"起伏波动";而新体自由诗朗诵所产生的"波峰"和"波谷",则是语调上的"平仄"。在听觉效果上,前者是一种小幅度节奏,后者是一种大幅度节奏,两者遵循的是同一个审美原则,就是避同趋异。在朗诵中,不同型句要运用这一原则,同型句更要强调这一原则。

　　如何避同求异呢?我们借助语势这一概念,归纳出一组基本要领:句首不同起;句尾不同落;句腰不同峰。

　　"句首不同起"和"句尾不同落"是分别就上下两句的开头和末尾而言的;假如我们把波幅分为五度,上句以五度起调、三度落调,那么下句就在其余的度数位置上起调和落调,只要情感语意逻辑许可,上下句的起点或落点之间尽可能拉开幅度,形成鲜明的对比落差。

　　"句腰不同峰","句腰"就是句子头尾以外的主干部分,"峰"指的是波峰;这句是说,上下句各自语势运动所形成的波峰要做到高低大小形态各异,而力避同一走势的反复。

　　语势运用的三个"不同",准确地揭示出了朗诵表达中语调节奏的规律和增强节奏的方法,具有很强的实用意义,尤其对于处理好诗歌语言中同型句的语调节奏,有着直接的应用价值。

　　3. 整体上节奏的体现

　　以上我们基本上是在句子的层面探讨节奏规律和方法,这里我们着眼于整个篇章,主要探讨小节内部以及小节之间的节奏。

　　我们所指的小节,原则上以书面格式为标志,即两个空行之间为一小节,这是一个最大的结构单位,也是一个相对独立的意义整体,它内部有时还可分层次。自由诗的小节有长有短，有整有散。像《我愿意是急流》和《感谢》，小节相当匀整；而《大堰河，我的保姆》、《有赠》这样的作品，小节句数和句子长度都不等，《大堰河，我的保姆》有一小节长达二十行，而且多是长句，内部还有着较为复杂的层次。

诗歌朗诵整体上的节奏，很容易理解为仅仅体现在小节与小节的衔接和转换上，或者说仅仅是上一小节末句与下一小节首句之间；其实不然，诗歌朗诵的整体节奏，根本上是各个小节以内部整体节奏形态的差异构成的，因此，要表现好作品的整体节奏，首先还是应当着力处理好每个小节内部的节奏关系。

朗诵所接触到的诗有的很短，或者单小节构成，或者多小节而小节内部不包含层次结构，这样的作品，小节内部的节奏往往是以句子为单位构成的；大多数作品是多小节的，而且小节内部又分层次，这就要以层次为单位来考虑节奏关系了。而不论哪种情况，小节内部的节奏处理，遵循的依然是语意情感策动下"避同趋异"的基本原则，在具体表现上可参考上述"语节参差"、"语势错落"的技巧，只是着眼点落实在小节的整体上而已。

除了小节的内部节奏之外，还需要精心处理好小节的外部关系，要使若干局部的节奏体统一贯穿，成为一个完整而有机的节奏链。这里至关重要的是小节与小节之间如何承接的问题，这是作品朗诵整体节奏的关节点。初学朗诵者往往会不自觉地跟着视觉进入一个声音表达的误区，就是看到小节之间的空行就停歇，而且不紧不慢，四平八稳，使得整体节奏呆板拘谨。其实如同标点符号一样，小节间的空行，也是为了在书面上显示语句的结构层次，表明一个语意片断到此为止。这只是一种经过抽象的规范，是静态的公式，而我们的朗诵表达是鲜活的语言创造，不应当也不可能拘于一格。小节后空出的那一行，究竟意味着多长的停顿？这无法也不应该量化地对待，决定这一空间表现形式的只能是语意的逻辑、情感的脉络、节奏的规则。

要使作品各小节之间形成一个生动多姿的节奏链，有两个手法可供参考。一是"紧承"，就是下一小节首句与上一小节末句密切呼应，一气呵成；一是"缓转"，与紧承相反，小节之间予以稳实的停歇，语气色彩也同时有所变化。

先说紧承。诗歌作品中，小节之间常常有"顶真"式的语言结构，如纪弦的《你的名字》的最后两小节：

> 刻你的名字！
>
> 刻你的名字在树上。
>
> 刻你的名字在不凋的生命树上。
>
> 当这种植物长成了参天的古木时，
>
> 啊啊，多好，多好，
>
> 你的名字也大起来。
>
>
> 大起来了，你的名字。
>
> 亮起来了，你的名字。
>
> 于是，轻轻轻轻轻轻地唤你的名字。

"大起来"三个字在两个小节之间上承下接，架起了"桥梁"，就可以你呼我应，首尾紧承；这种紧承所产生的高潮感，也合乎作品结尾部分朗诵处理的需要。更多的作品小节之间并没有"顶真"之类的语言结构特征，但从语意关系上看需要紧承，如《我为少男少女们歌唱》的一、二两个小节之间：

> 我为少男少女们歌唱，
>
> 我歌唱早晨，
>
> 我歌唱希望，
>
> 我歌唱那些属于未来的事物，

我歌唱正在生长的力量。

我的歌啊，

你飞吧，

飞到年轻人的心中，

去找你停留的地方。

显然，"我的歌啊，你飞吧"这一情感强烈的祈使句，应当紧紧跟在"力量"之后激扬而出，否则就失去了应有的抒情效果。有的作品上下小节的衔接句，语意关系上没有明显的紧承必需，而出于整体节奏感构成的需要，也可予以紧承的处理，这是尤其值得我们关注的节奏表现技巧。拿《我愿意是急流》来说，这首诗五个小节整体结构雷同，各小节的始末两端句式也一样，如果不在小节与小节的承续上加以适当的变化处理，而只是均衡地停连，整体上就会造成很刻板的节奏感。面对这种语言形态的诗歌作品，就有必要寻找可以作紧承处理的节奏变化位置。有位艺术家是这样处理的：前三个小节都以较平缓的节奏表达，在一、二小节之间和二、三小节之间的两个交接处，加以沉稳的停顿；第三小节的"只要我的爱人/是青青的常春藤/沿着我荒凉的额/亲密地攀援上升"四句，语速逐渐推进，语气慢慢加重，在随情而至地加一个"啊"的感叹之后，紧接下一小节，情绪语气继续上推，到"草屋的顶上/饱受风雨的打击"形成全诗的高潮。随后，满含患难与共的深情涌出"只要……"，最后一小节在安然停歇之后从容而起直至结束。这里对三、四小节处的紧承处理，不仅产生了整体节奏的跌宕变化，而且还带来了一种风雨疾来的直观联想，恰好暗合了这一小节中"草屋的顶上/饱受风雨的打击"的诗意。

再说缓转。缓转与紧承相反，是当小节与小节之间处于语意变化的关口，用较缓慢的语言节奏予以转承，这一般出现在前一小节以高潮或小高潮收尾的情况下。具体表现为：当语势将前一小节推至高潮后，先稍稍屏息再深吸一口气，从容呼出的同时，起诵下一小节。比如《我为少男少女们歌唱》的二、三两个小节之间：

> 我的歌啊，
>
> 你飞吧，
>
> 飞到年轻人的心中，
>
> 去找你停留的地方。
>
>
> 所有使我像草一样颤抖过的
>
> 快乐或者好的思想，
>
> 都变成声音飞到四面八方去吧，
>
> 不管它像一阵微风，
>
> 或者一片阳光。

如上所说，"我的歌啊……"紧承前一小节后一贯而下，带着祈使的语意逐渐趋向一个小高潮。然后舒缓气息，作一顿歇后，以较轻松的语调转换到下一小节，侧重内在情思的表述，这样就形成了一个较为鲜明的跌宕，显示出了全篇的节奏感。从语意上看，"所有使我……"如果顺着上一小节继续往高处推进，也未尝不可，但这样的话，几乎把一、二、三三个小节连成一体，挤占了一个节奏点，使这首短诗前面部分的语言过于密集，整体节奏就显得紧促。而按"缓转"的方式处理，当上下小节之间语意上有一个大错落、前一小节末尾推向大高潮时，随后便可以有一个大停顿，从从容容地对语意加以转换，让作品的整体节奏在这里显示鲜明的张弛变化。朗诵诗《中国人，不跪的人》中有这样两段：

> 今天，在人类的赛场上，
>
> 五星红旗啊，
>
> 是那样的令人泪流血沸。

在这里，

我的诗忽然眼前一亮，

是什么，是什么让诗熠熠生辉？

这是作品中一个大层次的转换处。前面经过"站起来，我们才能走路"、"站起来，我们才能起飞"、"站起来，我们才能跳高"、"站起来，我们才能跳远"，一直到"站起来，我们走进奥运"，这一层层的铺排迭进，把情感推向沸点："今天……那样令人泪流血沸"，气足声强，豪情万丈。接着，角度陡然一转，进入一段不无凝重的陈述，情绪气氛和语势是一个很大的落差，因此，"泪流血沸"和"在这里"之间，给以足够的停顿，让语气归于沉静，然后转入稳实而蓄情的陈述。

4. 开篇和结尾的处理

作为一种韵文体裁，诗歌的开篇和结尾有着鲜明的个性特征，在朗诵表达中，它们也正好处于整体节奏"神经末梢"的两端，在一定程度上对整体节奏有所影响。

诗歌的开篇不同于其他文体的开篇之处，不仅仅在于语言形式上的整饬有节，更在于意义上的开宗明义，因此，往往有"一锤定音"的作用，在节奏关系上，也就有着"牵一发而动全身"的影响力，因此要着力设计并精心表现好。从节奏的角度说，诗歌朗诵有这么几种常见的开篇方式：

缓起式

一般情况下，朗诵开篇以平缓从容为宜，尤其是带有记述性、哲理性的作品，缓缓道来，便于引启、交代，作好铺垫。如大卫的《还原一个名字》的开篇：

如果一枚绿叶能够擦掉一场大雪/那么这个比绿叶还要绿叶的名字/足以把整个冬天擦去/其实，这只是个普通得不能再普通的名字/流转的岁月让他成为了钻石/作为春天的又一种叫法//

作品要"还原"的是一个真实的雷锋,并要通过作品唤起人们对形而上的"学雷锋"的反思。开篇用一个假设性比喻引启题旨,"绿叶"、"流转的岁月"、"钻石"、"春天"等象征性词语构成了诗化的表述方式,含蓄又明了,有耐人咀嚼的意味,因此需要平缓而起,给人以充足的理解接受过程。

不少诗歌作品以设问开篇,朗诵时也以平缓而起为宜。如《中国人,不跪的人》:

> 你见过昆仑跪吗/没有/昆仑那是我们中国骄傲的腰背/你见
> 过长城弯腰吗/没有/长城那是我们民族自豪的脊椎//

开篇是无疑而问,为的是激发人们的关注和思考,这样的问不是咄咄逼人,而是循循善诱,因此朗诵时也需要放缓节奏,给听者留出一定的思索空间。

还有不少抒发内在情感的作品,开篇也往往适宜用缓缓悠悠的节奏,这里就不再一一详述了。

骤起式

这种方式的开篇或许只有诗歌朗诵才有,一般用以表达不可抑制的情感,比如张万舒的《黄山松》:

> 好/黄山松/我大声为你叫好/谁有你挺得硬/扎得稳/站得高/
> 九万里雷霆/八千里风暴/劈不歪/砍不动/轰不倒//

面对黄山劲松,诗人不由得联想到具有刚直不阿、坚忍顽强精神的中国人民,强烈的激情按捺不住,赞美的诗句喷薄而出。朗诵时,只有在真情的推涌之下,让诗句狂潮般地奔腾,才足以表达诗人特有的激越情怀。

需要注意的是,这种方式的开篇,要有得体的节奏呼应。在《黄山松》里,激情应"好"的强烈感叹而爆发,爆发过后应该有所回缓,在放收之间形成节奏的变化;可以在一、二或二、三小节交界之间缓转语气语势、尽管第二小节激情依然，但可以用强而内敛的声音技巧加以表现。切忌让语言进入惯性状态，声调语势一旦上扬就居高不下，把《黄山松》这样的作品朗诵得声嘶力竭。

骤起式的开篇要防止滥用，如不切合语境地用这种方式开头，不是失去控制的"冲动"，就是哗众取宠的作态。

曲起式

开篇用诘曲不平的语调来表达，暗示"弦外之音"、话外之意，或者赋予一种贬抑的态度。这种方式的开篇，一般用在讽刺性、哲理性作品的朗诵中。如张志民的《"人"这个字》：

> 听书法家说/书道之深着实莫测。历代的权贵们/为着附庸风
> 雅/大多喜欢弄点文墨……//

诗人在这首诗当中借书法家的名义和书法的道理，刻画出现实中那些貌似君子风度、实则人格缺失的官僚权势者的卑劣形象。语含讥嘲，绵里藏针，曲尽其意，既不动声色，又有所暗示，这开头的几句就得用弯曲的语调来处理。

有些含有理意之趣的作品也需要用这样的曲起方式开篇。如赵恺的《如果》：

> 有酸果/有甜果/嫁接在酸甜之间的是"如果"/如果能返童/如
> 果能再嫁/如果能重新抉择……/一条瓜蔓/吸不尽悔恨的河/如果
> 我有一颗"如果"/我将如何/我将馈赠/赠给一座托儿所/让孩子知
> 道/那是禁果//

这首诗不仅饱含哲理，又充满诗的意趣，借一个抽象的词"如果"进行"变形"加工，提炼出具体形象、余味无穷的"果"之"汁"，经过演绎、深化、升华抵达主旨——光阴不复，往昔莫悔，人生千万别蹉跎。深邃的思想在诗人笔下竟举重若轻，有情有趣，朗诵者自然应当忠实于这种风格，开篇深入而浅出，闲淡之中寓真意，出语起落多曲。

再来说说结尾。诗歌的结尾同样有别于其他文体,它的内容落点往往在"情"和"理"两个字上,又往往承载着韵律的约束,因此也特别需要推敲,切不可虎头蛇尾。中国画泼墨用笔讲究"大胆落笔,小心收笔",值得我们借鉴。这里我们着重探讨两种结尾方式。

激扬式

这是强节奏结尾的方式,较为常见,尤其是抒情性朗诵诗,结尾处情入高潮,往往需要一吐为快,或热烈奔放,或愤懑激扬,致成全篇的最强音。例如《我骄傲,我是中国人》:"我就是飞天/飞天就是我们/我骄傲我是中国人",豪迈之情飞扬;《毛泽东的书法》:"那一年的十月一日/全世界在看黄皮肤的中国人/昂首站立起来/为他的大手笔欢呼/叫好",讴歌伟大领袖毛泽东的丰功伟绩;《我的"自白"书》:"这就是我——一个共产党员的自白/高唱凯歌埋葬蒋家王朝",大义凛然,气冲霄汉;《沁园春·雪》:"俱往也/数风流人物/还看今朝",革命浪漫主义激情荡漾;《海燕》:"这是胜利的预言家在叫喊/让暴风雨来得更猛烈些吧",这是"狂风吼叫,雷声轰响"般的"充满愤怒的力量、热情的火焰和胜利的信心"的声音,等等。这些结尾诗句,无疑需要用激扬的语调声势才能达到表达的目的。

但要注意,不要公式化地运用这种结尾方式。朗诵表演中,我们经常看到有的朗诵者千篇一律地给结束句安上一个激扬高昂的"尾巴",这是不妥当的。即便有的作品结束部分较有分量,也未必一定高亢而终,可以考虑更灵活的方式来处理。比如《有的人》末尾"他活着为了多数人更好活的人/群众把他抬举得很高很高"这两句,用激劲昂奋的语调来表达敬仰之情完全合适,但也有朗诵者这样处理最后一句:在"抬举得"之后停住,深吸一口气,然后声收、气满、力足地将两个"很高"拉长了诵出,给人以"仰面高视"的听觉感受。这样处理,虽然并不声张,却使"很高很高"有了一种夸张和形象的效果。

蕴含式

这是弱节奏结尾的方式。诗贵含蓄,并往往在结束处寄托寓意,特别是较为深情的作品,所谓"言已尽,意无穷"。朗诵这类作品的结尾,节奏松缓平稳,语气比较温婉,情绪相对内敛,末句顿歇相应增多,收尾时气息声音控制要求细腻自然、分寸得当。如《再别康桥》:"悄悄地我走了/正如我悄悄地来/我挥一挥衣袖/不带走一片云彩","相见时难别亦难",诗人虽然依依不舍,有满腔衷情可倾诉,却以"悄悄"作抒情的"笙箫",实在是怕惊扰了那"河畔的金柳"、"软泥上的青荇"、"榆荫下的一潭",可见情之深、恋之切。这"悄悄"的情境意蕴,只有用弱节奏来表达才合拍。

有些诗作在结尾处含有期待的意味,也适宜用蕴含式的弱节奏来处理。例如《雨巷》:"撑着油纸伞/独自彷徨在悠长悠长又寂寥的雨巷/我希望飘过一个丁香一样的/结着仇怨的姑娘",这种"雨巷"情结朦朦胧胧之中有所寄寓,若虚若实、似真似幻,维系着诗人心中的某种期待。声情语气内敛舒缓,节奏松弛自然。

弱节奏的运用同样应当防止概念化、简单化。与上面提到的千篇一律为结束句安一个激扬高昂的"尾巴"相反,有的朗诵者把蕴含式的弱节奏当作诗歌朗诵唯一的"结束感",每次朗诵必然以"情深绵绵"、"余音袅袅"来结束,这是不可取的。

这一讲,我们探讨了诗歌朗诵中节奏表达的规律和技巧,其中语节的参差和语势的错落是两项最基本的技巧,可以说是诗歌朗诵节奏体现的一双有力翅膀,它从根本上保证了朗诵语言节奏的产生。然而,我们朗诵者却不应该把它仅仅当作一种形式工具,朗诵艺术创造中的真正节奏,其实还不是在字里行间,也不是在舌尖唇边,而应当成为一种意识,一种与思维同步的节奏修养,一种自然生成并绵延不绝的语感。

附作品

对衰老的回答

周　涛

孩子们不会想到老，
当然新鲜的生命连死亡也不会相信。
青年人也没工夫去想老，
炽烈的火焰不可能理解灰烬。
但是，总有一天衰老和死亡的磁场，
会收走人间的每一颗铁钉！
我想到自己的衰老了，
因为年龄的吃水线已使我颤栗、吃惊；
甚至于在梦中都能感到，
生命的船正渐渐下沉。
"但是别怕！"我安慰自己，
人生就是攀登，
走上去，不过是宁静的雪峰。
死亡也许不是穿黑袍的骷髅，
它应该和诞生一样神圣；
我也设想了自己的老境——
深秋叶落的梧桐，
风沙半掩的荒村；
心的夕阳，
沉在岁月的黄昏，

稀疏的白草在多皱的崖顶飘动；
颤抖滞涩的手笔，
深奥莫测的花镜，
借一缕冬日罕见的阳光，
翻晒人生的全部历程。
"累吗?"我想问自己，
回首往事，最高的幸福应该是心灵不能平静。
我很平凡，不可能活得无愧无悔，
我很普通，也不敢奢望猎取功名。
我宁肯作一匹消耗殆尽的骆驼
倒毙于没有终点的途中；
我甘愿是一匹竭力驰骋的奔马
失蹄于不可攀援的险峰。
让我生命的船在风暴降临的海面浮沉吧，
让我肺腑的歌在褒贬毁誉中永生；
我愿接受命运之神的一切馈赠，
只拒绝一样：平庸。
我不要世俗的幸福，
却甘愿在艰难曲折中寻觅真金，
即使我衰老了，我也是骄傲的：
瞧吧，这才是真正好汉的一生！
白发如银，那是智慧结晶；
牙齿脱落，那是尝遍艰辛。
我将依然豪迈，依然乐观，
只是思想变得大海般深沉。
命运哪！你岂能改变得了我的本性？
我会说："我生活过了，思索过了，
用整整一生作了小小的耕耘。"

我愿身躯成为枯萎的野草，
却不愿在脂肪的包围中无病呻吟；
我愿头颅成为滚动的车轮，
而绝不在私欲的阵地上固守花荫；
我愿手臂成为前进的路标，
也绝不在历史的长途上阻挡后人；
这才是老人的美啊——
美得庄严，美得凝重。
岁月刻下的每一笔皱纹，
都是耐人寻味的人生辙印，
这才是我的履历，我的碑文，
才是我意志的考场，才能的准秤。
而且，越是接近死亡，
就越是对人间爱得深沉；
哪怕躯壳已如斑驳的古庙，
而灵魂犹似铜铸的巨钟！
生活的每一次撞击，
都会发出浑厚悠远的声音。
假如有一天，
我被后人挤出这人间世界，
那么高山是我的坟茔，
河流是我的笑声，
在人类高尚者的丰碑上，
一定会找见我的姓名！

第九讲　特殊用声技巧

慢说朗诵，即便日常说话，当进入特殊的情感时，声音也会自然带出一些特征，客观地强化语言的表达。特殊的声音现象经过提炼和规范，就成了朗诵创作中的专门技巧，它给我们的有声语言艺术增添了无尽的表现力。

一、气息类技巧

戏曲表演中有"气是声之本，万音气为尊"、"气动情传"之说。以抒情言志见长的诗歌朗诵，气息类技巧的发挥有着十分突出的艺术创作功能和审美价值。这里主要介绍"偷气"、"倒吸"、"喷口"、"长呼"、"缓托"五种技巧。

1. 偷气

"偷气"又叫"偷吸"，它和停连有关，实际上是一种换气方法。诗歌朗诵中，经常遇到语意关系紧密、语势步步推进如排比之类的句群，句与句之间稍停即连，留给吸气的间歇很小，表达时为保持句子的连贯和气息的自然顺畅，就不能从从容容地吸气，而是在句子短促的顿歇之间"见缝插针"，不动声色地迅速吸入一口气，这就是"偷气"。

既然是"偷气"，就意味着不让人发现换气动作，也不应出现喘息声，吸气时口鼻并用，呼出时轻巧均匀。

试看《我爱》中的一段：

> 是你啊/我心爱的诗/你耸然起立/从侮辱/√①从剥削/√
> 从反抗/从斗争/√从人类历史的奔流里/√从自然宇宙的造化
> 里……//赋予活的呼吸/吹向来世/

诗人公木以诗笔为武器，讨伐黑暗、歌颂光明、贬斥邪恶、伸张正义，他深感诗的神圣与崇高，借这首《我爱》尽情倾吐了对诗歌的景仰。一连七个"从……"是不可抑制的激情奔涌，朗诵时要层层推进、逐步加密，中间狭小的气口只有用偷吸来完成换气。

朗诵作品当中，有的排比句句内结构复杂，句子较长，朗诵时不仅要在上下句之间偷气，还要在句内加上偷气技巧，如赵日升《编钟》中的一段：

> 我是编钟……/我是提前一千多年录制的/√唐代琴曲《离骚》
> 的一盘磁带/我是贝多芬第九交响乐中/√《欢乐颂》的再次奏鸣/我
> 是黎明时震撼四野的亢奋鸡鸣/我是大道上奔腾驰骋的响亮蹄声/
> 我是文明/我是伟大/我是复活了的壮丽青春//

上述标示"√"的地方就是增加的偷吸，实际上也就是给长句增加了停连。这样的偷吸因为在句中，吸气必须轻快，声音不露气息痕迹，否则就会有"气急败坏"的副作用，破坏句子的完整性。

2. 倒吸

与"偷气"相反，要求换气急促，并把喘息声发出来，这就是"倒吸"，又叫做"倒抽"，主要用来表现紧张、不安、吃惊、焦急、激动等心情。但要注意，随情而出的气息声要清晰干净，而不能粗浊带杂音。

---

① √为偷气符号。

例如唐代诗人白居易的《卖炭翁》中有这么一段：

夜来城外一尺雪／晓驾炭车碾冰辙／牛困人饥日已高／市南门外泥中歇／翩翩两骑来是谁／Π①黄衣使者白衫儿／手把文书口称敕／回车叱牛牵向北／／

卖炭翁从"伐薪"、"烧炭"、"愿天寒"、"驾炭车"、"碾冰辙"一直到"泥中歇"，满怀希望地盘算着"卖炭得钱"，好换取"身上衣裳口中食"。没料想苦苦等来的不是买炭主，而是"翩翩两骑"，什么人？原来是"黄衣使者白衫儿"——宫廷差吏，卖炭翁知道来者不善，他们非夺即抢！因此惊恐万状，不由得"倒吸一口冷气"。这里的"倒吸"技巧移到"翩翩两骑"之前也未始不可，但仔细琢磨，还是用在"黄衣使者"前为好。因为从逻辑推理和情境联想的角度来分析，"翩翩两骑"的出现尽管突如其来，令卖炭翁意外吃惊，但极端的惊恐是在瞬息之后看清"黄衣使者"之时，在这里用"倒吸气"更显得入情入理。

再请看台湾诗人洛夫《与李贺共饮》中的一段：

石破／天惊／秋雨吓得骤然凝在半空／这时／我乍见窗外有客骑驴自长安来／背了一布袋骇人的意象／人未至／冰雹般的诗句已挟冷雨而降／我隔着玻璃再一次听到曦和敲日的叮当声／哦／Π好瘦好瘦的一位书生／瘦得犹如一支精致的狼毫／你那宽大的蓝布衫／随风涌起千顷波涛／／

诗人笔下李贺的出场出神入化，乘风挟雨骑驴而来，一派仙风道骨，使"我"意外而惊奇，毕竟是千年前的"天外来客"，骤然相遇在石破天惊之后，能不惊奇莫名吗？所以"哦"过之后顺势深深地回吸一口气，错愕、暗喜、敬慕等尽在其中。

"倒吸"还可以用来表现一种"回味"的感觉，请看张洪波《一饮而

---

① Π为倒吸符号。

醉》的片断：

> 举杯无忌/披肝沥胆地痛饮一场/让胸中燃起一片赤诚的海
> 洋……//管他什么对月愁肠/管他什么公孙将相……/要的就是心
> 灵的自由/要的就是人生的狂荡/Π好酒/三杯过后/滋润出一个
> 真实的模样//

诗中豪气勃发，一连几个"管他什么……"和"要的就是……"，一正一反，直抒胸臆，畅快淋漓，尽显"三杯过后"酒的无穷热力，于是"好酒"二字脱口而出，为了让这一声赞语"有滋有味"，就在出口之前加一个"倒吸"，给语言附加真饮实品的形象感。

3. 喷口

"喷口"就是在朗诵中对某个或相连的某几个字音着力喷发，使之刚劲有力，当情感强烈并需要在点上爆发的时候就可以运用这一技巧。喷口的发出，主要在于对音节第一个字母发音的把控，无论是声母还是零声母，成阻部位要带劲，发音除阻气流要崩突。

诗歌多有激情，朗诵中，喷口技巧是经常使用的。例如：

> 红军€①不怕远征难，万水千山只等闲。

这是《七律·长征》的首句，"红军"之后稍加顿歇，然后用喷口强力发出"不怕"两个字，鲜明有力地突出红军革命大无畏的英雄气概，为全篇奠定一个豪迈雄壮的基调。再比如《祖国啊，我亲爱的祖国》：

> 你以伤痕累累的乳房/喂养了迷惘的我/深思的我/沸腾的我/
> 那就从我的血肉之躯上/去取得/你的光荣/你的自由/€祖国啊/
> 我亲爱的祖国//

这首诗中"祖国啊，我亲爱的祖国"既是标题，又是贯穿全篇的思想情感脉络，出现在每一小节的末尾，形成一个个小高潮。表达时对每一句都

---

① €为喷口符号。

有必要用喷口处理句首的"祖国"二字,使感情饱满而浓烈,产生激情难抑、倾心呼唤、反复咏叹的效果。当然,每一句的语气色彩可以作不同的表现处理。

当情感凝重而深长时,喷口技巧可以连续运用,如《大堰河,我的保姆》中,写到大堰河的去世时有这么一段:

> 大堰河/含泪地去了/同着四十几年的人世生活的凌辱/同着数不尽的奴隶的凄苦/同着四块钱的棺材和几束稻草/同着几尺长方的埋棺材的地方/同着一手把的纸钱的灰/€大堰河/€她含泪地去了//

岂止是大堰河"含泪"呢,在这里,诗人艾青也分明是含着热泪在向我们倾诉他心头的悲与痛,四个"同着……",高度概括了大堰河一生的凄凉境遇:生前饱受"凌辱"和"凄苦",死后只有"几束稻草"、"一手把的纸钱的灰"和"几尺长方"的葬身之地,而此时此刻"吃着她的奶长大的"诗人却身陷囹圄,无以回报,这怎能不令诗人肝肠寸断,备觉伤痛!因此很有必要用喷口相继诵出"大堰河"与"她"这一对复指关系的词,大大地加强情感力度,同时结合停连的运用,使诗人对大堰河的爱和怜以及失去大堰河的哀和苦,浓缩在"大堰河她含泪地去了"这一句之中。

我们在朗诵实践中体会到,同样的喷口技巧,对普通话中不同发音部位和发音方法的声母,客观效果不尽相同,比如双唇爆破音"b"、"p"相对最适宜喷口技巧,也最容易体现强度。而零声母①a、o、e、i、u、ü等就相对难以发出一定的力度了。比如:

> 为什么我的眼里常含泪水/因为我对这土地€爱得深沉/

---

① 零声母是指以元音起头的音节中的第一个字母,即a、o、e、i、u、ü等,这些元音字母一般作韵母使用,只有当音节开头没有辅音声母时,才成为"零声母"。

这一句中,一个"爱"字,应当用喷口来赋予足够的情感分量,但"爱"是零声母音节,发字头的零声母"a",蓄气要足,喉部的成阻部位肌肉要撑紧,气息的喷发力要强,这样才能达到一定的力度。这也是零声母发喷口音的一个共性要领。

4. 长呼

"长呼"是指用气息的呼出来修饰或增添言语表达中"叹"的意味,也叫"深叹"。这一技巧的具体做法是:先深而慢地吸一口气,然后带着呼气声表达诗句。"叹"有各种语气色彩:柔肠百结的慨叹、突如其来的惊叹、悲世伤情的哀叹、心旷神怡的赞叹等。文字语言中"叹"的色彩有显有隐,有声语言用了"长呼"技巧,"叹"的色彩就鲜明了。

我们来看几个例子:

我是从感情的沙漠上来的旅客/我饥渴/劳累/困顿/①我远远地就看见你窗前的光亮/它在招引我/我的生命的灯//

这是《有赠》的第一小节。作品一开始就流露出人生的感叹,"我饥渴、劳累、困顿",这一句的表达加上"长呼"技巧,语气上就注入了"身心疲惫"的沧桑感;这一效果,也有利于反衬出后两句的情绪色彩。这首诗的第五小节中"但我背负着的东西却很重很重"一句,也有必要用深叹来丰富人生慨叹的"潜台词"。再请看下面的例子:

悄悄地我走了/正如我悄悄地来/我挥一挥衣袖/不带走一片云彩//

这是另一种不同情调的"慨叹"。我们不难体会那种"再别"的滋味:难舍难离又不得不离,一腔惆怅,万般衷情,全凝结在这衣袖"挥一挥"的举止之中,因此这一句用"长呼"来表现,气息伴随诗句的表达缓缓而出,多少离情别绪便融入其中,也给整首诗留下了绵长的回味。

---

① ～～为长呼符号。

"长呼"技巧有着独特的情感表现力,但在许多情况下它的适应性容易被忽略。有的作品不用"长呼"技巧无伤大雅,但如果巧加施用便另有一种表达效果;换句话说,"长呼"技巧不失为一种较为独特有效的朗诵艺术处理手段。比如《我为少男少女们歌唱》中的开头部分:

　　　　我为少男少女们歌唱/我歌唱早晨/我歌唱希望/我歌唱那些属于未来的事物/我歌唱正在生长的力量//我的歌啊/你飞吧/飞到年轻人的心中/去找你停留的地方//

这首诗基调明朗热情,第一小节的五句神采飞扬地诵出,接下来的"我的歌啊,你飞吧"如果顺势高扬而上,完全无可厚非。然而如果换一种处理:在"我歌唱正在生长的力量"之后,轻轻地深吸一口气,然后以"长呼气"的技巧来诵出"我的歌啊,你飞吧"这一句,这样,不仅使诗句本身显得深情和深邃,更使整个这部分的表达在结构上形成了强弱、放收的跌宕变化。显然,"长呼"技巧用在这里不无独到的艺术效果。

　　5. 缓托

　　"缓托",就是朗诵中用松缓而均匀的气息将语句托住。一般是情到深处,却不作直露宣泄,而是敛气屏声,控制情感,言语状态看似平静,实则更显情感的内在奔突。表现凝神注目、忆往追昔、生离死别等情状心理,常用到"缓托"技巧。

　　例如《大堰河,我的保姆》中有这么一段:

　　　　大堰河/今天/你的乳儿是在狱里/写着一首呈给你的赞美诗/ゝ①呈给你黄土下紫色的灵魂/ゝ呈给你抱过我的直伸着的手/ゝ呈给你吻过我的唇/ゝ呈给你泥黑的温柔的脸颊/ゝ呈给你养育了我的乳房/ゝ呈给你的儿子们,我的兄弟们//

这是诗人对大堰河"紫色的灵魂"的泣血述说,那是痛彻肺腑的心语,只

---

　　①　ゝ为托气符号。

说与最最敬爱的亲人,而此刻,聆听者已静静地长眠在了"黄土下",诗人满含激情却不忍惊扰,况且"是在狱里",胸中纵有腾腾烈焰,也只能默默燃烧。在这样的语境下,七个"呈给……"用"缓托"来表现比较得当:朗诵者尽管胸中蓄满了深情,但引而不发,气息屏住,语调在一定的幅度限制下小有波澜。这样的表达,实际上能起到一种大悲无泪的感染作用。

再请看《中国人,不跪的人》中的一段:

> 那一天/外国老板突然暴跳如雷/喝令全体中国工人一起下跪/下跪到和她的心一样冰冷的水泥地板/下跪到她那高跟鞋踩着的地球的那个部位/沉默啊/⌒沉默/⌒不在沉默中站出/⌒就在沉默中下跪//

这一组诗句中"缓托"技巧的运用,起到的是气氛渲染的作用。之前的叙述部分,无疑充满义愤,语气强烈,特别是两个"下跪到……",语势强进,有一种痛斥感。外国老板"突然"的无理和无耻令人惊愕之余难免一时"沉默",但这"沉默"正是一种反抗的孕育和爆发的前导。"沉默啊/沉默/不在沉默中站出/就在沉默中下跪"这一组句子以气托声,看似语平情稳,实际上气息的屏敛缓托,恰是一种情势的蓄积,这样的"无声",本身就构成了"胜有声"的特殊分量。

需要说明的是,在一组较长的句子中连用缓托时,显然难以一口气维持到底,这种情况下可以在中间偷气,但偷气过后语言表达时仍须保持"屏气敛息"的声情状态。

二、声腔类技巧

朗诵创作中,声、气、情三者是不可分割的,情是核心,声和气是情的缔造者,而声是情的基本载体。"声"当中的音色和语调经过变化处理,构成了朗诵艺术的另一类外部技巧。这里主要介绍"气声"、"颤音"、"笑语"等三种,都是诗歌朗诵中较常用的。

1. 气声

从严格意义上说,朗诵发声不可能没有气息,这里所说的"气声",是指言语表达时声音加以控制而气息有所加强,使声音显得相对虚化,所以又叫"虚声",近似"咬耳朵"说悄悄话的音色。但说悄悄话有时只用气,声带不振动,朗诵中的"气声",不能有"气"无"声"。声音经过气息的修饰,最突出的效果就是使情感显得内在、深沉,歌曲"通俗唱法"就常用"气声"来抒情。

诗歌朗诵中,"气声"运用比较频繁,特别是《雨巷》、《再别康桥》、《等你,在雨中》一类的纯情作品,这类作品重在深层的情感抒发,有的充满柔情蜜意,主观色彩很浓,运用"气声"技巧就有助于增强表达的内在感和抒情性;反之,去掉气息的成分,语言就会显得直露,抒情色彩就相对衰减。拿《雨巷》来说,深受法国诗人魏尔伦影响的戴望舒,在一个雨天里,彷徨于江南悠长的小巷,不由得多愁善感,内心深处期待着一位清秀姣好的姑娘,他惆怅、凄楚、叹息、迷茫……如此丰富细腻的内心活动交织成了朦胧的意境,整首诗完全是诗人的内心独白,在主体表达中无疑要体现一定的含蓄、委婉、空灵之美,这种美感效应就有必要发挥"气声"的作用,否则较难达到作品的意境,也就缺乏应有的艺术感染力了。

当然"气声"不仅仅适用于抒发内在柔情,有时候情感强烈、凝重之至,如表示极度的愤懑、鄙夷、敌视等,也可以用"气声"技巧来处理,把声音压下,让气息膨胀,形成一种特殊的内心爆发力和气势。当然,这种语境下的"气声"的发声,要有相当强劲的力度。

比如《我的"自白"书》中的这一小节:

> 人,不能低下高贵的头,
> 只有怕死鬼才乞求"自由";
> 毒刑拷打算得了什么?
> 死亡也无法叫我开口!

革命烈士陈然在狱中面对敌人的严刑逼供,以凛然正气和犀利的诗歌语言直抒胸臆,痛快淋漓地给敌人以怒斥回击。整首诗基调应当是昂然激愤的,但从艺术处理上看,未必要自始至终慷慨激昂地"放声",既然是"自白",不妨适度增加内在感,重点在中间这一小节介入"气声"技巧,特别是"人,不能低下高贵的头"和"毒刑拷打算得了什么"两句,呈下抑之势,前一句咬牙立誓,后一句切齿喷怒,将声音收紧,语调低沉,气息加重,吐字结实迸发而出,如沉雷滚滚,虽不是浩大声势,却有着万钧之力。

要注意,"气声"之"气"要掌握分寸,不能"有气无力"。我们看到,有些初学者,一旦进入抒情表达,便声软气虚,成了无病呻吟或唉声叹气,这不是我们所要的"气声"技巧。要防止语言的虚飘弱化,就应当在吐字发音上加强唇舌的发音力度,这就要求朗诵者在这方面练好扎实的基本功。

2. 颤音

"颤音"就是伴随着语言的表达让声音发颤。"颤音"一般用来表现内心深处激情涌动,如喜悦、感动、悲恸、激愤、惊愕等。

如《我骄傲我是中国人》:

> 我是中国人
>
> ……
>
> 当掌声把中国的旗帜送上蓝天,
>
> 我希~①望~我是中~国~人~。

置身于国际赛场上,当亲眼看到中华健儿为祖国夺得荣誉的那一刻,任何一个炎黄子孙都会为之骄傲并激动万分,"希望"和"中国人"两个词是激情释放的落点,用颤音来表达能使这种情感更加深切浓重。

再比如《因为我是一个青年团员》,赵兵先生朗诵这首诗时恰到好

---

① ~为颤音符号。

处地运用了"颤音"技巧：

> 强盗们吓得像一群木鸡一般/营长吩咐搬来铡刀/想从精神上制服我们的青年/一不铡头/二不铡腰/"喀嚓"一声/一~个~手~指~头~掉在一边/母~子~连~肉~/十~指~连~心~(哪)/痛昏了的石虎子被抬进臭羊圈//

面对"石虎子"的顽强刚烈，匪兵强盗惨绝人寰地剁下了他的手指头！这何等令人发指，又多么令人心痛啊！赵兵先生每当朗诵到"一个手指头"和"母子连肉，十指连心"时，恨与痛交织之下，不由得声音颤抖，给人一种强烈的震撼力。

"颤音"技巧有时候用来刻画年老者内心波动的神情，如英国诗人叶芝的《当你老了》中就可加以运用：

> 当你老了/头白了/睡思昏沉/炉火旁打盹/请取下这部诗歌/慢慢读/回想你过去的眼神柔和……/垂下头来/在红光闪耀的炉子旁/凄~然~地轻轻诉说那爱~情~的~消~逝~/在头顶的山上它缓~缓~踱~着~步~子~/在一群星星中间隐~藏~着~脸~庞~//

这是一首著名的爱情诗，从一个老年者的角度，告诉人们爱情的珍贵和生活的况味，情感是多重的，其中也不乏沧桑感怀，因此在相关的描述性词句上用"颤音"技巧来表达，通过这一声音技巧使作品中抽象的"你"相对形象化，也使主题更具个性色彩。

"颤音"技巧可以用来强化情感，但不等于强化情感都需要或可以用"颤音"，要从作品的实际出发，不能滥用。不该"颤"而"颤"的结果只会导致产生"心慌意乱"、"胆战心惊"、"抖抖嗦嗦"、"畏畏缩缩"之类的感觉。"颤音"技巧的运用还要注意与情感的融合，不能光从外在形式上表现声音的"抖颤"，说到底它不是语感的模拟而是情感的本色，"情到声出"，因此，我们不难体会到，"颤音"发声时总是伴随着足够的气息，从某个角度讲，"颤音"其实就是"颤动的气声"。

3. 笑语

单纯的"笑"，是"露出愉快的表情，发出欢喜的声音"。"笑语"，是指带笑声的言语，笑中有语，语中有笑。"笑语"技巧大多用来表达愉快、兴奋的心情，此外，诗歌朗诵中较常出现的其他一些情状也会用到"笑语"，如贬斥鄙夷、揶揄讽刺等，往往运用嘲笑、冷笑等色彩的"笑语"。

在散文、小说中，人物的"笑语"一般都有提示语表明，如"×××笑着说"、"×××话语里始终充满了轻松的笑声"等等。诗歌作品当中一般不出现这类提示语，"笑语"是朗诵者根据对作品的理解和艺术处理的需要而作出的技巧发挥。诗歌朗诵中"笑语"运用得好能产生较强的修饰性，使作品的语义情感态度表现得格外深刻、细腻和传神。

下面我们来看几个例子：

俏也不争春／只把春来报／待到山花烂漫时／它在丛中笑①／／
这个"笑"字，在朗诵时直接发出笑的声音来，柔柔地、轻轻地。别小看那么一个点诵，却把梅花可爱的精神品格给"笑"活了：你看那曾经寒天怒放、傲霜凌雪、铁骨铮铮的红梅，此刻正张着小嘴在百花丛中柔声浅笑呢，真是个情操高洁、乐观豁达的"谦谦君子"啊！

以上是亲切、喜爱的笑语。再比如《沁园春·雪》：

惜秦皇汉武／略输文采／唐宗宋祖／稍逊风骚／一代天骄／成吉
思汗／只识弯弓射大雕／／
"只识弯弓"这一句加上一点笑，含有轻微的嘲讽和惋惜之意，指出这位"一代天骄"的逊色之处，这就形象而贴切地体现出我们共和国领袖"不薄古人厚今人"的豪迈气度。高尔基的《海燕》里有一个地方也可以用

---

① ∽∽为笑语符号。

"笑语"来点缀：

> 　　海鸥也在呻吟着/这些海鸥呀/享受不了生活的战斗的欢乐/
> 轰隆隆的雷声就把它们吓坏了//

这里出现的"笑语"是嘲笑，是对那些资产阶级自由派和机会主义者虚伪懦弱本质的鄙夷，同时也可以反衬出"海燕"们搏风击浪、挟雷裹电的革命大无畏气概。

有的诗歌作品，直接出现单纯的"笑"，这时候如果在相关的诗句中结合运用"笑语"技巧，就更加富有艺术感染力了。例如杨炼的《我是青年》：

> 　　人们还叫我青年……
>
> 　　哈……我是青年！
>
> 　　我年轻啊，我的上帝！

这首诗写于 1980 年，正是"十年动乱"过去不久，百废待兴、百端待举之时。诗的前面有一段"作者自我简介"："生于 1944 年，36 岁，属猕狲。因久居沙漠，前额刻有三道长纹并两道短纹；因脑血热，额顶已秃去25％左右的头发"。由此我们就不难体会诗人对于"青年"这一概念的特殊感受，正如作品的结句所说："祖国啊，既然您因残缺太多，把我们划入了青年的梯队，我们就有青年和中年——双重的肩！"因此，诗一开头就因被人叫作"青年"而大笑，这一阵笑含义很复杂，是一种意料之外情理之中的无奈和酸涩、不该如此而又无愧于此的自信与达观。紧接着"我是青年"一句，便是语意的补充、内涵的明示，在加入一个"倒吸"技巧后，用略含自我揶揄口吻的"笑语"来表达，就有了情理交融、形神兼备的生动感和深刻性了。接下来是对"年轻"这一概念的辨述，语含反讽，语意沉重，"我年轻啊"一句施以沉郁的"笑语"，不仅有承上而转的作用，也为这"青年"话题的展开增加一定的情感分量和个性色彩。

"笑语"在技巧上具有一定难度，特别是用在一两个字的上面，在瞬间要将"笑"和"语"两个要素融为一体,往往不是顾"语"不顾"笑",就是顾"笑"不顾"语"。其实这一技巧的要领,仍然重在气息的运用,可以加强胸腹隔膜的收放弹动练习,来把控"笑语"发声时气息的细微作用。

和"颤音"技巧一样,"笑语"的使用与否,不影响基本语意内容,它只是一种艺术处理而已,是画龙点睛的色彩附加。因此用或不用,因人而异,没有定法,一切要服从作品的语境。"笑语"的运用还要注意分寸感,"笑"是对"语"的修饰和补充,所以"笑"的成分的轻重,要切合"语"的规定,否则就会扭曲言语的表达效果,甚至颠倒语义。比如上面提到的"这些海鸭呀"这一句,是在讥讽语气中略加"笑"的因素,笑得淡而冷;如果把笑放开,笑得明朗,就有了"喜爱"的情感色彩,变成了对"这些海鸭"的肯定,那就弄巧成拙、适得其反了。

以上我们探讨了与诗歌朗诵关系较密切的八种特殊技巧,从中不难体会到,这八种技巧,无论是气息类还是声腔类,无一不与用气相关。因此,当我们即将结束这一讲内容的时候,再次强调朗诵者对气息练习和掌握的必要性和重要性,声乐界、戏曲界流传的"善歌者必先调其气"、"外练筋骨皮,内练一口气"的经验之谈,实在值得我们借鉴。

中国最高爱情方式

唐 欣

我爱她爱了六十年

爱了六十年没说过一句话

我肯定她也爱我

爱了六十年没说过一句话

我们只是邻居

永远只是邻居

我有一种固执的想法

我一开口就会亵渎了她

我知道她也如此

我们只是久久地凝视着

整整六十年没说过一句话

六十年前相爱的人已经老态龙钟

老态龙钟地参加孙子的婚礼

回家就各自想自己的心事

他们早已不再相爱

他们互相躲避,互相设防,互相诅咒

他们早已不再相爱

而我们的爱情已经是陈年老酒

纯得透明,醇得透明

我们深深知道

那是致命的爱情呀
一接近它我们就会死去

六十年就这样过去了
我已经老得成了一个孩子
她已经老得成了一个孩子
我们都将不久于人世
我想时候到了,时候到了
那个深夜呀,雪落下来
六十年的雪落下来
我叩响她的木门
我们的头发已经像雪一样
爱情已经像雪一样
她会心地看着我,看着我
我们没有说一句话

炉火熊熊,一切都和想象一样
她取出两杯酒,和想象一样
纯得透明,醇得透明
我们没有说一句话
我们只是久久凝视着
我们深深知道,这是致命的酒
我们将永远睡去
这就是我们的爱情方式
我们没有说一句话
外面的雪还在落,沉重地落下来
盖住屋顶,盖住道路,盖住整个世界
六十年的苍茫大雪呀

有　赠

曾　卓

我是从感情的沙漠上来的旅客，
我饥渴，劳累，困顿。
我远远地就看到你窗前的光亮，
它在招引我——我的生命的灯。

我轻轻地叩门，如同心跳。
你为我开门。
你默默地凝望着我
（那闪耀着的是泪光么？）

你为我引路、掌着灯。
我怀着不安的心情走进你洁净的小屋，
我赤着脚，走得很慢，很轻，
但每一步还是留下了灰土和血印。

你让我在舒适的靠椅上坐下，
你微现慌张地为我倒茶、送水。
我眯着眼——因为不能习惯光亮，
也不能习惯你母亲般温存的眼睛。

我的行囊很小，
但我背负着的东西却很重，很重，

你看我头发斑白了，背脊佝偻了，
虽然我还年轻。

一捧水就可以解救我的口渴，
一口酒就使我醉了，
一点温暖就使我全身灼热，
那么，我能有力量承担你如此的好意和温情么？

我全身颤栗，当你的手轻轻地握着我的，
我忍不住啜泣，当你的眼泪滴在我的手背。
你愿这样握着我的手走向人生的长途么？
你敢这样握着我的手穿过蔑视的人群么？

在一瞬间闪过了我的一生，
这神圣的时刻是结束也是开始，
一切过去的已经过去，终于过去了，
你给了我力量、勇气和信心。

你的含泪微笑着的眼睛是一座炼狱，
你的晶莹的泪光焚冶着我的灵魂，
我将在彩云般的烈焰中飞腾，
口中喷出痛苦而又欢乐的歌声……

第十讲 "啊"的发音

　　有人说"啊"是诗歌语言的标志,朗诵抒情的法宝。是的,它活跃着我们的有声语言,丰富了人类的情感传递,它是诗人和朗诵家的得力助手。"啊"出现在诗人笔下,也许我们并不在意;而当它进入朗诵表达时,却会面临一系列的具体问题。

一、"啊"的读音规律

　　在诗歌当中,"啊"一般出现在诗句的句前或者句后这两个基本的位置。其实,处在不同位置上的两个"啊",分属两个不同的词类,用在句前是感叹词,用在句后表示语气的是语气词。

　　"啊"字出现在句前的时候,读音不变;当它作为语气词出现在句末的时候,情况就复杂了。由于受前一个音节的影响,导致一系列的音变,"啊"也就不读"a"这个音了。比如"心口呀(啊)莫要这么厉害地跳"和"灰尘呀(啊)莫把我眼睛挡住了"中的两个"啊",都按"a"的音发,会觉得与前一音节的尾音连接不顺,有"贴上去"的感觉。而如果"心口"后面的语气词发成"wa"音、"灰尘"后面的语气词发成"na"音,就会觉得浑然一体了。这是什么原因呢?原来,每一个音的发出都受着唇、舌、喉等发音器官特定动作的制约影响,当两个相接的音处在一个有机的发音器官运动线上,发音者便觉得自然顺口,听音者也觉得毫不牵强;反之,就会产生音与音之间的错位感、割裂感。

基于上述规律,当语气词"啊"发"a"音与前字尾音发音动作不在有机的运动线上时,就要改变"a"的发音了,具体发成什么音呢? 一个原则,就是"顺从"前字的尾音而变,变的结果有两种,语音学上分别称之为"同化"和"异化"。下面我们来具体认识"啊"的音变规律。

1. 音变为"ya"

当前一音节尾音是 a、e、i、o、ü、ê① 时,"啊"音变为"ya",写成"呀"。如:

"a" 　喊一声中华◡,情如泉涌;

　　　喊一声中华◡,泪如雨洒。

(《中华,中华》)

"e" 　我的歌◡,你飞吧,

　　　飞到年轻人的心中,

　　　去找你停留的地方。

(《我为少男少女们歌唱》)

"i" 　让我呼唤你◡,

　　　呼唤你响亮的名字。

(《雷锋之歌》)

"o" 　祖国◡

　　　我亲爱的祖国!

(《祖国啊,我亲爱的祖国》)

---

① "ê"是"xie"、"xue"等音节中"e"的实际发音。因普通话中这个音基本上不单独作为音节使用,所以不出现在普通话韵母表中。

"ü"　法律◡，

　　　　怎么变得这样苍白？

（《小草在歌唱》）

　　"ê"　我是在写◡，

　　　　我的履历表中家庭栏里：我的兄弟。

（《雷锋之歌》）

2. 音变为"wa"

当前一音节尾音是 u、ao、ou 时，"啊"音变为"wa"，写成"哇"。如：

　　"u"　森林铁路◡，好似长江过三峡。

（《大风雪歌》）

　　"ao"　冰雪滑道◡，好似天河山前挂。

（《大风雪歌》）

　　"ou"　心口◡，莫要这么厉害地跳。

（《回延安》）

3. 音变为"na"

当前一音节尾音是 n 时，"啊"音变为"na"，写成"哪"。如：

　　"en"　我的最早告别愚昧的国人◡，

　　　　请阅读辞海……

（《中国人，不跪的人》）

　　"in"　南方的甘蔗林◡，

　　　　南方的甘蔗林。

（《甘蔗林——青纱帐》）

　　"an"　一河如虎的浪山◡，

　　　　几根沉沉铁索。

（《将军，不能这样做》）

"ün"　多么不幸，

　　　我的浑身弹痕的将军⌒。

（同上）

以上的例子中，"啊"音变后分别能用"呀"、"哇"、"哪"三个字注写。还有一部分"啊"音变后，没有相应的文字可注，这部分"啊"的音变情况如下：

4. 音变为"nga"

当前一音节尾音是"ng"时，"啊"音变为"nga"。如：

"ang"　流啊，奔啊，闯⌒，

　　　大山一劈两半，

　　　平原一分两片。

（《大江东去》）

"eng"　雷锋⌒，

　　　你是怎样度过你短暂的一生？

（《雷锋之歌》）

"ing"　我年轻⌒，我的上帝，

　　　感谢你给了我一个不出钢的熔炉……

（《我是青年》）

"ong"　风云变幻的天空⌒，

　　　几处阴？几处晴？

（《雷锋之歌》）

此外，"啊"出现在 zhi、chi、shi、ri 四个音节后面时，音变成"ra"；出现在 zi、ci、si 三个音节后面时，将尾音即舌尖前元音"-i"与"a"拼合成音。

我们在诗歌的文字作品中常常看到，有的作者习惯把叹词"啊"和语气词"啊"一律写成"呵"，这是允许的。"呵"是多音词，除了读"一气呵成"的"he"以外,也可以读"a",与叹词和语气词的"啊"一个意思,因此可以在诗歌当中与"啊"通用。我们在朗诵时要注意,不能念成"he"。有的诗人句末语气词运用不一定按音变规则写,"呀、哇、哪"出现错位,这无可厚非,"音变"本不是书面语言的现象,需要我们在朗诵时加以纠正,按"啊"的规范音变发音。

二、感叹词"啊"的变通发音

我们在朗诵实践中会发现,感叹词"啊"也有一个很微妙的变通现象,它虽然在语音上没有明确规定音变的格式,但确实存在在这么一种情况。很多朗诵诗作品,诗人在表示感叹时喜欢在句子前面用"哦"这个词。如郭小川的《乡村大道》:

> 哦,乡村大道,所有的山珍土产都从此上路,
>
> 所有的英雄儿女,都得在上面出出入入。

这首诗中,"哦"这个感叹词在几个段落中反复出现在句前。从词义上说,"哦"用作叹词念第二声时,是表示将信将疑:"哦?明天要打雷下雨了?"念第四声可以表示领会、醒悟:"哦!原来如此。"这些词义显然与上述诗句内容相悖,不用说,诗人是把这个字用来表达一种"赞叹"的情绪色彩,相当于"啊"的作用。那又为什么不直接用"啊"这个词呢?我们的理解是:作为一位杰出的抒情诗人,有着良好的语感,他考虑到了朗诵的因素,句前既要用叹词加强色彩,又要让情感抒发内敛、会心一些,从而显得更加浓厚、饱满,而"哦"的发音在这里正合适。我们不妨做一个语音比较:"啊"发音开口度比"哦"大,自然声音相对明亮奔放,听觉上显得分量重,在这里也许就不太合乎诗人的语感需要,所以就不用"啊"用"哦",既是感叹,又显得含蓄、由衷、色彩恰如其分。在这样的理解之下,我们朗诵到这里时有必要对"哦"作"啊"的理解而读"o"的音。在这首诗的最后一小节,诗人是这样写的:

啊，乡村大道，我爱你的明亮和丰沃，

　　也不能不爱你的坎坎坷坷、曲曲折折；

　　不经过这样的山山水水，黄金的世界怎会开拓！

诗写到这里，情感已进入高潮，意义有了升华，诗境也更为开阔。因此
在这部分的开头用了"啊"，显然，情感随之而奔放多了。这足以说明，
诗人对于叹词的运用是经过选择的，是十分讲究的。

　　由上可见，朗诵创作中，对于句前的叹词，要根据具体语境灵活处
理，要注意辨析作者叹词运用的准确度，而不要不假思索地照字发音。
请看王家新的《"希望号"渐渐靠拢》中的三个小节：

　　　　终于，一声汽笛

　　　　响起在山的那边

　　　　啊，它是不是……船

　　　　我们呼唤了很久的船？

　　　　……

　　　　哦，我想起来了，有几次

　　　　在他拎起行李要走的时候

　　　　是我上前劝住了他

　　　　……

　　　　哦，举起我们骄傲的船票吧

　　　　检票员同志，我们的船票是：

　　　　信念——在苦难中

　　　　用双手紧紧抓住的信念

在这三个小节中，分别用了"啊"和"哦"两个叹词。结合具体语境来看，
第一小节中的"啊"，出现在一种自我发问的内心活动情境中，这个"啊"
可以缩小开口度，用"o"的音来表示较内在的感叹。第三个小节的
"哦"，出现在作品的最后高潮处，语义带有祈使性，这一感叹应当具有

一定奔放度、响亮度,因此不妨发成"啊"的音。第二个小节的"哦",表示的是"哦"的基本意思即"明白"、"领悟",因此可以照着发"o"的音。总之,叹词的使用要与诗歌作品的内容境况和情感基调相适切。

三、"啊"的语境活用

以上我们是从语音的角度来认识"啊"这个词的。"啊"还有着丰富的表意作用,它除了用来在词、句的前后表示"感叹"或某种"语气"之外,在具体语境中,还可表现出各种不同的意义色彩。

(一)感叹词"啊"的语境意义

诗歌当中,叹词"啊"既然居于句首,就必然会对后面的内容产生一定的影响。一个"啊"字,如果说在书面语言上仅仅是孑然的一声"感叹",那么,在朗诵的有声语境中,它所承载和传达的信息,就会细腻丰富得多,在微观上显现出一定的个性差别。

1. 引启语意

这是"啊"最基本的语境作用,这一用途的"啊"大多出现在小节的开头,如徐敬亚的《早春之歌》中就有三个小节开句用"啊",试看其中一例:

　　　　呵,朋友,原谅我的诗吧,

　　　　可能会冲淡你的满心欢喜,扫你的春兴,

　　　　但是却希望它能够唤起真正的力量……

毫无疑问,诗句乃至诗篇由"啊"发端,势必造成一种语势冲击力,有"异响突起"的作用,从而吸引人们对相继的内容予以特别的关注。这种用法也有出现在小节当中的,但至少是一个语意层次的开头,如沙白《大江东去》中的一段:

　　　　大江东去

　　　　……

　　　　啊,为什么,

为什么在下游

　　出现了绿洲？

　　一点、两点，

　　像苍蝇玷污了绿绸。

这里的"啊"主要是给人们"提个醒"，增加疑问的强度，把其中的语意凸现出来，显示于读者之前。

　　2. 提炼主旨

　　诗的前面部分是铺陈，接着加以概括提炼；为了突出后一部分语意的作用，就用一个"啊"来加以感叹显示。如《早春之歌》：

　　可是春天来了，你还不走向田野，

　　靠着土墙根，竟又晒起了太阳，

　　那么春风扑面，难道不该狠狠地抽打你的耳光?!

　　地头上扔下播种的犁铧，无休止地咒骂冬天的风雪，

　　犹如一位唠叨恶梦的懒汉，天亮了仍不愿起床!

　　啊，春天不愿听发疯的赞扬，更不欣赏无边的梦想，

　　春天要的是饱满的种子，爱的是勤劳的臂膀!

前面给辜负春天的慵懒者勾勒出"漫画像"，连同春风给予的警戒，这是从否定的角度着笔；然后通过"啊"的感叹，从正面阐述春的本质意义。具有这种语境意义的"啊"，大多出现在层次或小节的后部。

　　3. 升华情感

　　请看贺敬之《桂林山水歌》的结尾两句：

　　　　啊，汗雨挥洒彩笔画，

　　　　桂林山水——满天下! ……

诗人视桂林山水为"云中的神，雾中的仙"，漓江水、桂林城、独秀峰、还珠洞……一路美景一路歌，"此山此水入胸怀"，到这里，情已至浓，意已至深，一个"啊"的喷发，把"对此江山人自豪"的胸臆尽抒无余。当然这

里也有归纳诗意主旨的意味,但相比之下还是情多于理。

4. 警示结果

这种语境下的感叹,一般也出现在层次、小节或全篇的尾端,配合强调某种结果,而这种结果往往非同一般,用"啊"来感叹,就具有一定的发人深省的性质。请看雷抒雁的《小草在歌唱》:

> 黎明。一声枪响,
>
> 在祖国遥远的东方,
>
> 溅起一片血红的霞光!
>
> 啊,年老的妈妈,
>
> 四十多年的心血,
>
> 就这样被残暴地泼在地上……

当写到烈士被残忍杀害的悲惨一幕时,诗人把角度转向了烈士的母亲,女儿是母亲心上的肉啊!"年老的妈妈……"这三句反衬出凶手的血腥罪恶。一个"啊"字增加了对这一惨无人道场景的揭露和控诉。

5. 显示层次

郭沫若的《凤凰涅槃》中,感叹词用得很足,不仅出现频繁,而且"啊啊"两个连用,可能诗人觉得一个"啊"不够感叹分量,当然朗诵时是不用发出两个"a"来的。这里我们来看《凰歌》这一部分,除了第一小节,其他各小节都以"啊啊"发语:

> 啊啊!
>
> 我们这缥缈的浮生
>
> 好像那大海里的孤舟。
>
> ……
>
> 啊啊!
>
> 我们这缥缈的浮生
>
> 好像这黑夜里的酣梦。

……

啊啊!

有什么意思?

有什么意思?

……

啊啊!

我们年轻时候的新鲜哪儿去了?

我们年轻时候的甘美哪儿去了?

一连串的"啊"显然不是简单地为了"感"而"叹"之,而是通过一而再再而三的"啊",形成一种声音语势的层次结构,给人波推浪涌之感,那小节起首的两个"啊"便是"浪头",而那"啊"与"啊"之间的一个或几个小节则是"浪潮"。

(二)语气词"啊"的语境意义

汉民族语言在有声表达中,语气的掌握十分重要,语气词作为句尾的语气表现附加词,在有声表达时必然会对全句的表意表情有所影响,尤其在诗歌语境中会有活跃多姿的表现。

1. 提示要语

在陈述性的主谓句当中,为了突出诗句中主题性词语的意思,在相关的词语后用语气词"啊"来提示,如梅明亮等的《难忘的航行》:

心啊! 是一汪幸福的喷泉,

欢乐的泉水涌上了眼眶;

泪花啊! 像断了线的珍珠,

滚过欢乐的脸庞。

"心"和"泪花"是这两句诗中的"话题"。其中的"啊"固然给全句提供了一定的抒情意味,但由于紧跟在"心"和"泪花"后面,朗诵时一般也要在这里加以停顿,因此这两个语气词更显示出对前面词语的烘托、推举作用，使得这两个词的主语地位更为鲜明突出。"心口呀莫要这么厉害地跳，灰尘呀莫把我眼睛挡住了"、"天边的彩虹啊多么美，少不得一滴滴晶莹的水"等诗句中的"啊"，也都是这类用法，一般"啊"前面的都是作为主语的名词或名词性词组。

2. 呼应句意

诗歌中经常使用对偶性句子，"啊"出现在前一句的句尾，在突出"啊"前的词意的同时，也增强了前后两句的呼应效果。如《甘蔗林——青纱帐》：

> 时光像泉水一般涌啊，生活像浪一样推进，
>
> ……
>
> 我年轻时代的战友啊，青纱帐里的亲人！

这类句子前后两句句式相同，语法上属于并列关系，一般情况下，两句各自独立存在，没有连接词，形式上关系不紧密，并且原则上可以换位。我们可以作一个比较，将两句中的"啊"抽去，看看有什么区别：显然，全句的抒情色彩有所减退且不说，两个诗句之间在语意甚至语气上随之变得松而淡了；而用上"啊"，既"应"了前句，又"呼"了后句，情感语气的强调就更不用说了。

3. 强调情状

在描写性的诗句中，当需要凸显、强调某一情事状态时，就在相关内容后面加上"啊"。邵燕祥的《到南极去》中有一小节：

> 多么遥远啊
>
> 多么遥远
>
> 只在庄周的梦里飞出
>
> 却不是蝴蝶

诗人说这首诗是"献给到南极考察的中国同志们和所有八十年代的拓荒者"的。南极是"遥远"的，南极考察的梦更是"遥远"的，因此在这里

要特别强调"遥远"两个字,有了这个"啊",强调的意味就出来了。这个"啊"常与同样表示强调语气的"多么"搭配。张志民的《眼睛》,是为纪念反法西斯战争中死难的人民而写的。诗中多处运用这种强调情状的"啊":"该记得的都还记得呀!记得刺刀和镣铐,曾是怎样成为绝对的上帝"、"重磅炸弹,并没能摧毁历史的大脑,人类的神经,幸存者的器官,更格外发达了啊"、"血呀,血呀!那是多少液体的血水,凝成固体的血块呀"等等。这些诗句中的"啊",看得出是诗人语意强调之极的必然附加。也正因为这些语气词的运用,给整首诗增加了凝重的气氛。

4. 渲染语感

有时候一首诗当中语气词"啊"的层出不穷,从局部看固然不无提示、强调的意味,但就总体看,却构成了某种特定的语感气氛。朱湘的《采莲曲》是比较具有代表性的一首诗。我们看到,在这首不长的作品中,诗人用了十八个"啊"而且均匀地分布在每一小节的结构位置上,形成了"欸乃"回还的有序节奏,十分典型地体现出中国诗歌"均齐"、"浑阔"、"蕴藉"、"圆满"的语言美感。

5. 激扬诗怀

抒情性朗诵诗,往往在结束部分激情飞扬、气势奔放,形成全篇的高潮,这时候不用"啊"似不足以寄托情怀,例如《三门峡——梳妆台》的结尾:

> 百花任你戴,
>
> 春光任你采,
>
> 万里锦绣任你裁!
>
> 三门闸工正年少,
>
> 幸福闸门为你开。
>
> 并肩挽手唱高歌呵,
>
> 无限风光向未来!

作品从三门峡的今昔对比着眼,讴歌了治黄"新一代"改天换地"大笔大字写新篇"的豪迈气概。在这结束部分,语意逐步推进,最后两句带有祈使性和激励性,"啊"的使用让蓬勃高涨的诗情有了一个喷发口。作为语气词的"啊"在这样的语境中,其音色优势得到了最佳的发挥。

以上对"啊"的"感叹"和"语气"功能作了分类阐述,需要说明的是,这不是严格的逻辑划分,无论是感叹词还是语气词,上述的各个小类,个性之中难免兼容共性或其他类成分;之所以在这里条分缕析,主要目的是为了在朗诵中对"啊"的活用。

有相当多的诗歌作品,包括一些朗诵诗,书面上并没有出现"啊",无论是感叹词还是语气词。我们在朗诵准备过程中,凭着有声语言的语感经验或出于表情达意的实际需要,会"发现"在某个诗句中有必要用甚至不能不用感叹词或语气词,比如《我为少男少女们歌唱》中,"我歌唱那些属于未来的事物,我歌唱那些正在生长的力量"两句达到了一个高潮,接下去的"我的歌啊,你飞吧"一句之前,如果朗诵时用一个情绪饱满、气息充足的"啊"来衔接,就更觉得一脉贯通、神情毕至。又如《中国人,不跪的人》,这首长诗深沉而热情,节奏铿锵,高潮迭起。作品在文字上基本不用"啊"。然而当朗诵"今天,在人类的赛场上,五星红旗,是多么的叫人泪流血沸"这几句时,显然"五星红旗"后面不加上"啊",就难以达到情感应有的深度和浓度。再看这首诗的最后一部分:"沉默,沉默,沉默,不在沉默中站出,就在沉默中下跪!"到这里,气氛沉闷、情势严峻,空气仿佛凝固了;然而"站出来了! 站出来了! 一个二十四岁的小伙子站出来了!"这是一个富有悲壮色彩的戏剧性转折,为了突出这一重要的转折意味,并增加"站出来了"这一动作的庄重性,完全应当在"站出来了"之前加上"啊"的感叹。实践中我们不难体会到,有时甚至在朗诵表演的那一刻,"啊"字临时脱口而出。这是因为置身于朗诵表演的情境中,随着创作激情的演进,艺术灵感被激活,产生了创作新直觉,当感到言已至而情不足时,饱含情味的一个"啊"字便应运而生。

附作品

相 信 未 来

食 指

当蜘蛛网无情地查封了我的炉台，
当灰烬的余烟叹息着贫困的悲哀，
我依然固执地铺平失望的灰烬，
用美丽的雪花写下：相信未来。

当我的紫葡萄化为深秋的露水，
当我的鲜花依偎在别人的情怀，
我依然固执地用凝霜的枯藤，
在凄凉的大地上写下：相信未来。

我要用手指那涌向天边的排浪，
我要用手掌那托住太阳的大海，
摇曳着曙光那枝温暖漂亮的笔杆，
用孩子的笔体写下：相信未来。

我之所以坚定地相信未来，
是我相信未来人们的眼睛——
她有拨开历史风尘的睫毛，
她有看透岁月篇章的瞳孔。
不管人们对于我们腐烂的皮肉，
那些迷途的惆怅，失败的苦痛，
是寄予感动的热泪，深切的同情，
还是给予轻蔑的微笑，辛辣的嘲讽。

我坚信人们对于我们的脊骨，
那无数次的探索、迷途、失败和成功，
一定会给予热情、客观、公正的评定，
是的，我焦急地等待着他们的评定。

朋友，坚定地相信未来吧，
相信不屈不挠的努力，
相信战胜死亡的年轻，
相信未来，热爱生命。

回　答

北　岛

卑鄙是卑鄙者的通行证，
高尚是高尚者的墓志铭。
看吧，在镀金的天空中，
飘满了死者弯曲的倒影。

冰川纪已过去了，
为什么到处都是冰凌？
好望角发现了，
为什么死海里千帆相竞？

我来到这个世界上，
只带着纸、绳索和身影。

为了在审判之前，
宣读那些被判决的声音：

告诉你吧，世界，
我——不——相——信！
如果你脚下有一千个挑战者，
那就把我算作第一千零一名。

我不相信天是蓝的；
我不相信雷的回声；
我不相信梦是假的；
我不相信死无报应。

如果海洋注定要决堤，
就让所有苦水都注入我心中；
如果陆地注定要上升，
就让人类重新选择生存的峰顶。

新的转机和闪闪的星斗，
正在缀满没有遮拦的天空。
那是五千年的象形文字，
那是未来人们凝视的眼睛。

第十一讲　排比句的表达

排比有着鲜明的诗歌语言特征,它将句子组成"队列",活跃在诗歌的字里行间,"步调"整齐,节律荡漾,诗人用它来发动情感,朗诵家用它来演绎出悦耳动心的乐章。

一、排比句在诗歌中的作用

排比,是用结构相似、意义相关、语气一致的一连串语句表情达意、阐述事理的一种修辞方式。

排比要求至少三个句子或句子成分构成。现代诗歌,特别是朗诵诗中排比修辞的使用率很高,可以说它是人们最得心应手的诗歌建筑材料,因为排比的表达手段具有强烈的节奏感和旋律美,有一气呵成的语势推进作用,特别适用于诗歌的言志、抒情或表理。

排比句的句群结构形式是多样的。从句数上说,有三句、四句或更多句构成的,甚至整首诗就是一个大排比,如吴钧陶的《南浦大桥颂》:

黄浦江说:"这根腰带是我有生以来的梦想。"

风说:"多么巨大的竖琴!让我把仙乐奏响。"

云说:"我有了一架让我翻腾的特高的单杠。"

彩虹说:"我的影子被永远焊接在水波之上。"

鸟儿说:"我们可以栖息千万个,还嫌它太长。"

工程师说:"蓝图里的魔术使我们如醉如狂。"

工人说:"成吨的汗水浇铸出成吨的自豪和希望。"

上海人说:"两岸的闹市终于有一天在空中接壤!"

这里,用八个意象,构成相同的表述句式一以贯之、一气呵成,简练而爽利,颇具新意,尤其适合朗诵表达。舒婷的《这也是一切——答一位青年朋友的〈一切〉》,除了最后一小节,每一句全以"不是一切"来领启。这首诗是针对一位青年消极看待"一切"的正面告诫,排比的连用,形成了连珠排发的气势,具有强大的思辨反驳力和情势推进力。从结构上看,用以排比组合的句子,有单句,也有复句,甚至句群,只是长而复杂的语言单位构成的排比,句子内部结构难免会小有差异,长度也会有参差。如《大堰河,我的保姆》中不乏这样的排比。

从根本上说,排比修辞的存在,不仅仅体现为一种阅读意义,更具有一种听觉审美价值,它是一种约定俗成的语言节奏表达样式,我们的朗诵恰恰能最实际地还原并且升华排比句的这种音乐性本质。

排比修辞的这些特征,应当作为诗歌朗诵创作的有利因素,好好把握。

二、排比句朗诵的语言定势

由于排比句客观上具有鲜明的语势推进感,因此容易诱发朗诵者的语势惯性,不少朗诵者一触及排比,就会自觉不自觉地"心潮逐浪高",无论是三句、四句还是多句,一概语势上行、语气强化推进,一发而不可收;如遇到过多的排比,语势推至极端无以复加,便要么在这既定的强度和高度上被动僵持,声嘶力竭,要么将语势回落再度低起上行至极端,如此周而复始地加以轮回,十分公式化。这样的排比表达,听觉上的单调乏味且不说,作品的内涵和意境全被语言的外部形式淹没了。

其实,句子的排比使用只是一种形式,它是为所承载的内容服务的,句意不同,达到的修辞效果也不尽相同,我们可以比较下面两段内容:

> 微笑是心灵无声的问好/是淡雅、友爱的花苞/是蓝天一样明净的小诗/是探索性的信任和礼貌//不要在上级面前才慷慨馈赠/不要见了关系户才咧开嘴角/不要为蝇营私利去廉价拍卖/不要被迷惘和失望扔进冰窖//

(杨钧炜《微笑》)

> 我是你簇新的理想/刚从神话的蛛网里挣脱/我是你雪被下古莲的胚芽/我是你挂着眼泪的笑涡/我是新刷出的雪白的起跑线/是绯红的黎明正在喷薄/——祖国啊//

(舒婷《祖国啊,我亲爱的祖国》)

不难看出,这两段文字,句子间的语意关系是不一样的。前一例包括两个小节,分别由四个句子构成排比,句子与句子间的语意关系不是级进式的,排除押韵的因素,原则上可以换位;这里的排比,通过"是……"和"不要在……"这两个句式的同形反复,达到的是对肯定、否定判断加以强调的效果。而后一例,句子间有着一定的逻辑关系:是按"拨乱反正-百废待兴-满怀信心-激情焕发"这一内在的事理语序表达的,句子间也就不宜换位;这一排比的运用,发挥的则主要是语势的作用。因此,同样运用的是排比,后一例的朗诵总体上适宜取推进语势,而朗诵前一例,却不能一味地强化语势,两组排比的每个句子,都有必要作具体的表达处理,可以根据不同的句意及其色彩,加以抑扬、强弱、虚实的丰富对比变化,甚至结合些许"说"的语气意味,细腻地表达出句子中蕴含的褒贬庄谐色彩,在整体上体现作品鲜明的个性。对于这样的排比,如果简单化地强调语势,便会有损作品的文学特色,当然朗诵的艺术感染力也随之被削弱了。

三、排比句的表达技巧

1. 递进法

尽管排比句的朗诵处理不能简单地体现为语势的强劲推行,但应当肯定,排比句型的形成,客观上就使得句群内部关系凝聚紧凑,因此,表达时语言趋势必然要有所递进,否则就失去了排比的意义。以上面举到的《微笑》片断为例,虽然我们不赞成对其中的排比"简单化地强调语势",但不等于置适当的语势递进于不顾,这是排比句表达的基本规则,只是在不同的排比句处理中,语势递进的具体走向,不应简单地直线上行强化,而应当呈多样的形态。

我们在初捧课本接受知识启蒙时,就听老师说过四句式排比的朗读方法:起句平,二句稳,三句进,四句紧。这只是一个笼统的勾勒,反映了排比句最基本的表达方式。在作品朗诵的活的语境中,情况要微妙得多,排比表达中语势的状态要丰富复杂得多,更何况还有六句、八句,乃至更多句数的排比呢。因此,排比句的朗诵,应当做到将递进的共性原则和内容的个性要求相结合。

即便语势直接递进的排比,表达时也不宜单一地用语调音高音强的提升来完成,而应当发挥各种外部技巧的综合作用。比如在多句而语势上扬强进的排比中,可间以"弱处理"的声音技巧,即收缩音量,加强语气,体现内在的力度和气势,使整个排比既语势贯通,又灵动有变。

2. 张弛法

对于多句或复杂句型的排比,为了避免简单直线递升的语势惯性,可以运用张弛之法,即在一个多句的排比序列中,句与句有紧有松,而不是步步进逼,一紧到底。一般的多句排比,在保持整体推进语势的前提下,可以根据语意作用的大小,色彩分量的轻重等,将其中的若干句

处理成迟缓的表达形式,这样,既不会破坏整体语势效果,又在排比的旋律美中增强了节奏感。例如:

天,我们不跪/地,我们不跪/神,我们不跪/鬼,我们不跪/权势,我们不跪/女色,我们不跪/美元,我们不跪/洋人,我们不跪//

(王怀让《中国人,不跪的人》)

八个"不跪",如果从头开始由弱渐强,一气呵成,因为句短,气息和声音也许尚能支撑,这样处理未尝不可。但如果予以张弛的处理,通过声音技巧体现诗意层次,就更为生动有致。比如一、二两句平稳而理直气壮,意为尽管"不跪",但对于"天"和"地"敬畏之情不可无;接下来"神,我们不跪"和"鬼,我们不跪"两句,语速略为放慢,音量语气也稍加收缩,表现有所蔑视;之后四个"不跪",从"权势"开始语速逐一推进,语势也逐步上扬,至"洋人,我们不跪"达到高潮,"我们"后面略一顿歇,"不跪"斩钉截铁,戛然而止。经过这样的处理,就有了统一中的变化,共性里的个性,就不会单调乏味了。

朗诵中我们还会遇到更为复杂的排比情况,如《中国人,不跪的人》中有这样一段:

站起来/站起来才能走路/我们走出了京广/走出了陇海/又走出了京九那千重山万重水//站起来/站起来才能起飞/我们飞出了卫星/飞出了火箭/又飞出了"长二捆"那满天风一声雷//站起来/站起来/站起来才能跳高/我们跳上了三峡/跳上了葛洲坝/跳上了东方明珠/人间灯火满天星辉//站起来/站起来/站起来才能跳远/我们跳到了南极/跳到了北极/跳到了没有人迹的地方/去敲科学的窗棂/叩未知的门扉//站起来/站起来/站起来/站起来我们走进奥运/起跑才更振奋/冲刺才更无畏/今天,在人类的赛场上/五星红旗/是多么的令人泪流血沸//

这是个大排比套小排比的复杂结构,根本没有可能从起句到末句,语调由低到高,语势直线递升,只扬不抑,只连不顿。这一大段的朗诵,应当做到既一气呵成,又层次分明;既神采飞扬,气宇轩昂,又遐思万千,情满胸膛。首先要把握好大的排比结构,即五个以"站起来"领启的小节,由于每个小节中还包含着小排比,有着相当的语言容量,因此,五个小节之间既要有关联、有推进,又要从容不迫,有足够的语势把控。其实这五个"站起来"包含三个层次:"走路"和"起飞"两小节是第一层次,"跳高"和"跳远"两小节是第二层次,"走进奥运"这一小节是第三层次;每一层次以增加一遍对"站起来"的重复为标志,这种语言结构上的推波助澜,能帮助我们有效地调节整体语势,我们不妨借每一层次的开头即增加"站起来"的重复时,将语势推进一步,而保持层次内部的节奏。到最后"走进奥运"时,才借助四个"站起来"把语势推向巅峰。再看前四小节内部的排比:有了大排比的节奏控制,这四组小排比就可以也应当着力于语势的推进了,何况也是内容上的需要——四组排比分别是由"走路"、"起飞"、"跳高"、"跳远"这样极具动感的词语构成的。这样,整个这一大段内容,大排比趋于"弛",小排比趋于"张",一弛一张,相辅相成,最后在高潮中交融合璧。

3. 抑扬法

表达较长或较复杂的排比,为了避免单调、生硬和僵滞,在总体上扬的语调走势中,可以运用欲扬先抑、抑中见扬、以抑衬扬、抑扬结合的手法,来调节语势,增强节奏感。我们来看下面的例子:

> 假如,一个人就是一棵树/是你让大片大片的森林/在荒漠上卓然挺立/假如,一个人就是一棵庄稼/是你让一望无际的乡野/生长金色的希冀/假如,一个人就是一棵小草/是你让纤细柔弱的根须/有吸吮不尽的乳液/假如,一个人就是一朵小花/是你让多姿多彩的花枝/都能尽情地摇曳//

> (刘祖慈《大地之歌》)

这是作品的第一小节，用假设性比喻构成排比，讴歌大地对自然和人类所作的伟大奉献。基调是深情而振奋的，语势应当昂扬向上。但作为诗的开篇，诗意又有一定的含蓄性，因此不宜过于激越张扬，有必要对局部作适当的处理，比如：第一句语调平起略有上扬；第二句，承前句句末的调高而起继续上扬；第三句来个变化，仍持上扬语势，但语调的起点和终点整体下降至最低度，形成与前句整体调高的错落对比；随后第四句，又承接前句的句末调高，语势逐渐上扬以结束。这样整组排比就有了扬-抑-扬的起伏感，激情和诗意也更见风姿了。

再请看《大堰河，我的保姆》倒数第二小节，这一组排比以八个"呈给"构成，这是全诗的高潮部分，这八个句子内涵十分丰富，它饱含着诗人对"大堰河"的崇敬和深爱、痛惜和怀念、感恩和赞美，深切中见柔情，激越中含悲凄，这组排比应该随着情感曲线而呈现强烈的语势跌宕，而不能轻易地上扬语势。其中"呈给你黄土下紫色的灵魂"一句，应该语调下沉，语势下行，表现一种悲思；"呈给你拥抱过我的直伸着的手，呈给你吻过我的唇，呈给你泥黑的温柔的脸颊，呈给你养育了我的乳房"四句，声音稍敛、气息加强，以内在的力度逐步推进语势，至"养育了我的乳房"处达到一定强度，体现出心灵深处的挚情和爱意由内而外，不可抑制。"呈给你的儿子们，我的兄弟们"一句，再以收势诵出，以表达对逆境中的"兄弟们"的深沉牵念，随后从"呈给大地上一切的……"开始，情感外渲，伴着语势激越上扬，一泻无余。

排比句朗诵的"递进"、"张弛"、"抑扬"三种方法，不应孤立地看待，在实际朗诵创作中，尤其是复杂排比句的表达，应当加以综合运用。同时也须指出，形式的运用不能脱离内容的需要，当我们掌握了上述这些排比表达技巧以后，也要适情适境地运用，而不能信口滥用，否则便会弄巧成拙，以形害意。

附作品

中国人，不跪的人

王怀让

你见过昆仑跪吗？
没有！
昆仑——
那是我们中国
骄傲的腰背；
你见过长城弯腰吗？
没有！
长城——
那是我们民族
自豪的脊椎。

不会下跪！
我们母亲的血液中
没有跪的基因；
不会下跪！
我们父亲的骨骼里
没有跪的骨髓；
不会下跪！
我们赖以生存的
中国的流水里
含着很多的钙，

它只会养育吐气和扬眉
而不会养育下跪！

因此，我们的每一个头颅
都是经风经霜的
永不低垂的
盛开的花卉！
我的最早走出森林的民族啊！
请打开字典——
看"下跪"的"跪"
右边那一个"危"字
给我们一声惊雷，
它警示我们：
下跪民族将要垂危，
下跪人民将要艰危！

我的最早告别愚昧的国人
  啊
请阅读辞海——
看"站立"的"站"
右边那一个"占"字

给我们几多教诲，
它教导我们：
站立，将占有自己的地位，
站立，将占有人类的尊贵！

李大钊不会下跪！
他那黑色的长衫
让黑色的夜晚在他的面前
打颤后退；
方志敏不会下跪！
他那白色的稿纸
把白色恐怖在他面前
焚毁烧碎；
叶挺不会下跪！
他的诗句"为人进出的门
　紧锁着"
和"为狗爬出的洞敞开着"
已成为分开
　人与动物的界碑！
江姐不会下跪！
她绣出的红旗
　和她穿着的红衣，
已成为人间
　永不凋谢的红梅！
于是，
正义站起来了，
倒下的只是犯罪；
正气站起来了，
倒下的只有败类；

真理站起来了，
倒下的只有邪恶；
人民站起来了，
倒下的只有魔鬼。
听，一个洪亮的声音
激荡于天地之间，
回响在千山万水——
"中国人民从此
　站起来了！"
于是，中国的白天
太阳站起来了，
四面都是光辉；
中国的夜晚
月亮站起来了，
八方都是明媚；
中国的春天
鲜花站起来了，
遍地都是芳菲；
中国的秋天
果实站起来了，
到处都是甜美。

站起来！
站起来才能走路——
我们走出了京广
走出了陇海
又走出了京九
那千重山万重水；
站起来！

站起来才能起飞——
我们飞出了卫星
飞出了火箭
又飞出了"长二捆"
那满天风一声雷;
站起来,站起来!
站起来才能跳高——
我们跳上了葛洲坝
跳上了三峡
跳上了东方明珠,
看人间灯火 天上星辉;
站起来,站起来!
站起来才能跳远——
我们跳到了南极
跳到了北极
跳到了没有人迹的地方,
敲科学的窗棂,
叩未知的门扉;
站起来,站起来,站起来!
站起来走进奥运——
起跑才更振奋,
冲刺才更无畏!
今天,在人类的赛场上,
五星红旗
是多么的叫人泪流血沸!

在这里,我的诗忽然眼前
  一亮,
是什么,是什么让诗熠熠

生辉?
——这是我们的南国,
我们南国的青山绿水,
青山绿水中的我们的一座城,
我们的小城之中的
  一家外资企业的院内。
这一天,外国老板
  忽然暴跳如雷,
喝令所有的中国工人
一律下跪!!
下跪到同她心一样的冰冷
  的水泥地板,
下跪到她那高跟皮鞋踩着
  的地球的那个部位!
沉默,沉默,沉默。
不在沉默中站出,
就在沉默中下跪!

站出来了! 站出来了!
一个二十四岁的小伙子
  站出来了——
他的头颅昂得很高,
高过了地球的头顶;
他的脚站得很稳,
稳当当,踩着地球的经纬!
向着外国老板,也向着
  全世界的山山水水:
"我是中国人,
我,不会给你下跪!"

他是代表着我们中国人
　　向列祖列宗发誓：
天，我们不跪！
地，我们不跪！
神，我们不跪！
鬼，我们不跪！
权势，我们不跪！
女色，我们不跪！
美元，我们不跪！

洋人，我们不跪！
我们中国人
是顶天立地的人！
我们中国人是不跪的人！
我们——对谁，
对谁也不下跪！
我们——永远，
永远也不下跪！

第十二讲　抒情诗的朗诵

　　鲁迅说:"诗歌是本以发抒自己的热情的";郭沫若说:"诗歌的本质专在抒情";俄国文学批评家别林斯基说:"情感是诗的天性中一个主要的活动因素,没有情感就没有诗人,也没有诗。"

　　抒情,是诗的本质;抒情诗,是朗诵的本体。

一、诗的抒情和抒情的诗

　　情感是诗的命脉,如果说文学创作是从"哼哟哼哟"开始,而这"哼哟哼哟"是一种原始的简单抒情的话,那么诗歌则是人类情感升华的结晶。真正的诗人是最敏感的真情使者,诗篇的孕育和诞生无不出自真情的迸发,他的笔端永远喷吐着真情之火,用以点燃语言文字,因此诗歌"感人心者莫先乎情"。陆机《文赋》写道"诗缘情而绮靡",说明"情"在诗歌艺术上的作用。总之,诗是情感抒发最好的语言载体,也是所有文学样式中最擅长抒情的一种样式。艾青曾作了这样的概括描述:"诗和其他文学样式不同的地方,在于它必须通过诗所特别具有的艺术,表现诗人的思想感情……当诗人被某种事物唤起感情,产生一种为联想寻找形象的冲动,通过有韵律的语言,把某种感情表现出来,才产生诗。"这段论述也告诉我们,诗的抒情性特质,和它所具有表意的蕴藉性、造语的形象性、形式的音乐性等个性要素是分不开的。

一首诗,以抒情为主旨,便是抒情诗。具体来说,它直接抒发作者的思想感情,或通过思想感情的抒发反映社会生活,而不作完整的情节叙述和人物描绘,即使涉及景物,也是寓情于景,借景抒情。

抒情诗是诗中的"大家族",无论是创作、阅读还是朗诵,抒情诗都有着相对突出的地位。从朗诵的角度说,文字抒发的情,一旦插上声音的翅膀,就更加仪态万方、翔舞自由,正所谓"声情并茂"。毫无疑问,情深而意浓的诗最容易打动听者的心扉,激发起情感的共鸣,因而抒情诗备受朗诵者和朗诵欣赏者的青睐。

"抒情诗"和"爱情诗"是两个不同的概念,爱情诗只以爱情为主题,是抒情诗中的一部分。两者的区别在于:爱情诗着眼于男女间爱意或恋情的表现,比较个体性或私己性;而抒情诗涵盖面和表现力要大得多,除了爱情主题外,亲情、友情、乡情等情感领域,以及社会政治题材都可涉及。

二、诗情的丰富性和抒情的准确性

人的感情极其丰富细腻,所谓的"七情"喜、怒、忧、思、悲、恐、惊,只是一种概括的说法,排列出了情感的七种"基本色";而作为一篇诗歌作品,魅力无穷的文字语言所"调配"出来的情感色彩,无疑斑斓多姿、变幻万千,远远超过"七色",这是值得朗诵者重视的。举例来说,同是抒情诗,以下作品之间情感色彩各不相同:《致橡树》——爱恋之情;《雨巷》——幽渺之情;《等你,在雨中》——温煦之情;《有赠》——沉郁之情;《祖国啊,我亲爱的祖国》——热切之情;《囚歌》——悲壮之情,等等。这些作品,由于情感"底色"的差别,需要有各种相应的情态语感来加以表现:或浓或淡、或深或浅、或刚或柔、或强或弱、或隐或显、或近或远,等等。这些情感色彩的表现,是诗歌审美的核心要素。

抒情诗的朗诵,朗诵者同样应当"以情为重",具备诗人般饱满丰富的真情。所不同的是,朗诵借助声音的力量把深藏于心的情感抒发出来,要比文字抒情直观、具象、生动、强烈得多。有声语言的这一抒情优势,对朗诵者提出了特殊的要求,那就是要在情感的运用和把握上下工夫。

诗歌朗诵创作中的情感运用,有着"量"和"质"的特殊要求。所谓"量",是指情感的强度、浓度和深度要达到作品应有的艺术标准,产生鲜明的美感。这是在自然情感基础上的提炼和升华,对一般的朗诵者来说,可能具有一定的难度,在作品的需要面前,情感往往"抖搂不开",只局限于狭隘的本色范围内,语言表现因此而缺乏活力和张力,朗诵的艺术效果会打折扣。

朗诵创作的激情从何而来?德国哲学家黑格尔说:"一切情感的激发,心灵对每种生活内容的体验,通过一种只是幻想的外在对象来引起这一切内在的激动,就是艺术所特有的巨大威力。"黑格尔在这里为我们揭示了艺术创作过程中情感调动的基本规律和途径,即由"生活内容的体验"到"幻想外在对象",从而"引起内在的激动"。这种源于"生活内容"的情感激发,应当看成朗诵实践所不可或缺的一种基本能力。

所谓情感运用的"质",是指对情感强度、浓度、深度的分寸把握,达到既无"不及",也不"过",准确无误、恰到好处。尤其要防止套用技巧,公式化地表现情感。斯坦尼斯拉夫斯基在总结戏剧表演的情感运用时,把形式主义的表现称为"匠艺",他在《匠艺》这篇文稿中指出了种种"匠艺"表现:"比如,情感的强弱用声音的强弱来表达,有时放开嗓门喊叫,有时低声耳语。表达热情的强烈程度也是按其直接意义来图解的,就是用加快言语的速度和节奏来说明。爱情总是用歌唱式的言语来表达;激情是用卷舌音的辅音和断断续续的词句来表现的;表示激情的强烈程度时,总是暴躁地清楚念出每个词的音节;而表现英雄气概时,总喜欢用激昂的花腔和大声喊叫;表现抒情,则把言语搞成了歌唱(尤其是在由于狂喜或绝望而叹息的时候)。"斯坦尼斯拉夫斯基的这番深入具体的分析阐述,虽然是对戏剧表演中的情感"匠艺"而言,但对我们朗诵实践中的同类现象,也有着同样深刻的针砭作用。

在抒情诗的朗诵中,也不乏这种"匠艺"表现,情不及意、甚至因情害意的状况并不鲜见,概括起来有三种情况值得注意,这里从预防的角度提出"三忌":

一忌如痴如醉式。

这样的朗诵,对于抒情诗作品,无论什么主题内容,也不辨情感基调,开口便如入无人之境,随心所欲地滥用技巧,漫无目的地自我陶醉,情绪大起大落,声音忽高忽低,语言形态周而复始地游荡在一种固定的"腔调"里,与作品的内容实际若即若离,甚至大相径庭。最终是诵者伤情动怀,听者无动于衷。

这种状况,往往是由于朗诵者自我意识有所偏差,主观上故作"朗诵"状,追求表面的所谓"艺术感觉"和"个性风格"。这在初学者当中比较容易发生。

二忌慷慨激昂式。

有的朗诵者,一概以"高调"来对待朗诵,无论是颂扬还是思念、是明朗还是晦暗,无外乎慷慨陈词、热烈激昂,语势上行并居高不下;遇到情调较为奔放的作品,更是不惜喧嚷和叫喊,如狂风暴雨,肆意无忌。这种无端制造高调的朗诵,最终以声害情。

进入这一误区的朗诵者,往往曲解了"朗诵"的意思,简单而片面地夸大了"朗"的作用,把朗诵当成了"大声说话"。其实,即便朗诵"大江东去"、"激扬文字",也应当随意赋情,张弛有致,跌宕多姿。

三忌缠绵呻吟式。

与上面的慷慨激昂式相反,有的朗诵者对待抒情诗,尤其是爱情诗,有一种言语态势的惯性:声虚气衰,力疲情懈,如久病初愈、弱不禁风,又似谨小慎微、诚惶诚恐,或如愁眉不解、哀苦难言……在表情上往往满面愁容,大有"为赋新词强说愁"的姿态,误以为这才算作"抒情"。

这种倾向,主要是出于一种心理定势,把朗诵创作中的抒情,异化为一己的专情寄托,囿于狭隘的小我情感范围,而文字作品只被当作一种声音的附体,忽略甚至无视作品中丰富的内容和情感领域。有的还不无朗诵者的性格因素,平时习惯于柔声细语,朗诵中难以超越自己,同时误把这种主观情态当作"朗诵风格",结果背离了作品创作的艺术原则。

上述现象,集中反映出朗诵者抒情动机的偏颇,脱离作品实际,陷入了"情感自恋"的误区,归根到底是一种精神上"超意识"和艺术上审美缺失的表现。这种形而上的表现,在其他类型诗歌的朗诵中也存在,但在抒情诗的朗诵中表现得较为突出。要克服这些不足,应当在"虚"与"实"两方面下工夫:"虚"者,确立正确的朗诵艺术观;"实"者,在深入体验中获取真情实感。诚如列夫·托尔斯泰所说,"艺术不是技艺,它是艺术家体验了的感情的表达"。

三、抒情诗朗诵的理性把握

1. 抒情和言理

余秋雨认为:"现代艺术无可掩饰地从各个方面显示出了自己的哲理品格"(见《艺术创造工程》)。绝大多数的抒情诗佳作,不仅仅是以情谋篇,而且是"缘情"而发,达到"体物"、"言志"的目的。特别是抒写亲情、友情、恋情、乡情等人类"永恒主题"的诗篇,情中含意、情中寓理,有的直抒胸臆,有的曲尽其意,或借景抒情,或托物寄情,共性之中寓有个性,情蕴丰腴细腻,意境深隽邈远,耐人咀嚼。我们的朗诵,不能停留在"情"的表面浅尝辄止,而要"缘情"而入,到达作品的深层去探幽发微,从中寻取情致理义的缘由脉络,表现出作品的内涵、神采、意趣,这才是抒情诗朗诵创作的根本目的。

我们不妨来读一读上海女诗人张烨写的《求乞的女孩,阳光跪在你面前》这首小诗:

> 淡黄的长发披散着/宛如玉蜀黍的缨穗遮掩珍珠般的脸庞/为着小小的愿望/你低垂着稚嫩的脖颈/默默地跪在阳光下/你是否觉得阳光也跪在你面前/就像树跪在落叶的苦难面前/

这是一首在诗坛上颇受好评的佳作。诗中的画面很平常:一个弱小的女孩在阳光下跪乞。诗人的可贵之处,不是在于目睹这场面,而是从这场面中发现了什么,由此升华出了灵感和诗情。于是画面上两个描写主体"女孩"和"阳光"的关系发生了质的变化,被赋予了崭新而又深邃的哲学意义。然而阳光的"下跪"意味着什么呢?字面上没有,诗里面有,这就是诗人留给我们的思考和想象自由,也体现了作品言简意赅、体小量大的艺术价值。这样的作品,如果在朗诵表现上仅仅满足于对"情"的处理,只表现一般的对"求乞的女孩"的同情,就会显得轻浅、单薄,情感得不到强有力的理性支撑,也就产生不了应有的艺术震撼力。

张烨还有一首优秀的诗作《外白渡桥》:

> 月光潺潺流淌在外白渡桥/"我永远爱你,除非你哪一天不再爱我"//这就是你爱的深度了/我的神情蓦然黯淡/为自己的魅力/不能将你的心儿永久占有/你下半句话不说出该有多好/你下半句话不说出我会感到幸福/幸福有时或是瞬间的满足//但我发觉自己在愈加爱你/由于你的坦率、诚实/由于你音色温存、深沉如桥下的波澜//是的,即便你哪天不爱我/我还是爱你的/不然世上就不存在痛楚的无望的爱了/这情感我必须深藏/必须深藏/只有岁月才能证实/但我不愿这样的一天降临在夜深人静的外白渡桥//你甜柔的眼神漾开了我的微笑/可你不知道,不知道/月光像淡黄微

酸的柠檬汁缓缓流注我心头//

这首诗语言和情感都十分朴实，但意味深浓。全诗由一句"我永远爱你，除非你哪一天不再爱我"引启，徐徐展开了一幅细腻温婉、情韵浓郁的心灵画卷；轻描淡写，不施技巧，但其中蕴含着女性独有的情爱况味和心理逻辑，张弛起伏变化有致，细腻、微妙而又严密，这绝非出自浮浅的生活体验。朗诵者应当从女性情感世界的深层次去体悟，把握作品的内涵意境和美学特质，这样才能真正表现出这篇作品的张力和魅力。

2. 抒情和心理

人的情感抒发，是一种复杂的心理运动过程；抒情诗的朗诵，声情的表现，实际上是在朗诵者心理支配下完成的，而外部技巧只是心理制约下的表现形式。这一点，朗诵者在朗诵创作过程中未必都有清晰的自我感觉，而往往处于一种"下意识"的心理状态。

抒情诗情感体现比较强烈，朗诵者一般从感性出发来驱动声情言语，这是合乎艺术创作规律的。但同时，朗诵过程中也需要具备一定的自我心理意识和理性把控能力，这不仅为了防止以上所说的"三忌"倾向，更是因为在艺术创作上有着积极的作用。

比如停顿技巧的运用，情到深处，往往变化无定，长短由之。我们曾举过《乡愁》的例子，诗的最后一小节：

　　　　而现在，

　　　　乡愁是一湾浅浅的海峡，

　　　　我在这头，

　　　　大陆▼▼在▼那头。

"大陆"后面用两个"▼"，表示超长的停顿。末句的两次长停，靠什么来保证停顿的长度？我们在讲停顿的部分提出，要借助感受和想象来把控神情语态，在"身临其境"的感觉中找到表达的准确落点，两次长停，也就是在这样的实际体验中产生的；在这一过程中，始终伴随着心理的作用力，长长的停顿，是在清醒的自我意识中得到持续的，整个停与连的节奏，本质上受制于朗诵者的心理节奏。

正是有了心理依托，因此，虽然停顿无声，却反而情浓意足，倍觉"有声"，因为，在恰当的心理驱动和支配下，声音元素必然构成相关的抒情语境，才可能声停气连，语顿意接。在这语境中，"停顿"不是空白，而是情感的集聚、压缩和蓄势待发。反之，如果缺乏自我心理意识，仅仅从外在语感形式上来对待这样的停顿，就很可能使"停顿"异化为"空白"和"脱节"。

再比如排比这种修辞手法，具有较强的抒情作用，在抒情诗中用得较多，排比的运用少则三四句，多则十数句。我们在讲排比的部分提出，朗诵排比句的时候，要避免千篇一律的激进语势，在排比句之间讲究松紧急缓的节奏变化。这种节奏变化如果只从技巧的层面来加以处理，便进入了形式主义的误区，无益于作品的再创作；要准确地体现好排比句的言语节奏，防止声情言语进入"惯性"运动，必须在言语过程中介入心理干预，以心理的节奏来承载排比的言语节奏。

尽管本讲探讨的是抒情诗，但由于抒情是诗的"本色"，因此掌握好抒情的要领，对其他各类诗体的朗诵都不无助益，我们不妨把它当作一项基本功来掌握。

附作品

祖国呵，我亲爱的祖国

舒　婷

我是你河边上破旧的老水车，
数百年来纺着疲惫的歌；
我是你额上熏黑的矿灯，
照你在历史的隧洞里蜗行摸索；
我是干瘪的稻穗；是失修的路基；
是淤滩上的驳船
把纤绳深深
勒紧你的肩膊；
——祖国呵！

我是贫困
我是悲哀。
我是你祖祖辈辈
　　痛苦的希望呵，
是"飞天"袖间
千百年来未落到地面的花朵；
——祖国呵！

我是你簇新的理想，
刚从神话的蛛网里挣脱；
我是你雪被下古莲的胚芽；

我是你挂着眼泪的笑涡；
我是新刷出的雪白的起跑线；
是绯红的黎明
　　正在喷薄；
　　——祖国呵！

我是你的十亿分之一，
是你九百六十万平方的总和；
你以伤痕累累的乳房
喂养了
迷惘的我、深思的我、沸腾的我；
那就从我的血肉之躯上
去取得
你的富饶、你的荣光、你的自由；
　　——祖国呵，
我亲爱的祖国！

第十三讲　叙事诗的朗诵

　　用奇妙的遐思、醇厚的情感、精美的笔墨,把一段故事酿制成诗行,再赋予抑扬顿挫的述说,人们的耳边便有了一种语言的"咏叹调",艺术的"家常话"——叙事诗。

一、叙事诗的体裁特征

　　叙事诗是从内容结构的角度确立的一种诗体,它用诗的形式来描述事件、塑造人物,有较完整的故事情节和人物形象;但不强调细致的描写,而注重表现诗人对故事中人物形象的感受及情感的表述;一般叙事诗兼有叙事和抒情的双重手法。

　　叙事诗因有故事的铺展,总体上篇幅长于别种诗体,但就叙事诗本身而言,长和短的差异也很大,如故事诗、史诗、英雄颂歌等叙事诗,长的可达上万行,如《荷马史诗》(古希腊史诗《伊莉亚特》和《奥德赛》的总称,各有一万多行);而短的,可以只有一二十行,请看章剑的《阿婆茶的传说》:

> 阿婆做姑娘的时候
>
> 心里装着一个情哥

哥哥抱妹妹的时候

灶膛里多添了一把柴禾

香茶煮开了的时候

茶水变得又苦又涩

姑娘挨骂的时候

小伙捧来了通红的浆果

浆果融进茶水的时候

芳香弥漫了整个村落

花轿出门的时候

甘甜的茶饮出生了

青丝染白了的时候

姑娘变成了阿婆

沏茶待客的时候

有了一段美丽的传说

小囡学艺的时候

长辈们什么也不肯说

烧出好茶的时候

心里面得有一个哥哥

这首叙事诗只用寥寥二十句,就完成了一个民间传说的生动讲述。作品将江南古镇著名茶饮"阿婆茶"的由来,和一段优美的爱情故事糅合在一起,人物形象鲜明,情节婉约动人,叙述有声有色。整首诗内容丰富、结构完整,但又不作具体描述刻画,而是严格地把握情节脉络,精心锤炼词句,并巧妙地运用顶真的修辞手法,浓缩内容、拉紧结构、凸显层次,还严格地押了韵,使作品凝练畅达、意味醇厚。总之,这首作品"诗"与"叙事"两方面的特征都体现得相当分明和完美。

在朗诵会上,叙事诗往往比较受欢迎,因为它有一定的情节,容易引人入胜。有的叙事诗情节生动感人、耐人寻味,就更令人屡听不厌了,如艾青的《大堰河,我的保姆》、李季的《只因为我是青年团员》、任溶溶的《爸爸的老师》,等等。

二、叙事诗的朗诵要点

探讨叙事诗朗诵的有关问题,我们不妨就从"叙"、"事"、"诗"这三个字上展开。

(一)显示"诗"的风貌

叙事诗首先是"诗"。作为诗,在语言形式上富有的节律美,是散文、故事等其他叙述性文体所没有的。朗诵叙事诗,就要充分地利用好这一语言特质,来显示个性风貌,服务于内容表达。

很多叙事诗,节奏和韵律这两大元素都比较讲究。这样的作品,朗诵时语言之中客观上蕴含了节律感。这里需要注意的是,由于叙事诗内容结构上以"事"贯连,语言围绕情节展开,这就要防止顾此失彼,过于投入故事情节的表达,而忽略语言形式的美感体现;反之,既让情节张弛有致、扣人心弦,又使语言节律分明、有板有眼,这才是叙事诗朗诵的理想境界。

以上我们也提到过,现代诗歌当中,有相当一部分作品不刻意押韵。遇到这样的叙事诗作品，语言表达上的音乐美，就只有靠节奏来承担了。语言的节奏，在格律诗当中是最客观地具备的，只需我们"循规蹈矩"地按作品已经成型的语言结构规则来表现就可以了；新体自由诗当中，组词造句富有节奏的作品也很多，如臧克家的《老马》、戴望舒的《雨巷》、徐志摩的《再别康桥》等，对于这类作品的节奏表现和特殊处理，我们在"朗诵的节奏"一讲中已有详尽的叙述。这里值得我们探讨的是，当一首叙事诗，既不押韵，诗句之间又缺乏显性的节奏特征，怎么办？这是谈节奏一讲中未曾深入的一个话题。

其实，在诗歌朗诵中，有时朗诵者可以通过诗节的灵活处理，来巧妙地"制造"节奏，当然，这种主观能动是建立在不破坏诗句语意表达原则前提下的。拿《大堰河，我的保姆》来说。这首诗完全不押韵，除了大量的排比赋予诗的形式感以外，诗句大多参差不齐，语言结构上并没有明显的外部节奏特征，要朗诵出一定的节奏感来，只有进行技巧性处理。比如第二小节：

> 我是｜地主的儿子，｜
>
> 也是｜吃了大堰河的奶｜而长大了的｜
>
> 大堰河的儿子。∨
>
> 大堰河｜以养育我｜而养育她的家，｜
>
> 而我，｜是吃了你的奶｜而被养育了的，｜
>
> 大堰河啊，｜我的保姆。｜

这一小节内容，是由三个完整的句子构成的，分成六行排列，其中"也是……"是一个分行的长句。如果照着字面句读格式来表达，听觉语感就会与散文无异。要让语感诗歌化，可以从三个方面加以处理：首先在"大堰河的儿子"后面作较大的停顿，使整体上分为上下两个层次，形成一种对称；其次，在句子内部规划语节，尤其是长句，通过语节的划分来平衡句子关系，使之相对规整化；再次，要以适当的声情语气来强调显现上述一系列的节奏感。

这种语言节奏处理的技巧，有着普遍的作用，而对叙事诗的朗诵来说作用更为突出，它能使作品不因篇幅较长而松松垮垮、无精打采。

（二）把握"事"的脉络

叙事诗是以较完整的故事情节贯穿的，因此，朗诵时必须理清整体和局部的情节脉络，施以准确的声音语言外部技巧，既要保证故事情节的完整性、通畅性，又要体现整体上叙述的层次感、节奏感。诚然，抒情诗、哲理诗等其他诗体的朗诵也必须达到总体上的完整和通畅，但落实到具体内容上，两者是有细微差别的。叙事性内容的表达，语句的紧密度显然要比非叙述性内容要高些，这是因内容本身结构的疏密关系决定的。当然，我们所强调的通畅性、紧密度，并不意味着简单的"快"和"溜"，它不能脱离节奏的轨道，这是叙事诗内部客观存在的事理逻辑、事物关系所决定的，叙事诗朗诵的整体节奏，说到底，应当与作品的内在事理脉络、逻辑层次合拍。

有的叙事诗融入较强的抒情成分，而叙述性相应地有所减弱，情节结构不一定如《阿婆茶的传说》那么丝丝入扣，朗诵这类叙事诗，更要注意把握并悉心体现好事理脉络这个"纲"。

我们来看一看刘家魁的《因为我是母亲》。这首诗是以一个母亲的口吻写成的，发自一位遭亲生儿抛弃的老母亲的肺腑，是肝肠欲断的泣血痛诉。诗的题目以半个因果句构成，显示了作品的寓理性；而在事件的展开中，又夹叙夹议，事理交融，并且多是一种苦痛之极的"自省"式、反讽式表述。这样的整体结构和语言风格，具有一定的婉曲性，与《大堰河，我的保姆》、《因为我是一个青年团员》等作品不尽相同，更显得意蕴深邃。朗诵这首诗，关键就在于把握好事件叙述和情理烘托正侧、虚实的关系，既要一体相融，又要事、理有别，至关重要的是运用有效的语言技巧元素，把事件的来龙去脉、因果线索交代清楚，尤其要凸显情节的主干和"靶心"即那个不孝之子的缺德行径，只有做到这一点，才能反衬出"因为我是母亲"这一命题背后蕴含的深刻立意，最终达到作品的"叙事"目的。

（三）调控"叙"的状态

既然叙事诗以"事"为内容框架，那么"叙"的表达形式，必然是这一诗歌体裁朗诵表达的基本语言状态。具体来说要注意以下两个方面：

1. 语气的交流感

叙事，是一种有对象的语言表述，叙事诗，通俗地讲，就是用诗的立意和语言来"说事"。因此，叙事诗的朗诵，朗诵者的发语动机和语感角度与《雨巷》、《再别康桥》、《我是一条小河》这一类的抒情诗不同，它不是主观情感的自我倾泻，而是客观情节的坦诚相告，主要目的是把"事"说出来告诉别人。这就要求在表达时总体上保持一种平视的交流感，真切、质朴，有必要借鉴生活口语风格。叙事诗当中也抒情、言理，但这些都是在"叙事"基础上生发的，应当融入"交流"的总状态。比如《因为我是母亲》，时有面对苍天的悲鸣长叹或"儿啊儿啊"的痛切哀呼，但主体指向即述说凄惨遭遇的角度并未改变，朗诵时情感迸发之余，语感分寸仍应保持住"叙事"交流的基准。

故事的讲述、情节的展开，常常少不了交代和铺垫，线索要清晰，层次要分明，因此，基本情节的叙述，一般要沉稳，语言的节奏应当有所控制。这是就整体而言，至于叙述之中因抒情、议论等的需要，语势语调抑扬张弛有所变化，则又当别论。

2. 叙说的写意性

作为诗歌体裁，与小说或故事相比，篇章结构、情节表现、语言风格等都是不同的，小说、故事写人写事精雕细刻，运用肖像、语言、心理、行动、细节、景物、环境等各类描写手段，把作品中的主要描述对象，表现得栩栩如生、呼之欲出,故事情节也是跌宕起伏、一波三折。而叙事诗对人、事、情、境的描写刻画,要简洁概括得多,它可以运用诗歌的暗喻、象征手法,来精炼语意、浓缩结构,更有一部分叙事诗,故事情节不求完整,意在以事寓理或以事寄情,纵然不乏各种描写,却不往细处生发,而是向深处挖掘。总之,小说、故事中的情节讲述基本上是写实的,而叙事诗的情节表现则多有写意的成分。我们不妨再来读一读刘家魁的另一首诗《伤兵——秦始皇兵马俑展览馆前所见》(以下简称《伤兵》)。

这首诗情节很简单:在秦始皇兵马俑展厅,一位沧桑的老妇向一位伤兵观众兜售廉价兵马俑仿制品,而这位伤兵悉数买下后却用指甲锉刀一个个"卸"去了"小兵俑"身上的盔甲。显然,诗人叙述的目的和意义不在情节本身,而是"展览"一种对战争、对人性的思考。因此,诗人是用抒情的笔调来交代情节的,又不惜笔墨用自然景物和人物语言、动作、心理、细节等描写,来渲染情感、烘托主题、深化意蕴。这首诗,象征色彩很浓,有着很强的思想张力。

叙事诗的这种写意性,在朗诵中要靠以下三点来体现,一是以虚衬实,二是以小喻大,三是以神造形。

"以虚衬实",就是在语言各种外部技巧的配合下,将作品中情节主干和辅助内容加以区分,以显示结构层次和诗意脉络。如《伤兵》中第一小节及第二小节前两句,是景物描写,用以渲染出一种灰暗的气氛基调,隐喻以下情节的压抑及人物情感心理的沉郁。朗诵这类虚写的内容,语速要沉缓,语气稍弱。语势偏于平稳,构成一种"暗示"的语感。

"以小喻大",就是抓住局部关键要素予以声音技巧的着力表现,画龙点睛、"一语道破",产生言简意赅的作用。比如《伤兵》中的这几句:

买吧买吧放心地买吧/没有比这更便宜的了/我卖的小兵俑最贱最贱……//啊?! 哦……哦……/最贱……最贱……/好,好,买,买……/哦,嘿嘿嘿嘿……/最贱最贱……

"我"作为一名现实中的受伤的"小兵俑",听着一位母亲般的老人反复唠叨着推销"最贱最贱"的小兵俑,怎能不感慨万端! 这个"贱"字,如同一支尖锐无比的"箭",直刺伤兵的心扉,这一段内容是全诗的思想核心,一个"贱"字,便是这个核心的聚焦点。因此,这个字以及相关的诗句要予以足够的语言表现力。

"以神造形",是指对叙事诗中各种描写手法的表达。比如《伤兵》中"揽生意的老人"的肖像描写、语言描写、伤兵的心理描写等,不能搬用小说、故事演说的风格腔调,让人物角色化,而只需做到"神似",朗诵者在语言表达中始终要有象征意识,看似在"造形",实则在"达意",一言一语总关情,把其中的内涵表达至尽。

附作品

因为我是母亲

刘家魁

　　五年前新闻媒体广为报道的被儿子抛弃的母亲,依然活在我的故乡所在县的某社会福利院里,但她至今依然拒绝说出她的儿子是谁。

我枯坐窗前,枯坐在生命的尽头
向西凝望,那渐渐黯淡的晚霞
如我望向这个世界的最后目光

以自焚照亮万物的太阳
以自焚温暖众生的太阳
就这么绝望在黑暗的冬夜里了?
就这么冻死在寒冷的冬夜里了?
我闭上双眼,斜卧病床
如斜卧深山的一棵枯朽的老柞树
浑身长满了木耳的老柞树啊
死后还在倾听着春天的消息
倾听着儿孙般的小鸟们的欢唱……

我在倾听我儿子的脚步声
那是我听了整整五十年的独特的声响
我听得出来! 我能从十三亿人
哦不! 我能从六十亿人的脚步声中

一下子就听出我儿子的足音
五十年了,他所走的每一步
都踩在我的心尖上

这是最后的倾听了,但我听见的
是窗外带雪的北风的怒吼
——你这个老太婆怎么还活着?
你还在这里痴心妄想着什么
你的儿子早已将你遗忘……

是啊是啊!我在五年前就该死了
五年前,我的儿子就已经将我抛弃
就像吐掉咂尽甜味的蔗渣一样
就像扔掉一只喝空的奶瓶一样……

哦苍天啊!让您见笑了
让您在五年前除夕的那天早上
一睁眼就看见了那样的一幕——
为了把我扔得远些,更远些
我的儿子特意起了一个大早
鸡叫三遍,就用独轮车推着我
走过三座桥翻过两道梁……

我怕累着儿子,就一次次劝他
——儿啊儿啊,找个没人的地方
好歹把我撂下你就回吧
反正把我扔在哪儿我都活不长
回吧回吧,你的妻子儿女还在等着你呢
等着你过一个没有我碍眼的欢喜年……

苍天在上，请宽恕我的儿子吧
一切都是我的错！我活得太久了
又老又病，白浪费钱粮
唉！牛马老了，驴骡病了
还能杀肉吃，还能剥皮卖
我老了病了，能派上什么用场！

不要说我的儿子禽兽不如啊
禽兽哪如我的儿子聪明和善良？
即使扔我时，他也还在为我着想呢
他怕把我扔得太荒远了
会被野狗掏，会被秃鹰啄，会被饿狼啃……
他把我扔在火葬场附近的田头路旁
这样，我就能保住一具全尸了
我就能被及时发现，及时火葬

我就能在冷彻骨时，冷透心时
得到人世间的最后一次温暖
虽然那温暖来得太迟，也有些过分
但我儿子对我的这一点"孝心"
总该抵消掉他的一点罪状

我和收割后的土地躺在一起
我和冻僵了的土地躺在一起
都是母亲啊，一样衰老，一样可怜
一样被自己掏空，一样被儿女遗忘

天又下雪了，圣洁的慈爱的雪啊
一粒粒，一片片，一朵朵

把我和土地一起覆盖,一起埋葬
我们太肮脏了! 我们太丑陋了
我们会污染所有爱干净的人的目光……

哦! 好心人,你们不该救我啊
不该延长我这毫无意义的生命
不该延长我这毫无希望的希望
我望了五年了! 我听了五年了
直到现在——五年后的除夕之夜
上帝才动了恻隐之心,才派死神来接我
接我去地狱,抑或是天堂

儿啊儿啊! 娘不等你来了
娘也等不来你了
娘只能在另一个世界等你了
儿啊儿啊! 你可知道那么多记者
逼着我说出你的姓名和住址
我为什么拒绝? 我不能说啊
即使死后,我也不会告诉阎王

儿啊儿啊! 即使你现在出现在娘面前
只要有一个人在场,娘就是咬碎舌头
也不会开口,也不会认你了
一切的一切,仅仅是因为
我是母亲! 我是母亲!! 我是母亲啊
仅仅因为你是我的儿子,我是你的亲娘

哦! 除夕之夜……除夕之夜……
夜色中闪烁着礼花焰火

风雪中弥漫着浓浓的酒香肉香
再过一会儿，就是春节了
爆竹声已越来越密，越来越响

死神啊死神啊，求求您
求求您满足我最后的一次愿望
求求您绕一点儿路，向西多走几步
让我最后望一眼我的儿子一家
让我离得近一些地祝福他们几句
祝他们新年快乐，生活富裕，身体健康……

第十四讲　哲理诗的朗诵

在纷繁的世情百态中萃取菁华，注入"理"的深意、"蕴"的神髓、"趣"的华彩，赋人以哲思，启人以心智，甚而成为鉴时察事的精神坐标、醒世激俗的千古恒言。这就是哲理诗。

一、哲理诗的体裁特征

以阐述某一哲理思想为主体内容的诗就是哲理诗。

在当代社会生活中，人们的思想越来越活跃，认识事物的眼光越来越敏锐，哲理诗便越来越体现出它的活跃性和生命力。又由于哲理诗大多篇幅短小，便于记忆和传播，因此无论是朗诵表演还是民间流传，都深受青睐。

诗歌的基本特性是言志、抒情和喻理，这三者往往是并存的，而其中的喻理性，可以说是诗歌最基本的共性。大凡流传于世的佳作，都在一定程度上留给人们哲理上的启迪，即便抒情诗，也不乏哲理的内涵，有的作品甚至抒情、言志和喻理密不可分，兼而有之。如《致橡树》、《我愿意是急流》等，其中许多脍炙人口的隽永妙句都富含哲理意味，以至成为整首诗的核心和灵魂。但这些作品总体上偏于抒情，是情中寓理，以哲理的蕴涵来作为抒情的内在支撑而已,因此它们不属于哲理诗。

意大利文艺复兴时期作家薄伽丘说:"诗人在他们的作品里都运用了最深刻的思想,这种思想就好比果壳里隐藏着的果肉,而他们所用的美妙的语言,就好比果皮和树叶。"这句话阐明了哲理诗的一种本质特征,我们可以用它来说明,哲理诗正是这种饱含着真知灼见、智慧经验的宝石和果子,所以才能够引起人们的兴趣,让人们去咀嚼、体会、沉思和警醒,从而博得人们的钟爱。实践中我们看到,好的哲理诗往往是朗诵艺术家们的首选作品,甚至作为长期保留节目。

为了便于探讨哲理诗的朗诵要领,这里我们有必要先简单认识一下哲理诗本身的主要特点。

1. 内容凝练隽永

哲理诗以阐发事理为宗旨,所以主题突出,结构紧凑,不像叙事诗、抒情诗那样枝叶横逸;篇幅也相对短小,往往从小的方面阐述大的道理,在平凡的事物中凸现深刻的思想,因此充满辩证力量,具有较强的外部张力。如顾城的《一代人》:"黑夜给了我黑色的眼睛/我却用它寻找光明",虽只两句,却以高度的象征手法,并借助标题的"点睛",精辟地揭示了一个深藏于普通事物之中的哲理,能够唤起阔远的联想,从而引爆"一代人"的思想共鸣。又如美国诗人卡罗尔·阿内特的《土地》:"没有这/还有什么值得做的事情",也仅两句,却从根本上道出了土地与人类乃至整个世界的关系,其中的内涵,岂止是三言两语所能尽意。这样的哲理诗有着永恒的启迪性和警示性,成为人类的精神思想宝贵财富,正如德国哲学家尼采所说:"优良的金言和警句,不管任何时代和食物一样具有滋养,而且能活上几个世纪。"虽然哲理诗中有的作品过于短小,但在一定的语境之中,也未始不能作为朗诵作品。

2. 情感深沉持重

哲理诗是作者在生活实践中对某一事物本质或现象的强烈感受、

高度认识的直接反映,之所以落笔成篇并予以传播,目的是给人启示、告诫或警醒,尤其是一些思想敏锐、哲理深邃的诗篇。因此,哲理诗从本质上说态度是严肃的,作品情感服从于理性,总体上显得深沉而富有内在的凝重感。

3. 意象鲜明生动

诗歌本就拒绝抽象,哲理诗深刻、隽永,又必须让人心领神会,更需要借助典型生动的意象刻画来完成,这些意象的体现往往借助比喻、象征、对比等修辞手法,使抽象的哲理思想以具象的面貌出现,让人们由感性而理性地领会并接受,从而达到深入浅出的表达目的。

4. 语言朴实无华

如同真理不需要任何装饰一样,哲理诗的魅力得益于语言的质朴无华、天然去雕饰,就像英国作家雪莱说的那样:"用极其明朗而适当的语言表现自己的思想",也就是所谓的"造语平淡,用意艰深";而越是平淡的语言,一旦蕴入深刻的哲理,便备加鞭辟入里,使人产生心灵的回响,犹如咀嚼青果般饶有余味。

二、哲理诗的朗诵要点

1. 高屋建瓴,沉稳从容

哲理诗立意高,蕴含深,要准确地表达传诵出去,朗诵者不只是要吃透作品,更应当将诗的精髓和自己的思想融会贯通,成为自己深思熟虑的思想见解,不吐不快的心灵感受。要让自己站在一个哲人的高度来阐发诗意,探幽烛明,晓人以理。从某种意义上说,要朗诵好哲理诗,朗诵者除了要有朴实饱满的真情之外,视野的开度、思想的深度、认知的精度,都应超越作品的文字范围,达到高屋建瓴的要求,也就掌握了朗诵创作的主动权,表达深邃的诗意才有可能举重若轻,游刃有余。例如《如果》这首诗:

有酸果／有甜果／嫁接在酸甜之间的是"如果"／／如果能返童／如果能再嫁／如果能重新抉择……／一条瓜蔓／吸不尽悔恨的河／／如果我有一颗"如果"／我将如何／我将馈赠／赠给一座托儿所／让孩子知道／那是禁果／／

这首诗很短，包孕的思想却相当丰富，它借一个表示假设的虚词"如果"加以展开发挥，每一个诗句都有以一当十的思维张力，比如，为什么说"如果"嫁接在"酸果"和"甜果"之间、为什么要将"如果"赠给托儿所的孩子们等，都应当咀嚼再三，琢磨透其中朴素而精深的人生哲理，这样，朗诵起来才会胸有丘壑，语重意深。

哲理诗的朗诵，语言的外部总体上应当具有思辨状态、理性色彩和阐述基调。朗诵者真理在握，成竹在胸，朗诵时自然就能睿智沉稳，从容有度，显示一种自信坦荡的大气、褒贬分明的正气、敏捷雄辩的锐气。又因为是说理，要让人明白、理解、记取，所以要把控语言节奏，不轻易强化语势、制造高潮、渲染气氛、放纵情感。哲理诗当中，有相当一部分是通过比拟、象征等隐喻手法，来揭示题旨、烘托诗意、阐明哲理的，比如上面这首《如果》，严谨的逻辑内涵被包孕在生动形象的诗句之中，"酸果"、"甜果"、"如果"、"一条瓜蔓吸不尽悔恨的河"等词句，都有着高度的概括性。这种言此意彼、弦外有音的表达技巧，浓缩了语意，深化了内涵，也增强了感染力，朗诵时自然要将它加以"稀释"，重点词语点诵分明，句内句外顿歇增加，整体节奏必然处于沉稳状态。

2. 情潜意显，声平语重

哲理诗朗诵，情感运用要格外注意分寸尺度，应当饱满而相对内敛，情感的满而不溢能生成一种逻辑力量，是最适合哲理表达的。这种情感的蓄积和保持要靠充沛而鲜明的哲理寓意来支撑，朗诵者应当以理念驾驭情感、驱动语言，换句话说，就是语言和情感要服从和服务于理念阐述的需要。这就是"情潜意显"的意思。

应当纠正一种不正确的观念和实践中的偏向:凡诗必抒情。有不少哲理诗寓理于情,字面上含有一定的抒情色彩,很容易被当作抒情诗来处理基调。比如《普通人的情歌》,诗中不乏抒情意味,尤其是"我亲爱的"这类的语言,很容易使人产生抒情的语感。其实从作品整体上看是偏于理性的,只是用了第一人称及一些抒情色彩的语言要素而已。

哲理诗朗诵在语言的处理上,应该突出"平而不淡"、"轻而不浅"的表现原则。声音语调不轻易张扬、跌宕,充分借鉴口语谈说的风格,达到"白描"的质朴明朗之美。何况,哲理诗大多以日常之物来喻理警世、启智省人,也大可不必"先声夺人",而"心平气和"、"润物无声"反而沁人心脾、催人深思。这也就是"大音稀声"的道理。

哲理诗的语言结构和语义表达上,有这样一个明显特征:对比性的词、句用得相当普遍,《有的人》在这方面颇具代表性,整首诗通过"有的人"截然不同的两种人生观、价值观和生命意义的鲜明对比架构而成,我们不难看出,这样一种语言格式在哲理的阐述上有着显著的作用,因为对比恰恰就是最有力的辩证方法,也是哲理表现的有效手段。要发挥出哲理诗中这种语言形式的优势,关键在于细腻地处理好对比性词句的轻重、虚实、强弱等关系。

3. *提纲挈领,严丝合缝*

如前所说,哲理诗的朗诵,不要人为地造势作态、推波助澜,但也切忌松和散。哲理诗篇幅既不长,逻辑又严密,因此朗诵起来首先要给诗以整体感,通篇陈陈相因,环环相扣,脉络分明,气韵贯通。

和抒情诗相比,哲理诗的停连自由度相对小一些,朗诵者必须把作品的内在逻辑线索拴牢在脑子里,无论抑扬徐疾、轻重强弱,都要统摄于作品的整体,尤其是层次和小节的起承转合。在具体的词句表达中,必须把应有之意落到实处。哲理诗朗诵所体现的内在事理的逻辑性和外部语言的紧凑感,并不等于简单地在语势上步步进逼、层层递升,故作理论状,而恰好是应当随着内容的开合张弛而加以一定的变化处理,才会富有生命力和慑服力。我们来看看《微笑》这首诗,它借一个社会的"微量元素"——微笑,来演绎一个建立和谐人际关系和社会环境的宏观主题。作品的思想脉络很清晰,从微笑的本质特征、负面现象、社会价值、人生意义、时代责任等多个角度加以展开,博观约取,以小见大,语言风格舒展而又严谨,生动不失犀利。朗诵这首诗,各个不同的内容视角应有不同状态色彩的语言刻画,赋予足够的艺术夸张意味,但总体上无论褒贬扬抑,都不应游离"说理"这样一个语态基调和情绪色彩。

4. 透视世情,谐谑风生

哲理诗充满人类智慧的火花、生活的真谛,从这意义上说,哲理诗的传播要求朗诵者首先在精神境界上追求一定的高度,以旷达的胸襟、参透的智慧和超然的意趣洞悉世事人情,作品的朗诵创作,融入谐趣幽默的风格元素,寓庄于谐,含而不露,这样反而比严肃相向、直白告诫更有震撼力、感染力。讽喻性的哲理诗尤其需要这种朗诵风格。请看这一首《诗的矛盾》:

> 如果诗人热衷于模式,
>
> 应劝他自动退出诗的阵地——
>
> 他只能去当一名浇铸工,
>
> 按照模型进行仿制;
>
> 或者,去当一名数学家,
>
> 按照公式去进行推理……

这首诗是嘲讽思想僵化、缺乏创造力的诗人的。这类诗,往往不是直奔题旨的指斥,而是微带笑意的针砭,更显得辛辣尖锐;朗诵时要运用较多的曲折语调,节奏上也要随之张弛有节,这样才能够"味"。

有不少哲理诗本身就具有鲜明的诙谐风格,比如《普通人的情歌》:

"我亲爱的,不要像爱辣椒那般爱我。辣椒在我饥饿的时候,只会使我的空腹烧伤般难受。我亲爱的,不要像爱枕头那般爱我。枕头只能让我们睡觉时相陪,而白天却难以幽会"、"爱我,像爱一只葫芦——完好时,用来舀水,破碎时,作我吉他的弦柱"等等,别出心裁的比喻使作品生动又风趣,在轻轻松松之中说明了"爱"的真谛。朗诵这种风格的作品,我们必须提升情趣,放松心态,以诙谐的语气情态来完成。其中一系列充满个性色彩的比喻尤其要重点处理好。再比如《一米八〇》这首诗,也以风趣幽默见长,虽然篇幅较长,但通篇充满情趣和理趣:或善意地揶揄,或豁达地自嘲,或漫画式地夸张,或小品般地讽刺……具有独特的洒脱风格,这种风格对演绎这类"青春"题材十分贴切。更重要的是,这种洒脱恰到好处地把真正的"男子汉的高度"由内而外刻画得惟妙惟肖。这首诗,在内涵上比《普通人的情歌》来得深刻,但情绪气氛更趋活跃,朗诵起来除了要把握好外在的风格色彩,更应当悟透"人格高度"的涵义,从而由己达人,于揶揄中动以情,在谐谑中晓以理。这样的语言处理,就有可能达到"使我发笑五秒钟而沉思十分钟"(威廉·戴维斯语)的艺术效果。

在现场朗诵表演中,具有风趣、幽默色彩的哲理诗比较受人欢迎,而朗诵中相应的外部语言技巧运用,也就成为作品表现的必需。有声语言的幽默风格,是言语表达的"高难度动作",而从某个角度说,诗歌朗诵的幽默体现,有着更高一层的艺术境界和技巧要求,它不是纯技巧问题,而涉及朗诵者的整体素养,关于这一方面的内容,在专讲中再作具体阐述。

附作品

有 的 人

臧克家

有的人活着，
他已经死了；
有的人死了，
他还活着。

有的人
骑在人民头上："呵，我多伟大！"
有的人
俯下身子给人民当牛马。

有的人
把名字刻入石头想"不朽"；
有的人
情愿作野草，等着地下的火烧。

有的人
他活着别人就不能活；
有的人
他活着为了多数人更好地活。

骑在人民头上的，

人民把他摔垮；
给人民作牛马的，
人民永远记住他！

把名字刻入石头的，
名字比尸首烂得更早；
只要春风吹到的地方，
到处是青青的野草。

他活着别人就不能活的人，
他的下场可以看到；
他活着为了多数人更好地活的人，
群众把他抬举得很高，很高！

普通人的情歌

[马达加斯加]雷内伊伏

我亲爱的，
不要像爱你的影子那般爱我。
影子在傍晚就会淡远，
而我愿你昼夜精神焕发，直至鸡叫三遍。
我亲爱的，
不要像爱辣椒那般爱我。
辣椒在我饥饿的时候，
只会使我的空腹烧伤般难受。

我亲爱的，

不要像爱枕头那般爱我。

枕头只能让我们睡觉时相陪，

而白天却难以幽会。

也不要像爱米饭那般爱我，

饱餐米饭

你就不再向往生活的其他内涵。

不要像爱喁喁私语那般爱我，

动听的话很快就会化为青烟。

也不要像爱蜂蜜那般爱我，

蜂蜜虽甜却没有什么风味可言。

我亲爱的，

爱我，像爱美丽的梦乡——

　　　夜间是你的生命，

　　　白天是我的希望！

爱我，像爱一枚金币——

　　　在世上从不与我分离，

　　　即使漂泊异乡，也是忠实的伴侣。

爱我，像爱一只葫芦——

　　　完好时，用来舀水，

　　　破碎时，作我吉他的弦柱。

第十五讲　散文诗的朗诵

散文诗，"散文其形，诗意其质"，它风雅千古，仪态万方；文学家视其为"袖珍"精品，艺术家给它插上朗诵的翅膀；它自笔端翩翩而出，轻灵翔舞，一派迷人的风姿景致。

一、散文诗的体裁特征

散文诗兼有散文和诗的特点，可以说是"散文的诗化"或"诗的散文化"，有人称之为文学中的"新的混血儿"。所谓"散文其形"，是指用散文的形式来写，不受固定的格式约束，不分行，不强求押韵和鲜明的节奏；所谓"诗意其质"，是指语言精炼、内涵蕴藉，篇幅相对短小。当代著名作家、我国第一部形式多样、题材广泛的散文诗集《早霞短笛》的作者柯蓝，概括出了散文诗的四个特征，即"短小与凝聚"、"空白与空间"、"意境与哲理"、"语言含蓄与朗诵"。这里把朗诵作为一大特点提出来与其他特点相提并论，一语道破了散文诗与朗诵的紧密关系，值得我们重视。散文诗的可朗诵性是建立在其他三大特点基础上的。

散文诗是与诗歌和散文平行的一种文学体裁，之所以把它纳入本书来谈，正是因为它在可朗诵性方面比较接近自由体诗。

现代散文诗的创始人是法国十九世纪的诗人波德莱尔。我国现代散文诗的奠基人则是鲁迅，他自己认为他的《野草》便是散文诗集，而《野草·题辞》无疑是代表作。当然《野草》中的作品，今天看来有的偏重于散文的特点，比如《立论》。

其实散文诗这一文体古已有之，可以上溯到庄子的作品当中。人们喜闻乐诵的刘禹锡的《陋室铭》、周敦颐的《爱莲说》、杜牧的《阿房宫赋》、范仲淹的《岳阳楼记》、王羲之的《兰亭集序》等，这些"铭"、"说"、"赋"、"记"、"序"都是古代散文诗名篇，千古传诵，至今仍脍炙人口，只是当时还没有"散文诗"这一称谓而已。二十世纪九十年代中州古籍出版社出版了《古今中外散文诗鉴赏辞典》，里面收集了古今中外 343 位作家和诗人的散文诗作品共 714 篇。这本散文诗辞典所收的作品，短小精致，深入浅出，言近旨远，受到读者广泛的喜爱，也深得朗诵爱好者的青睐。

二、散文诗的朗诵要点

散文诗的朗诵，在整体上应当靠近散文朗诵的基本风格，也就是做到"散文其形"，具体要注意以下两点。

1. 形散而神聚

从散文的角度讲，内容发挥的自由度较大，可以纵横驰骋，"视通万里，思接千载"；但并不是信马由缰，而是"放得开收得拢"，有一个核心的主旨题意贯穿全篇，犹如红线串珠一般，朗诵时就要牢牢牵住这根"红线"，这样，承转衔接即便大起大落、起伏跌宕，也照样"形"不走样，"神"不失色。

具体说来，要在朗诵过程中确立并维护好表达的目的意念，也就是把握好整个作品的"灵魂"，并通过作品的核心内容来加以体现，这当中要细致地做到情感语气的整体统一和相互照应。比如朗诵屠格涅夫的《乞丐》，这篇作品是叙事性结构，"乞丐"的肖像描写和动作描写较为细腻有层次,类似小说的笔法。然而作为一篇篇幅有限的散文诗,这些描写就不是一般的人物外部形象"照相",而是一种寓意性的铺垫,目的在于通过"乞丐"的"衰弱"、"蹒跚"、"褴褛"与下文中"我"对"乞丐"的真诚善意形成照应对比,这里的人物描写就具有了诗性的特征。因此,这部分内容就不能像朗诵小说那样满足于客观展现,而是要带着"暗示"的表达意念来处理,特别是一系列表现"乞丐"形象、动作、神情的语词,要赋予主观的表述语气。具体来说,就要运用诗歌朗诵的处理技巧,控制语速,加强点诵,发挥好每一句每一词的表意作用,把我们对于作品的深刻理解细腻地落到声音形态的实处,使之具有尽可能大的内涵张力。这一技巧要求,不仅是对散文诗的内涵特征而言,也因为散文诗篇幅有限,语句相对较凝练,所以需要借鉴诗朗诵语言处理的技巧。《乞丐》有了这声到情到的铺垫,最后"施舍"这一深刻哲理性命题的揭示也就水到渠成了。

2. 语淡而味浓

散文诗作品的语言风格各异,有的朴实清新,不事雕琢;有的浓墨重彩,词采飞扬。而对于散文诗的朗诵,我们则主张语言的真切、质朴、生活化,也就是所谓的"语淡"。散文诗语言毕竟以口语为基本面貌,客观上应当以"说"的风格来表达。但是,语言的"淡"却要包含意味的"浓",要充分调动内、外部技巧,再现作品的意蕴神髓。这里不妨通过戴望舒的这篇《雨》来加以体会:

> 雨停止了,簷溜还是叮叮地响着,给梦拍着柔和的拍子,好像在江南的一只乌篷船中一样。"春水碧如天,画船听雨眠",韦庄的词句又回到脑中来了。奇迹也许突然发生了吧,也许我已被魔法移到苕溪或西湖的小船中了吧……

> 然而突然,香港的倾盆大雨又降下来了。

这篇散文诗写于抗战时期,作者怀着家国破碎之痛流亡香港,悲苦难抑。一场凄雨不由得触及诗人的伤怀，于是即景寄情，写下这篇《雨》，寄托故土家园之思。了解了作品的背景，就不难从字里行间读出其中的寓意，懂得作品中"一切景语皆情语"："簷溜"的叮叮作响，溅起的是作者对江南故园的遥想和对昔日生活的美好记忆；油然浮现的韦庄诗句，牵动了作者对社稷山河的神往；而"香港的倾盆大雨"更浇醒了作者的"梦"，把他拉回到流落他乡、有家难回的残酷现实里。这一切内涵寓意都源于一场"雨"，雨本身太平常不过了，即便由此而产生的一系列对家乡情景的联想，就一般情况而言也是人之常情，只是我们借助对作品背景的了解，才得以窥见作者彼时彼刻的心境和对作品的寄寓。因此，第一段的朗诵不宜在语势上予以张扬，语调大幅波动，作外在的寓意强调；而应当让饱满的情感蕴蓄于胸，流而不泻，具体处理为：基调稍见沉郁，作为作品的"底色"以衬托其背景寓意，语气赋予分量，语言节奏也相应舒缓。家乡之思、社稷之忧便尽在其中了。

这种看似"不动声色"的表达，恰好能让人感到一种内在的情感奔腾，这也与作品本身借景寄情的风格相吻合。而最后"然而突然，香港的倾盆大雨又降下来了"一句却要着力予以突出："然而突然"四个字语气陡转急收，把前面的神思遐想一下子拉回到了现实情境之中："香港的倾盆大雨又降下来了"这一句有着很强的象征意味，从而使结尾饶有余韵。"突然"之后稍作顿歇，语气强度保持，语速转慢，"倾盆大雨"一词点诵强调，"雨"字后面作一停顿，再缓缓收尾。

"语淡"还有另一层意思，就是对作品当中可能会涉及的一些描写，尤其是语言描写，重在绘神而不刻意摹形，不能像小说、故事的朗诵，对人物进行声音造型，应当淡化语言的角色感。例如《立论》中三个人物的表白，虽然这是全篇的核心部分，三个人物也极有个性色彩，但是，作品整体上倚重立意和喻理而并非说故事，纵使设置情节，也极其概括写意，因此无需对三个人物的语言刻意角色化，而只要予以"神似"的设计就可以了,比如,"这孩子将来要发财的"——故作惊喜、阿谀奉承地说;"这孩子将来要做官的"——低头哈腰、溜须拍马地说;"这孩子将来是要死的"——坦然率真、一针见血地说。这漫画式的勾勒已经足以凸现人物本质,如果过分强调"形似",反会显得与作品整体风格不协调。再比如《乞丐》中最后"我"和乞丐的对话,如果按照文中的人物刻画来想象:"一个衰弱的老人"、"红肿的、流着泪水的眼睛,发青的嘴唇,粗糙、褴褛的衣服,醒醒的伤口……"、"呻吟着,喃喃地乞求",于是将声音"化妆"成嘶哑、气弱、颤颤巍巍、断断续续的语言形象,来表达"这也应当谢谢啦。这也是一种施舍啊,兄弟"这一句,逼真是逼真了,但由于声虚气弱,这句话的内在语义分量就受损了,它在全文中的重要意义也就被削弱了。归根到底,这种局部的真实破坏了整体的美感。

三、散文诗朗诵的形式美

在当代散文诗中,有的作品在形式上更靠近自由诗:有的在句式或段落结构方面讲求节律感或整齐美,有的还押韵或基本押韵。这样的散文诗,诗性特征十分突出,通过朗诵更能体现出音乐性。试看白榕的《我不设防》:

> 向外向内,无须一只猫眼,我的房门洞开,从来不怕窥探。不论是正眉正眼、斜眉斜眼抑或贼眉贼眼我都不介意。环壁皆书,还有几盆花草,除了我的智慧和几件春夏秋冬的衣着,别无家当,更无不动产。您有兴趣您看着办,我不会向你呵斥,也不会揪你见官。清贫之家不怕窥探。

> 向内向外,无须一只猫眼。我的心扉敞开,从不设防。不论是君子标准、圣人眼光抑或小人肚肠我都不介意。襟怀坦白,还有几缕书香,除了我的善良和几十年的奔波闯荡,别无辉煌,更无弥天广告贴满大街小巷。您有兴趣就进来坐坐,可别在门外东张西望;

猜度别人既伤了身体又浪费时光。山高路远，天清气朗，我的心扉敞开，从不设防。

这篇作品语言十分工整，两大段落内部的语言结构乃至关键性语词大体相似；全篇多是四字或六字结构，又长短错落，因此具有鲜明的节奏感；两个段落还分别押了韵。这样的作品，如果把它分行排列，和当代某种表达较直白、用语较随意的自由诗，已经没什么明显的区别特征了（当然，作者把它作为散文诗，说明有着自己的区别标准，不认为这就算是自由诗）。

面对这类作品，朗诵处理有两种选择，一是散文化，一是诗歌化，究竟作何定夺，除了根据个人的审美心理和能力条件之外，还有必要兼顾语境情况即对象、场合、氛围等等。但有一点须注意，不管作哪种选择，作品本身所具备的审美元素，如语言的节奏感、韵律感等不应视而不见，置之不顾，尤其是韵脚的作用应当发挥好。

散文诗语言形式美的体现，要把握好尺度，这里存在一个辩证关系。一方面不放弃作品客观上蕴含的美感元素。尽管散文诗"散文其形"，总体上语言不苛求规整，但毕竟用语凝练甚至精致，以至有的作品设韵用律，这无疑是值得珍视的朗诵创作元素，我们在朗诵创作中应当发挥好这些元素的艺术价值。以《我不设防》的语言节奏而言，既然作品以四言、六言构成语言主体框架，就不妨在自然流畅的表达中恰如其分地加以节奏体现，像"不论是<u>正眉正眼</u>、<u>斜眉斜眼</u>抑或<u>贼眉贼眼</u>我都不介意"、"不论是<u>君子标准</u>、<u>圣人眼光</u>抑或<u>小人肚肠</u>我都不介意"、"<u>襟怀坦白</u>，<u>还有几缕书香</u>，除了我的善良和<u>几十年的奔波闯荡</u>，<u>别无辉煌</u>，<u>更无弥天广告贴满大街小巷</u>"等语句，就可以以四字或六字为单位（以下画线标示）略加点示强调，并在其后稍作顿歇，这样就不难显现出语句表达的节奏感。事实上，这样的节奏体现，不仅与句子的语法语义是相符相衬的统一体，还强化了作品立意和内涵的刻画。再比如韵脚的处理，诚如我们在前面节奏专讲中提到的，韵脚处无外乎为语意层次的归结点，散文诗同样，也不应草草而过，而要予以突出；一般韵脚的显示，是通过相关层次间的停顿，以及韵脚音节饱满或略为加重的发音来完成的。散文诗朗诵，一旦韵脚相押，会增添作品的音韵回旋美和整体谐和感，也更多一份诗性特质。

散文诗语言形式美的体现，另一方面要注意的是，不制造主观上虚设的节奏感。散文诗的朗诵实践中存在一种偏向，面对诗化的语言，更由于语言具有一定的节律，便以自由诗朗诵的语感，一句句"分行"来朗诵。有的初学者甚至对偏向散文风格的散文诗，也一概以"朗诵腔"来处理，结果让声音支离了作品。人们有时嘲讽"不像诗歌的诗歌"为"把散文分行来写"。其实，真正的散文诗之所以不"分行来写"，是因为它从语言风格到意蕴表达等方面，与自由诗毕竟是有着具体的区别性特征的，因而散文诗朗诵语言的形态，客观上就不应简单地与自由诗混同，如果硬性地把散文诗语言的表达诗歌化，造成过度抑扬顿挫的"朗诵腔"，就不免给人以生硬做作的虚假感，最终影响真情实意的准确传达。

散文诗的朗诵为什么会进入这种"形而上"的状态呢？究其实，主要是朗诵者的"表演"意识在起作用，于是自觉不自觉地游离作品而进入主观的感觉空间。我们的朗诵，重在作品内涵的"表现"，而不是外在形式的"表演"；散文诗的朗诵是这样，其他文体的朗诵也是这样。

附作品

乞　丐

屠格涅夫

我在街上走着……一个乞丐——一个衰弱的老人挡住了我。

红肿的、流着泪水的眼睛，发青的嘴唇，粗糙、褴褛的衣服，龌龊的伤口……呵，贫穷把这个不幸的人折磨成了什么样子啊！

他向我伸出一只红肿、肮脏的手……。他呻吟着，他喃喃地乞求帮助。

我伸手搜索自己身上所有口袋……。既没有钱包，也没有怀表，甚至连一块手帕也没有……。我随身什么东西也没带。

但乞丐在等待着……他伸出来的手，微微地摆动着和抖颤着。

我惘然无措，惶惑不安，紧紧地握了握这只肮脏的、发抖的手……。"请别见怪，兄弟；我什么也没有带，兄弟。"

乞丐那对红肿的眼睛凝视着我；他发青的嘴唇微笑了一下——接着，他也照样紧握了我的变得冷起来的手指。

"哪儿的话，兄弟，"他吃力地说道，"这也应当谢谢啦。这也是一种施舍啊，兄弟。"

我明白，我也从我的兄弟那儿得到了施舍。

立　论

鲁　迅

　　我梦见自己正在小学校的讲堂上预备作文,向老师请教立论的方法。

　　"难!"老师从眼镜圈外斜射出眼光来,看着我说。"我告诉你一件事——一家人家生了一个男孩,合家高兴透顶了。满月的时候,抱出来给客人看——大概自然是想得一点好兆头。

　　"一个说:'这孩子将来要发财的。'他于是得到一番感谢。

　　"一个说:'这孩子将来要做官的。'他于是收回几句恭维。

　　"一个说:'这孩子将来是要死的。'他于是得到一顿大家合力的痛打。

　　"说要死的必然,说富贵的许谎;但说谎的得好报,说必然的遭打。你……"

　　"我愿意既不谎人,也不遭打。那么,老师,我得怎么说呢?"

　　"那么,你得说:'啊呀! 这孩子呵! 您瞧! 多么……。阿唷! 哈哈! Hehe! he, hehehehe!'"

第十六讲　古典诗词的朗诵

　　它惜字如金,纵笔如神,尺幅千里;它以韵为筋,以律为骨,生就铿铿然令人百诵不厌;它融汇了博大精深的民族思想文化,映现着华夏文明的灿烂与辉煌;它浩瀚激荡,穿越千古,光彩熠熠,成为世间绝唱。它的名字叫古典诗词。

一、古典诗词的体裁特征

　　古典诗词又叫"格律诗","格律",通俗地说,就是"格式和规则",古典诗词的格律包括字数、句数、对偶、平仄、押韵等。对朗诵来说,平仄和押韵,是产生艺术感染力的两个根本要素。

　　古典诗词包括"诗"和"词"两大部分。诗,从字数上划分,有四言诗、五言诗、七言诗、杂言诗,其中五言诗包括绝句和律诗,四句为"绝",八句为"律",多于八句的为"排律"。除了字数有规定之外,每个字的声调(字调)的搭配须遵守一定规则,原则上平仄相间,并且形成句与句的平仄错落。此外还必须做到押韵。

　　词,其实脱胎于诗,又与音乐曲牌相结合而形成,现在被我们称为"词牌"的"沁园春"、"满江红"、"蝶恋花"、"卜算子"等,便是当时由

"曲"或"曲牌"的名称沿袭而来的。词同样有着严格的韵律规则。由于词的句子长短参差，因此又被称为"长短句"。

古典诗词绵延千年，至今仍广受喜爱，无论吟咏还是写作。古典诗词的格律体现了鲜明的音乐性，因此客观上为有声表达提供了得天独厚的先决条件。但从现场朗诵表演的角度看，绝、律由于篇幅较短，不利于展开，人们往往偏重于词的选用，因为词不仅篇幅相对略长，而且句子字数不等，朗诵起来更具韵律节奏的变化美。此外歌行体（古体）如《卖炭翁》《琵琶行》等，或排律如《春江花月夜》等，也为朗诵者所喜用。这些体式的作品，不仅因有篇幅张力，易于调配节奏、张扬诗意、丰富语感，更是因为大多具有叙事性，容易产生吸引力。

二、关于古典诗词的朗诵

格律诗，无论是诗还是词，应当说从一开始就与口头表达相依相存，平仄也好，押韵也好，这些讲究都是为听觉服务的，如果光限于书面文字的阅读，完全没有规定格律的必要。诗词格律的产生，把汉民族语言音乐属性这一优势展示到了极致。尤其是词，更是音乐催生出的文学样式，它的初期本是为"曲"而写的"歌词"，是供人唱的，到了后人手里，当初的音乐曲式逐步退隐，而文字保留下来独立成篇，同时保留下来的还有因曲而生的词的内部音律规则。因此，我们把古典诗词用来作为口头语言艺术的文本，是顺理成章的事。

但古人对于诗的口头表达与我们今天的"朗诵"不同，他们用的是"吟"或"唱"的形式，用我们今天的观点看，"唱"，就是广义上的"歌唱"，基础是旋律，用音阶构成；"吟"，则是建立在语言的声韵基础上，具体表现为将平仄加以强化和放大体现，平声悠长，仄声短促，再结合一定的情感语意因素，使之抑扬有致，顿挫分明。一言以蔽之：诗词的"唱"属于音乐表现，诗词的"吟"，属于语言表达；相比较，"吟"接近于我们的

"朗诵"。

格律诗依据的是古代诗韵,和现代汉语及现代诗韵已有一定的区别,如四声的变化、入声的失去等。因此,我们一般难以像古人一样按古韵去吟诵,一般情况下也没有必要去刻意仿古,更重要的是,"吟诵",过于拘泥音韵形式,对思想感情的表达有着一定的局限性。因此,我们还是提倡诗词的朗诵,以普通话为标准。

至于朗诵中古今字音变通的问题,人们一般遵循这样的基本原则:总体上服从普通话语音规范,在特殊的语境中,可酌情变用古音,一般有两种情况,一是落在韵脚上的字,比如像七律的双句后面,如发今音会出韵,便有必要改为古音,以求和谐悦耳;二是如在语意的重要位置,个别突出的字发今音不畅达或不响亮,为了保证语音的修辞效果,也可考虑变通发音。但朗诵者必须严格对待古音今音的变通问题,力避无原则地滥用古音、炫弄古音。对于今人写旧体诗,则有必要提倡用现代汉语语音来写作,这就从根本上保证了语音的统一性。

三、朗诵的语调和节奏

如上所说,古典诗词在语言结构上已具备了相对固定的节奏形式,成为我们朗诵节奏体现的基本依据。请看下面这两首作品:

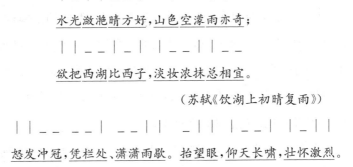

（苏轼《饮湖上初晴复雨》）

＿｜＿＿＿｜｜｜　＿｜｜＿＿｜　｜｜＿　｜｜＿｜

三十功名尘与土，八千里路云和月。莫等闲、白了少年头，

　＿＿｜　｜＿｜　＿＿｜　＿｜｜　＿＿｜　｜＿＿｜｜

空悲切。靖康耻，犹未雪；臣子恨，何时灭？驾长车、踏破贺

　＿＿｜　＿＿＿｜＿＿｜　＿＿｜｜＿＿｜　｜＿＿｜

兰山缺。壮志饥餐胡虏肉，笑谈渴饮匈奴血。待从头、收拾

　｜＿＿｜＿＿｜

旧山河，朝天阙。

（岳飞《满江红》）

以上一首是七绝，一首是词《满江红》。上面加横线的是平声字，加竖线的是仄声字；字下的横线划分出了朗诵处理的节拍，每一条横线是一个"音步"。通过这样的标示我们不难看出，古典诗词的语言结构已"天然"具备了足够的节律形态，朗诵古典诗词，首先就要体现好这些节律。其基本规则是：语速稳缓，音步分明，字意强调，韵律合辙。句内的音步之间和一个层次单元的句子之间略加拖音。但须注意，古典诗词字、句后面的拖音，实际上是对整体节奏的呼应，并具有一种强调结构、承接语意的积极作用，而不能形式主义地机械表现。要掌握好字尾或句尾拖音的尺度，切忌"过"，一过就成了"腔调"，现实的古典诗词朗诵实践中，这种"腔调"时有所闻，它带来的负面影响就是以音害意，破坏审美感觉。

以上两首诗词显示的只是作品客观具有、朗诵所应体现的基本节律，只是达到了规范的程度；对朗诵的艺术创作来说，不能满足于循规蹈矩、四平八稳的"格式化"表达，而要追求朗诵表达的个性，对具体作品的节奏语调作更为灵活细腻的处理。古典诗词朗诵的难度就在这里，古典诗词朗诵的意味也在这里。

事实上，古典诗词和新体诗一样，每一首内容都不会是简单的重

复,从理论上讲,这就决定了我们的朗诵也不应当简单重复外在的声音技巧形式。但由于诗词语言形态的格式化、规整性,这就很容易使朗诵板板正正、落入"窠臼"。要突破这一点,可从三方面入手,一是打破认识上的局限,强化古典诗词朗诵的个性追求理念;二是深化对作品内容的解读和意境的感悟,做到深入浅出、融会贯通;三是对朗诵技巧的娴熟运用,精心处理好作品的每一词每一句。从这三方面入手,我们便会发现,古典诗词文字格局看似很小,朗诵创作的空间其实很大。比如,音步的划分因受语言结构的制约而比较格式化,但音步之间停连的长短却有着较大的灵活性,停连的灵活变化会带来整体节奏面貌的改变;再加上语气、语调、语势、音色等元素的调配运用,古典诗词完全可以朗诵得多姿多彩、情趣盎然。

　　拿岳飞的《满江红》来说,作为一个固定的词牌,与其他词牌一样,固定的词句结构框架,决定了基本的朗诵语言形态,但在具体处理上,还有着很大的余地,完全可以在深入理解的基础上加以灵活发挥。比如"怒发冲冠,凭栏处,潇潇雨歇"这三句,按上面划定的音步来表现,在三句之间较为均匀地加以停顿是合情合理的。但如果切情切境地深入感受和体味,这三句还可以作更细腻的刻画:"怒发冲冠"四字强势突起,表现情不可遏;"凭栏处"是语意的承转,语势略收;"潇潇雨歇"有象征意味,寓意战火硝烟暂告终结,由此转入"凭栏"感怀,语势再收,但内在的力度不变。经过这样的处理,整首词的开篇,不仅气势大开,而且增加了内涵层次。再比如词中的联句"三十功名尘与土,八千里路云和月",前一句表明不居功自傲吃老本,对荣誉不屑一顾;后一句是说明"战斗正未有穷期",任重道远,斗志不可懈怠。因此两句的语气分量不宜等量齐观,应有鲜明的对比,前句的"尘与土"三个字不妨略带淡然不屑的口吻。还有重音强调也十分重要,比如"莫等闲、白了少年头,空悲切"和"靖康耻,犹未雪,臣子恨,何时灭"中的"莫"、"空"、"何",用较为夸张的重音予以突出,就把警示之意或悲壮之情充分地凸显出来,有效地增强诗句的震撼力。经过这样的主观努力,古典诗词的朗诵,就不会在形式上简单雷同了。

较长篇幅的排律或歌行体诗的朗诵节奏处理,是一个不可忽视的问题。这些体式的作品,如一味按语法或语义的自然结构来表达,节奏整齐划一、周而复始,必然会如车轮滚转般单调乏味。应当充分调动朗诵的内、外部技巧,从诗意内容出发,着眼整体,阐幽发微,让声音技巧落在实处,从而求新图变,出奇制胜。

比如《琵琶行》,全诗八十八句,每句七个字,十分规整。按一般的规律,七字句的基本节奏为"×× ×× ×××"或"×× ×× ×××"。如果全篇按这样的节奏格式来表达,定然了无生气,诵者恹恹,听者欲睡。因此就需要在常态中求变态。不妨选取片断作一探讨:

> 浔阳江头夜送客,枫叶荻花秋瑟瑟。
>
> 主人下马客在船,举酒欲饮无管弦。
>
> 醉不成欢惨将别,别时茫茫江浸月。
>
> 忽闻水上琵琶声,主人忘归客不发。
>
> 寻声暗问弹者谁,琵琶声停欲语迟。
>
> 移船相近邀相见,添酒回灯重开宴。
>
> 千呼万唤始出来,犹抱琵琶半遮面。
>
> 转轴拨弦三两声,未成曲调先有情。

排律和歌行体诗一般以叙事为主,《琵琶行》就是这样一首作品。既然是叙事,朗诵时就有必要吸收叙述性言语的元素,在整体上打破静态的音步模式,而转为动态的言语面貌;由机械的节拍运动,变为有机的情感律动。就这里所选的片断来说,一、二两句交代地点、时间、事由、季节和环境,为下面情节的展开作铺垫,朗诵这两句可以偏于客观。接下来人物登场,是一个江边惜别的画面,转入主观情绪,后两句语气因失望而有所松懈，语势下行。"忽闻"两句是喜出望外的情态，出语突然，语气略收，体现凝神静听和"琵琶声"的空间距离感，语势有所推进，至"琵琶声停欲语迟"语气逐渐松缓。在接下来的镜头中，一边是热情急切，一边是忸怩腼腆，两句形成对比，从"犹抱琵琶"开始，是对琵琶女的描摹，从形态到弹姿，再到声情容颜，入眼入心，屏息敛神，语气减弱，语速减缓，刻画出"用心聆听"的情态。通过这样一番处理，这段作品的朗诵就有了抑扬跌宕的声音形态表现，从而也使诗句内容有了更为生动切实的表达。

由上可见，古典诗词的朗诵是与新体诗朗诵一脉相承的。新体诗之所以又称为"自由体"诗，它是以现代汉语为基本语体的；而严格意义上的朗诵诗，或"可以朗诵的诗"，更是以现代汉语口语为基础的，它的"自由"，就体现在不受格律约束，节奏无固定范式，只需听从内容的约定和朗诵风格的支配，因此，朗诵者发挥处理比较灵活，收放张弛的余地比较大，这恰好是古典诗词可以借鉴的朗诵艺术创作元素，我们应当予以足够的珍视并认真付诸实践。

满江红·怒发冲冠

岳 飞

怒发冲冠,凭栏处,潇潇雨歇。
抬望眼、仰天长啸,壮怀激烈。
三十功名尘与土,八千里路云和月。
莫等闲、白了少年头,空悲切。

靖康耻,犹未雪;臣子恨,何时灭!
驾长车、踏破贺兰山缺。
壮志饥餐胡虏肉,笑谈渴饮匈奴血。
待从头、收拾旧山河,朝天阙。

卖 炭 翁

白居易

卖炭翁,伐薪烧炭南山中。
满面尘灰烟火色,两鬓苍苍十指黑。
卖炭得钱何所营,身上衣裳口中食。
可怜身上衣正单,心忧炭贱愿天寒。

夜来城外一尺雪，晓驾炭车辗冰辙。
牛困人饥日已高，市南门外泥中歇。
翩翩两骑来是谁？黄衣使者白衫儿。
手把文书口称敕，回车叱牛牵向北。
一车炭，千余斤，宫使驱将惜不得。
半匹红绡一丈绫，系向牛头充炭直。

第十七讲　朗诵的相关问题

　　朗诵,虽然是语言表现艺术,却关乎诸多辅助性要素,特别是现场朗诵表演,还要顾及视觉接受的种种需要,而达到和谐完美的效果。

一、语音与朗诵

　　在大众传播这个语境中,朗诵一般使用国家推广的汉民族共同语即普通话。普通话是"以北京语音为标准音,以北方话为基础方言,以典范的现代白话文著作为语法规范"构成的。在普通话的这三个构成要素中,和朗诵直接相关的是"语音"这一听觉要素,另两个要素即"词汇"和"语法"则与写作相关;由于现当代诗歌作品,基本上是以普通话词汇和语法规范写成的,因此,用作口头朗诵,最适应的自然应当是"以北京语音为标准音"的普通话语音了。

　　社会上有一种观点,认为方言同样可以用来朗诵,并且在某些场合有所尝试。用方言朗诵的可能性和必要性,应当具体分析,认真对待。我们认为,在特殊的要求或环境条件下,用方言朗诵诗歌无可厚非,所谓的"特殊的要求或环境条件"诸如:因朗诵者角色塑造的需要、听众的接受受到方言的局限、朗诵者缺乏普通话能力、朗诵作品以方言写成等等,其实上述这些可能性较小。如真有方言朗诵的必要,有两点需注意:一是要选择内容适合方言表现的作品;二是要使作品的语言特点与方言的表达规律相统一。除此之外,也有出于娱乐的目的,在一些特定的场合作些"搞笑"性的方言朗诵表演,这就不足为道了。

我们提倡普通话朗诵,基于以下两个根本性的原则。首先,朗诵担负着推广普通话、净化和美化社会语言环境的义务。任何语言表演艺术,客观上都有着一种社会示范的作用,这当中,以社会性、大众性、普及性为特征的朗诵活动包括朗诵表演,具有独到的普通话传播力和影响力;当人们沉浸在朗诵艺术浓郁的氛围中,为艺术家精彩的表演而感动、为美妙的诗情画意所陶醉的同时,也在直观地接受着普通话的熏陶,而这样的"推普",完全是"润物细无声"的,它让普通话随艺术形式之"风"自然而然地"潜"入人们的心灵,生根、发芽、开花、结果。事实告诉我们,一大批普通话实践的佼佼者都是由朗诵爱好和学习起步的。

其次,普通话朗诵,在语音上具有独到的审美效应。现代汉语的语音体系充满了音乐特性,它乐音成分突出、发音舒展响亮、音节饱满有力、声调明快跌宕、语流节律分明、语感畅达舒朗,用以表达现代汉语书面语具有充分的美感优势。普通话这一语音审美特征与诗歌朗诵的情感美、意境美相结合,便创造出了无可替代的语言艺术整体美,从而让无数的人为之倾心。

"爱美之心,人皆有之"。既然以普通话朗诵毋庸置疑,那么,朗诵者应当义不容辞地追求语音的纯洁性和精致度,严格做到吐字归音准确无误。值得一提的是,有些朗诵爱好者重艺术技巧,轻语音规范,把普通话的正音视作无关紧要的雕虫小技,这是一种不正确的态度。其实,作为朗诵爱好者,如果语音上"白璧微瑕",恰好可以借助朗诵练习来匡谬纠误,实践证明,在朗诵的语境中提高语言修养是极其行之有效的,关键在于思想上的重视。

二、音色与朗诵

声音是语言的物质外壳和载体,音色对艺术语言有着重要的审美作用。有的语言表演艺术门类对音色有着特殊的要求,比如影视配音,用声音塑造人物,强调配音演员音色的个性特点,或运用技巧表现声音个性。

朗诵要求朗诵者的音色符合大众基本的审美标准,这一基本标准的共性特征可以抽象为:清晰、松弛、饱满、明亮等。在此基础上,男声力求浑厚、结实、有金属声,女声不乏柔美、清丽、甜润,等等。具体到作品的朗诵实际,音色其实只是语言表达的一个外在附加元素,决定朗诵效果的是内容的表现,朗诵者良好的声音条件在出色的内容表达的前提下是锦上添花,而忽略表达倚重音色是华而不实,本末倒置,这是艺术的大忌,值得提防。

一个人的音色既有先天的决定性,又有后天的可变性,只要坚持日常的科学用声或系统的发声训练,声音条件可以得到改观、完善或美化,如扩大音域的宽度,增加音色的纯度、亮度、厚度、力度等。作为语言艺术的追崇者,总渴望用最美的声音来传达思想情感,在朗诵实践中循序渐进、持之以恒地融入声音锻炼,是改善和提高音色质量行之有效的途径。有些初学朗诵尤其是诗歌朗诵的朋友,喜欢模仿名家的音色,运用某种方法改变自己的声音本色,达到一种自我喜欢的音色效果,我们称之为声音"化妆",这种情况男声女声都有,男声一般"化妆"得浑厚、阳刚"有磁性",女声一般"化妆"得清脆、阴柔"有魅力",其实这是不得当的。我们知道,朗诵要以情带声,"情真"才能"意切"。模拟的声音必然存在痕迹,声假情就虚,这便会从根本上破坏朗诵表达的感染力。反之,即便声音条件不尽完美,语言表达情真意切,同样会产生巨大的艺术感染力,不少老艺术家的艺术实践就给了我们这样的启发,尽管他们的声音条件不及当年,但炉火纯青的艺术表现力更令人为之倾心、陶醉。从科学发声的角度看,如果音色是靠挤压嗓子来模仿的话,久而久之会影响声带的健康。当然涉及人物塑造的其他文学体裁的朗诵就另当别论了。

朗诵者从个人的声音条件出发,在朗诵艺术创作中扬长避短是十分有必要的。比如作品的选择,音色较薄较细的,适宜柔情的作品;音色较亮较厚的,适宜激情的作品;音域宽的,可着眼于气势磅礴的黄钟大吕,音域窄的,不妨青睐婉转多姿的小桥流水,等等。这个问题在《作品的选择》一讲里已有所阐述。

三、态势与朗诵

朗诵以语言表达为根本,甚至单以语言就可完成创作。但现场性的朗诵表演,有着视觉的要求,就有必要在声音语言的基础上增加形体动作等态势的元素,以强化艺术感染力。态势在当代言语交际学研究领域里得到充分的重视,被作为言语学的一个分支,称为"态势语",或"体态语"、"肢体语"等。态势语的信息表达功能具有两个层次,即实用的层次和美学的层次,值得我们予以足够的重视和充分的运用。这里仅就几种朗诵表演中较重要的态势动作,作些概括性的探讨。

1. 眼部动作

"眼睛是心灵的窗户",这一比喻十分准确,戏曲表演界有句谚语:"若要表演动人,还须眼睛传神。"文学家刻画人物肖像讲究"传神写照在阿睹","阿睹"即眼睛。这里都涉及了"眼"和"传神"的关系。朗诵表演虽不必像戏曲表演那样把眼部动作加以程式化、夸张性的运用,让眼睛来"说话",但应当做到眼中有"神",这个"神"是指神采。

眼神和表情是密切相关的,朗诵者应该以振作的精神出现在观众面前,表情和眼神是精神状态重要的支撑点和直接体现。朗诵者面对观众,眼神的基本表现应当是"目光炯炯",饱含神采。当然随着朗诵内容情绪的变化,目光的色彩也应随之而变。其实,朗诵表演中眼神的效果不是"做"出来的,而主要是受着心理的支配,眼神的表现是心理状态的外化,把眼睛比作"心灵的窗户"是很有科学道理的。因此,朗诵者在台上应当保持兴奋、自信、坦诚、松弛的艺术创作心理,这样才会焕发眼之神采。

朗诵表演中,目光的投向和落点是有一定讲究的,一般情况下视线以观众席为轴心,达成一种交流感;视点可随着内容层次的转换而自然移动,但不宜频繁,幅度也要有所控制。有时候朗诵者的目光也可以超越观众区域,那一般是表示遐想、崇敬、向往、推测、寄托等情感或心理。有的朗诵者一张口目光要么下意识地向四处扫视,飘忽不定,要么僵直地盯着一处,"目不斜视",这些都要加以克服。在舞台上朗诵演出,由于台前面光的照射,朗诵者是看不见观众的,但要做到"目中无人,心中有人",目光照样要到达应到达的落点,与观众交流。

朗诵艺术创作中"视像"的运用须臾不可缺。视像,即朗诵者借助想象显现在大脑屏幕上的形象图景,在现场朗诵表演时,视像必然会外化为相应的视角、眼神,并辅以体姿、表情等元素,构成综合的态势形象。比方朗诵《沁园春·雪》,演员的内心视像中会出现"皑皑雪原"、"滔滔大河"等一系列的视像,反映到外部会是这样的表现:头微微上扬,目光专注于一个方向,神情怡然中见庄重……总之如临其境,如见其景,朗诵者的内心视像得到直观再现,并由此传导给观众,观众便被带进了一个个特定的情境之中。

在这综合的态势运用过程中,眼部动作起着主导引领的作用,一般来说,目光视线投向哪里,神情体姿便必然会有机应合,如影随形,相辅相成,可见眼部的态势运用还有更为积极的意义。

2. 头部动作

人的头部在语言表达中是十分灵活的,表意性也特别强,成语中

"摇头晃脑"、"低头哈腰"、"缩头缩脑"、"垂头丧气"等,就形象化地显示出了这一特点。

正因为这样,我们在朗诵时,对头部的动作要十分地敏感,细致地把握。例如上场后开口前,有经验的朗诵者会保持一个平正的头部姿态,同时面带微笑,传递出充分的自信感,观众便会报以热情的期待。在一些朗诵比赛场合我们不难看到,有的选手上场后头不敢抬,整个朗诵过程中头部僵持,一个姿势到底,这无疑是怯场、不自信的表现,给评委的第一印象就打了折扣,当然更关键的是影响到了朗诵的情感传播。

有的朗诵者平时养成了习惯性的头部姿势或动作,朗诵时自觉不自觉地表现了出来。比如扬头,这个动作在日常交际会话时容易给人高傲的感觉,如果朗诵张万舒的《黄山松》,或者陈然的《我的"自白"书》,扬起"高贵的头"合情合理;如果朗诵一首情切切、意绵绵的抒情诗,照样"气宇轩昂"般高扬着头,就难以让人接受了。有的人朗诵时习惯歪头,不是左就是右,很少摆正。这个动作包含的是疑惑、质询、教训、取笑、否定、抵触等基本信息,把这样一个充满异端情绪的视觉符号掺和进朗诵的语言表达,很有可能带来情感的隔膜,或者缺乏诚善之意,显然不合适。

3. 手部动作

手,是人体上最灵活的"部件",手势动作,慢说朗诵表演,日常交际中又何曾少得了。朗诵中手部动作的运用,原则上是为了补有声语言表达之不足,是有声语言的"助手",诗歌是一种言简意赅的文学样式,诗歌的朗诵一般也短小精悍,当"言不尽意"时,手势动作的巧妙配合就有了无可替代的辅助作用。它能补充语言传播的形象感,提示和提升作品的诗意内涵,拓展观众的视觉想象,强化朗诵表演的整体艺术感染力,真正达到"无声胜有声"的效果。

有一位艺术家,朗诵《谜语》这首诗,未曾开口,先抬起手臂伸出一个手指轻轻点了两三下,然后才开始:"有人有它,有人没有它;有它的人珍贵它、爱护它,真正的人不能没有它……"。这个扬手指点的动作,不仅有一种起始的引导作用,表示语言由此发端;而且有着指向的意味,它暗示"此言非比一般,值得关注"。这个动作就恰到好处地把观众的注意力集中了起来。在欣赏《乡愁》这首诗的朗诵时,我们多次看到,当最后一句"我在这头,大陆在那头"落音后,朗诵者向前扬起的手臂停留一会儿再缓缓收回;这个前伸的指向动作,先是把观众的视觉想象引向"海峡的彼岸",而后面的"定格"和缓收,则加深了"言已尽意无穷"的绵长情味。

手部态势有三"忌",一忌"随":动作要自然,但不能自然主义,随便比划,把生活中的习惯性动作搬到朗诵表演中,应当有所提炼,相对规范;二忌"套":动作不能俗套、程式化,避免刻板设计,图解内容,或者故作姿态,华而不实;三忌"滥":朗诵毕竟是语言的艺术,动作应当少而精,画龙点睛,恰如其分。

4. 身体动作

朗诵表演中,身体也有着独特的表意、表情作用,主要通过正、侧、俯、仰等角度变化来传达信息、辅助语言。比如对正反两种人进行语言刻画时,有时需要通过身体两个侧向角度的适当换转,来显示对比,烘托语意。再比如抒发豪情壮志之类的情怀,一般挺身并略后仰;表示亲近、急切等心理,身体略微前倾,等等。

在双人和多人朗诵中,身体姿势要做到整体的协调和呼应。以双人朗诵为例,身体姿势基本保持正面并立,而在内容演绎过程中,双方应当情思相通,一脉相连:一方在倾情表述,尤其内容关涉交流时,另一方有动于衷,身体自然微微内侧,予以接应。别小看这一小小的动作,却增加了意蕴情味和表现力。如果朗诵《四月的纪念》这样的对话性作品,言来语去,有一定的情节贯穿,朗诵者身体姿势的适度内侧呼应,不仅是为了求得整体感,更增添了一种情景象征的色彩。

以上分别探讨了朗诵中眼、头、手、身四种态势动作运用的基本特点和作用。其实,在现场朗诵表演中,态势动作都有着关联性,一般都是综合运用的,其中眼是唯一直接传情的"窗口",手到、身到,离不开眼到,眼神的掌握运用对朗诵者来说头等重要。当然,其他态势动作的准确运用,也是一名优秀朗诵者必须娴熟掌握的基本功。有一点必须说明,我们不主张程式化地设计和运用态势动作,但提倡在作品的准备中,结合各种态势元素的使用进行综合构思,使我们的朗诵艺术视听俱佳,尽善尽美。

四、仪表与朗诵

朗诵者的仪表,主要涉及服装和化妆,这要根据不同的情境区别对待。大型的朗诵演出,服装的定位,要经过导演的构思和设计。

服装的基本要求是:整洁、得体、端雅、大方。具体着装的选择,首先应参考朗诵作品的主题内容、艺术风格、表演环境等因素。比如,主题凝重、庄严,可考虑着正装;生活色彩较浓,服装不妨相对休闲些。如果作品在题材、角度、形式等方面有特别的规定性,比如《母子对话》之类,则可适当体现作品人物的个性色彩。环境条件对服装也有相对的选择性,如果是正规的舞台演出,一般着正装,女声甚至可以华贵些;如果是小型的、非正规的演出场地、非正规的朗诵演出,着装可以相对轻松自由些。

服装的样式和色彩,有时候可以起到烘托诗意的作用。比如《纪念一朵死去的小花》,这首诗似是写花,又像写人,总之是悼念一种病弱之美的逝去,基调凄婉痛楚。如果女声朗诵,似可穿一袭素白长裙,飘逸优雅,符合这首诗的抒情节奏,也以白色衬托主体基调,渲染情感气氛,可以达到较高的审美意境。

有时候朗诵演员的着装,还要考虑舞台的整体视觉效果,服装的色彩应当和天幕背景相协调,一般要形成合理的对比反差,以相互衬托;尤其是大型集体朗诵,几十人统一的服装,决定着舞台的基本色调气氛,颜色上必须精心选择,达到舞美要求。

我们看到在一些大中学生参加的朗诵比赛中,相当多的选手忽略着装问题,自始至终一身日常的休闲装,一双普通的旅游鞋,男生女生皆然。我们不反对这种"本色"化的着装理念;问题是在比赛的"语境"下着休闲装显得松垮,不太合乎时宜。从心理上说,服装不得体、不合时,有时会影响着装者的自信力。当然更重要的是,无论是表演性还是比赛性的朗诵,随意的着装有损形体风貌、精神气质,最终影响表演的整体效果。

再说化妆。如果是一般的沙龙式或小型会场的朗诵会,不一定进行舞台化妆;如果是剧场式的大型朗诵会,应当根据舞台灯光的情况统一化妆。朗诵会的化妆不宜过浓,否则会失去朴实和真切。

服装也好,化妆也好,在某种程度上体现对观众的礼待,这是朗诵者艺术修养的一种反映,不能等闲视之。

五、背诵与读诵

现场朗诵原则上应该脱稿,即背诵。背诵的效果至少有三:一是有利于表情的交流,它可以解放眼睛,用以传情;二是便于态势动作的发挥,手持诗稿的朗诵,至多是一位"独臂将军",手势动作受到掣肘;三是便于现场的把控,在脱稿的状态下,现场反馈尽收眼底,甚至明察秋毫,有经验的朗诵者可以随机应变,捕捉现场信息,及时作出反应,即兴发挥。总之,脱稿朗诵具有主动性和融合性,使朗诵者与作品、观众,三者形成一个统一的整体。

因此,有经验的朗诵艺术家们十分强调脱稿朗诵,孙道临先生就经常向周围的朗诵者说明脱稿朗诵的必要性,并身体力行,"在向往崇高"朗诵会上,这位年过八旬的老艺术家还背诵了古典长诗白居易的《琵琶行》。

然而,在朗诵会以及其他各类朗诵活动中,我们时常看到朗诵者持稿而诵,我们姑且把这叫做"读诵"。那么,"读诵"容许不容许存在呢?我们认为不能将这种朗诵方式一概排除在外,因为客观上人们离不开这种朗诵方式,特别是在时间紧任务重的情况下。

辩证地看,"读诵"有它的合理性。朗诵是否脱稿,辨别的依据首先来自听者的视觉;但如果将朗诵置于无视觉的环境中,有稿与否就无从说起了。事实恰好是这样的:对深有造诣的艺术家来说,手中无稿往往更洒脱自如,有益于创作发挥,效果见好;而对一般的朗诵者尤其初学者来说,"手中有稿心中不慌",反之则得失难料。在这种情况下,去分辩和追究是否脱稿就没有实际意义了。这就告诉我们,"读诵"问题不能一概而论,应当具体情况具体对待。

那么允不允许让"读诵"的方式"登大雅之堂",出现在正规的大型朗诵会舞台上呢?毫无疑问我们不予提倡,相信任何导演都希望朗诵演员能脱稿。问题是当不得不"读诵"的时候,我们又怎样看待这一现象呢。我们认为,不妨放宽点儿审视的尺度,因为任何艺术都不可能求得完全一致的效果。可以拿音乐会来作对比:我们看到,即便世界三大男高音之王,在高规格的音乐盛会上,也面对着谱架演唱,相信人们也都明白,如果撤去那道"障碍"——谱架,歌王们可以更见潇洒,与观众的声情交流可以更显融通,然而却从未听到过观众对此有任何微辞,看来,关键还是艺术家用实力去征服观众的心。

同时,我们也不难观察到,对于"看谱",歌王们是有一定原则的:歌曲已然成竹在胸,用谱并非临时抱佛脚,歌谱只是备件而不依赖,即便看谱也是一目十行;演唱中并不受歌谱的羁绊,依然心向观众,神采飞扬,声情并茂,张弛裕如……

这不正是我们"读诵"时应有的借鉴吗?

附作品

乡 愁

余光中

小时候
乡愁是一枚小小的邮票
我在这头
母亲在那头

长大后
乡愁是一张窄窄的船票
我在这头
新娘在那头

后来呵
乡愁是一方矮矮的坟墓
我在外头
母亲在里头

而现在
乡愁是一湾浅浅的海峡
我在这头
大陆在那头

我 爱 这 土 地

艾 青

假如我是一只鸟，
我也应该用嘶哑的喉咙歌唱：
这被暴风雨所打击着的土地，
这永远汹涌着我们的悲愤的河流，
这无止息地吹刮着的激怒的风，
和那来自林间的无比温柔的黎明……
——然后我死了，
连羽毛也腐烂在土地里面。

为什么我的眼里常含泪水？
因为我对这土地爱得深沉……

第十八讲　诗朗诵的配乐

美国诗人朗费罗说"音乐是人类共同的语言"。

诗歌及其朗诵,和音乐"本是同根生"。如果我们祖先劳动时的"哼哟、哼哟"就是最早的音乐的语言,那么,抑扬顿挫的诗歌朗诵又何尝不是语言的音乐呢?真情的朗诵和美妙的音乐合璧,必然创造出神奇无比的人间天籁。

一、朗诵配乐的意义

如同一件中国画艺术品的创制:朗诵只是构图、设色、水墨皴染勾勒;而音乐的配衬便是托裱、装框,最终成为一个完满的艺术整体。

在现代的审美需求下,也许,朗诵一首诗没有配乐还不至影响效果;但不敢设想,一场朗诵会离了音乐将会是什么样的感觉。音乐对朗诵起到的是烘云托月、推波助澜、锦上添花的作用,具体表现在以下四个方面。

1. 渲染气氛,强化情感

陆游在《鹧鸪天》里有"情到言语难传恨,不似琵琶道得真"的诗句,恰好强调说明了音乐在抒情方面独有的感染作用。当诗歌诉诸朗诵,如果朗诵者声情并茂的语言表达能打十分的话,那么再加上音乐的配衬,便够上了"十二分",也就达到了"言语难传"的效果。在一次由海外留学生组织的朗诵会上,有一位演员朗诵了一首描写知青重返阔别二十多年的北大荒的诗,小提琴现场演奏配乐。当委婉深情的旋律缓缓响起,便把人们带进了遥远而清晰的"蹉跎岁月",朗诵者刚一开口,便迎来一片掌声,不少人热泪夺眶而出。音乐对诗歌的动情作用在这里可见一斑,它"从男人心中烧出火来,从女人眼中带出泪来"(贝多芬),它能将凝结在作品中、抒发在言语里的浓浓情愫,进一步弥漫开来,渗透到听觉和心灵的每一个空间。

2. 深化主题,升华意境

为诗歌配乐的素材,有的是无标题音乐,有的是主题乐曲,在可能的情况下,用与诗歌同一主题的音乐作品来配乐,由于风格内涵与朗诵作品高度吻合,不仅会减少装饰感,增强融合度,而且在主题的刻画和深化、意境的打造和提升上,产生鲜明的效果。如果这首歌曲的旋律为人们所熟悉的话,那么更能对主题的演绎起到推波助澜的作用。在一次朗诵会上,有一首余光中的《乡愁》,现场钢琴配乐,弹奏的是男中音歌曲《月之故乡》的旋律。这段"中速稍慢"的旋律,与《乡愁》朗诵的语言节奏极其合拍,加上演奏者对诗意的领悟,音符紧随着语言在指尖自如地流动,朗诵与音乐旋律相呼相应,把思乡的主题演绎得淋漓尽致。

3. 衬托层次,增强节奏

理想的诗歌配乐,往往不是一段乐曲和若干诗行的简单叠加,从头至尾一气到底,而是融入朗诵表达的创作设计,可以为内容层次的起承转合、语言节奏的抑扬顿挫作恰到好处的铺垫和补充。比如,《有赠》这首诗的朗诵,第一小节的五句"我是从感情的沙漠上来的旅客/我饥渴、劳累、困顿/我远远地就看见你窗前的光亮/它在招引着我/我的生命的灯",音乐可以不出现,"我的生命的灯"落音之后音乐才缓缓而起,这样,第一段就有了一种故事引子的作用,而音乐起处,便意味着叙述的展开,层次得到了展现。再比如朗诵《中国人,不跪的人》,这首诗比较长,一般朗诵下来在八分钟左右,内容起伏也比较大,如果音乐一贯而终,有可能会产生"平铺直叙"的感觉,有必要在有关段落作间断使用的处理,如"李大钊不会下跪"到"已成为人间永不凋谢的红梅"和"在这里,我的诗眼前一亮"到"不在沉默中站出,就在沉默中下跪"这两大部分,叙述性比较强,可以略去音乐,增加凝重感。然后再以音乐引启并衬托下面富有抒情色彩的内容,这样,整首诗有了鲜明的音色变化,内容结构层次也得到了突出,丰富了整体的节奏感。

4. 激发语感,鼓荡激情

这是从朗诵创作的角度说的。精到贴切的音乐陪衬,不仅仅作用于欣赏者,同时也直接影响着朗诵者,它能使朗诵者的语言表达得到一种情绪上的依托,引动朗诵表达的兴奋感和创作力。有时候,所用的乐曲本身就具有鲜明的表意性和形象色彩,这样的乐曲还能有效激活朗诵创作中的形象思维,使朗诵者获得巨大的感性力量。如上述《乡愁》朗诵的配乐,那《月之故乡》旋律中"天上一个月亮,水里一个月亮,天上的月亮在水里,水里的月亮在天上"的画面意境,足以唤起朗诵者形象而丰满的视像感受。

二、配乐设计

诗歌朗诵配乐,严格地说,是一个创作的过程。朗诵作品确定之后,配乐者必须先吃透作品的思想内容、艺术风格、语言特色,以及朗诵者的朗诵处理手法等基本要素,然后展开音乐表现的创意、构思。

一般说来,朗诵配乐有三种不同的艺术层次:

1. 铺垫式配乐

选取基调、风格、色彩等大致与朗诵作品相适应的乐曲一配到底,仅作为朗诵语言的音乐烘托或点缀，如同绘画中的素描淡彩。这种配乐是较粗线条、浅层次的，音乐的色彩很平面，与语言并不达到交流和交融的关系，只是起到在一定程度上衬托语言、美化或丰富听觉的效果。

2. 编辑式配乐

完全根据朗诵作品的特点进行配乐构思，虽是从一首或多首现成的音乐素材中选取乐段，但紧扣作品精心剪裁编配，然后形成一个与朗诵作品相辅相成的独立的单曲或组曲。经过这样加工形成的乐曲，与朗诵作品有着一定的对应性，音乐与语言基本融为一体，有着鲜明的艺术立体感，往往成为某一具体朗诵作品的专用。

3. 创作式配乐

为朗诵作品度身定做，从无到有地创作出相关的音乐作品，这无疑是最高层次的配乐，它可以做到精益求精、臻善臻美，朗诵和音乐合而为一，成为一个完美的艺术整体。

上述三种配乐方式，用途和效果各不相同。铺垫式配乐简便易行，但也难免粗糙，适宜于一般自娱自乐或非正规的小型演出运用；创作式配乐固然精制完美，但完成周期长，成本投入高，非一般演出所能承受；从实际可能性看，编辑式配乐实用性比较强，适用面比较广。

编辑式配乐需要考虑以下三个问题：

一是用什么乐曲配。朗诵表演中，音乐绝对服从和服务于语言表达的需要。乐曲的调型、情绪、色彩必须与朗诵作品总体上基本对应，两者应该是"如影随形"的关系，虽然"影"与"形"在"相随"过程中并非绝对一致，但决不会相游离。这就要求配乐者占有丰富的音乐素材；同时更重要的是对诗歌作品的准确理解，让音乐能真正地与作品的灵魂相呼应。

当然，音乐总比文字相对地抽象，并且它在朗诵创作中是第二位的元素，因此，朗诵的配乐，不必要也不可能像朗诵本身那样具象化地表情达意,它遵循的是"神似"的创作原则。除了大量无标题音乐作品经常用作配乐之外,还有不少由歌曲改编的器乐曲都具有主题性,可以在配乐中发挥很好的作用,但在使用时必须把握好乐曲的风格特性,不可信手拈来,随意往诗作上"贴"。有时主题过于鲜明又为人所熟悉的作品也要慎用,如钢琴协奏曲《黄河颂》、交响乐《红旗颂》等,人们耳熟能详,乐曲的个性形象很突出,应当用在主题、基调、气势等总体上都较吻合的朗诵作品上,否则会显得不协调。我们常常看到在一些朗诵会上,每每涉及"社会主旋律"的诗作,便不由分说套用《红旗颂》的乐曲,结果有的喧宾夺主,有的缺乏和谐度。同时一曲多用、千篇一律,也没了新鲜感。

朗诵以江河湖海、风雨雷电等自然景物为题的作品时,可以适当在乐曲中加入拟声效果,画龙点睛,来增强配乐的生动性;但声效的使用不应过滥,更要适情适意、切景切物,而不是图解附会。

二是用什么器乐配。音乐的形象是千姿百态的,而不同的乐器奏出的音色和风格大相径庭。举例来说,中国古老的乐器埙,无论如何也不足以与欢悦的情调相匹配。乐器之间客观差异的存在,使得不同的朗诵作品,对同曲异器的音乐,会有不同的适应需要。比如《再别康桥》,同是一段柔美的抒情曲,似乎小提琴曲和钢琴曲都适用,但相比较而言,提琴曲似乎更细腻委婉些。《雨巷》的配乐,用排箫也许又比小提琴传神些,因为排箫的音色相对更多一点空灵朦胧之美,更合乎诗作的意境。

还要注意乐曲中的配器。有的乐曲调式、情绪、色彩都与朗诵作品相适应,但配器上却存在不和谐因素,就要多加斟酌了。比如一段抒情乐曲,配一首自由纯情诗,本来无可厚非,但乐曲中加入了强节奏的架子鼓等打击乐,显得与作品的内在情感节奏和气韵相抵触,就会受到作品的排斥。

三是用什么形式配。就朗诵会而言,配乐的形式不外乎两种,一种是音响资料配乐,一种是现场演奏配乐。排除物质条件的因素,配乐形式的取舍,要从作品的艺术表现需要以及朗诵会的整体效果出发。比如:政治抒情长诗《邓小平之歌》大型朗诵会,整场以交响乐团演奏配乐。这一阵容和声势与主题和内容十分吻合;另一场在上海大剧院举办的"'悠悠我心'——古今中外爱情诗经典作品朗诵会",朗诵表演有集体、双人、单人等多种形式,舞台表现也丰富多变,配乐上采用了小乐队、独奏、音响录音等多种乐源,却没有用大乐队作现场演奏,尽管上海大剧院的舞台空间较大。这是因为导演从朗诵会特定的主题内容出发,注重作品内涵和意境的表现,因此,在音乐设计上追求丰富细腻的色彩,并辅以适当的情景烘托,从而收到了蕴藉而多姿的艺术效果。赵丽宏的抒情长诗《沧桑之城》朗诵会,则全部以音带配乐。洋洋八个篇章,近120分钟,展示上海的世纪巨变,八位艺术家声情并茂、如诵如述,在上海图书馆报告厅这样的独特空间和语境中,这种配乐形式,适当地淡化了音乐的直观性,而突出了语言自身的表述功能,这种白描式的配乐,恰到好处地凸现出凝重、质朴和深沉的效果。

从上述探讨中还可以体会到,现场演奏配乐的设计,应当融入朗诵会的整体效果包括舞美设计。配乐形式的讲究已不单单是听觉的需要,还兼有视觉的需要。

三、配乐技巧

1. 配乐的发挥和创新

朗诵配乐的至高境界,应该是借音乐的力量超越语言表现的本体,而产生全新的审美效应,这就需要配乐者在配乐构思上"更上一层楼",加以创造性的发挥。

比如现场演奏配乐,不妨把乐曲及其演奏融入作品的朗诵表演。

在某次朗诵会上，以一把大提琴来为曾卓的《有赠》配乐，舞台的两端以两束追光规定朗诵者和演奏者的表演区域。在整个朗诵过程中，朗诵者以配乐的光区为视像中的倾诉对象即作品中的"你"，并随着诗意情境目光有所"交流"，而演奏者的身心也始终沉浸在同一诗境氛围之中，神情目光遥相呼应。朗诵和配乐共系一弦、同声相求，情思悠悠，意韵飞飏，艺术感染力倍增。

配乐的形式也可以大胆创新，比如某次朗诵会，有一个歌颂英模的集体朗诵，担任朗诵的是一支合唱队，当领诵进入高潮部分时，集体合诵转而用无歌词哼唱的形式来"配乐"，这一人声旋律的介入，充满庄严神圣的抒情意味，使作品主题得到有力的渲染。

2. 音乐的灵活运用

在音带配乐中不乏这样的情况：乐曲与朗诵作品十分相称，甚至天衣无缝，几近"度身定做"，却偏偏乐短于诗。遇到这种情况，可以随机应变，根据诗歌作品的内容，从中挑一个或者几个段落作音乐"留白"处理，这样，音乐素材的使用就不会捉襟见肘了。

其实，音乐"留白"不止是无可奈何的偶一为之，它是一种配乐的艺术手段，它具有很重要的积极意义，尤其为较长篇幅的作品配乐，巧加音乐"留白"，可以在语言和音乐的分合错落之中丰富整体表现力，增强张弛跌宕的效果。所以说，别具匠心的"留白"实际上是"无声胜有声"。

有的作品本身受题材或篇幅条件的限制，难以为之配乐，如讽喻性、哲理性的短诗，往往寥寥数行，有时很难有相应的现成音乐素材，如有可能，不妨以现场即兴演奏来配乐最为妥当，尤其是适应性较强的钢琴弹奏。比如《"人"这个字》"听书法家说/书道之深着实莫测/历代的权贵们/为着装点门面/大多喜欢弄点文墨/附庸风雅/他们把'功'、'名'、'利'、'禄'几个字/练得龙飞凤舞/而那个最简单的'人'字/却写得缺骨少肉/歪歪斜斜"。朗诵这首诗大约只需四十秒左右，选取一段合乎诗意风格的乐曲无疑有难度，如以钢琴来配，便可以随诗赋曲，自由发挥。但如不具备这一配乐条件，则宁缺毋滥，不可勉为其难。其实，在一场朗诵会中，给那么一两首这类题材的短诗"留白"，无关宏旨，更无伤大雅，有时反而产生浓淡有变的效果。当然这也应当成为精心构思编排的产物。

我们提倡朗诵配乐的创新和发挥，并不主张脱离朗诵具体实际的标新立异，配乐为朗诵服务这个原则是不容动摇的，配乐者的配乐构思要服从朗诵者的意愿。有时候，尽管音乐设计合理有方，却因朗诵者对这段乐曲的不适应，就只能忍痛舍去。在某场朗诵会的排练中有这么一段插曲：身为资深音乐人的配乐者，从大量音乐素材中煞费苦心地精挑细选，为毛泽东的词《满江红·和郭沫若同志》配乐，合成后的配乐曲不仅贴切，而且有新意。然而，在担任朗诵的一位老艺术家听来，却有着一种排斥感，很难进入作品的朗诵，不得已，配乐者立即进行调整处理，直至朗诵者满意。

由此可见，朗诵会的排练合乐必不可少。

3. 音响技术的把控

为诗歌朗诵配乐，特别是音带配乐，在操作上涉及技术方面的基本问题，有两点务必注意。

一是要注意音量比例，总的说来音乐宜轻不宜重，要防止喧宾夺主。一般来说，配乐者应当在音量对比监控之下进行操作，而在朗诵过程中，应当一刻不离音量控制部件，根据朗诵者表情达意时声音强弱收放的变化，对音量进行细致入微的随机调节。从这意义上说，这个环节是技术和艺术的结合点。

二是要讲究音乐的起止自然，一般采用"渐入"和"渐隐"，即音乐起时由弱渐强，音乐收时由强减弱，避免訇然而起，戛然而止。一般音乐起于朗诵语言之前，止于朗诵语言结束之后，并且往往先扬后抑，然后渐渐隐去,给人饶有余味的感觉。

　　音乐的技术把控直接关系着朗诵表演的得失成败,音量超大和放音突兀,是朗诵配乐中破坏创作情绪、干扰语言表达的两种"常见病"、"多发病",要谨防严禁,一般情况下,这样的"病情"不该出现在合乐试音之后。

附作品

毛泽东的书法

季振邦

自古以来
横、竖、点、折等笔形，
组成了多少瑰宝。
但，纵然笔走龙蛇，
在他的作品面前，
也不过是泥鳅几尾
蚯蚓数条。

井冈山云遮雾罩
是他笔下最高的一竖。
最长的一横
则比秦始皇的长城还长
有两万五千里之遥。

当他被北国风光所动的时候
便欣然命笔，
既折潇洒恣肆的笔锋
也折英雄不屈的腰。
而他最喜欢的
大概要数钟山风雨了，
砚池里千帆竞发

腕底下百万狂飙。

激情骤起时,化笔为剑
将莽昆仑裁为三截——
他酷爱平等
不许它太高!
当然,有时也有雅兴——
面对窗外雪落无声银装素裹
他随意洒落几个墨点,
点成朵朵梅花
在丛中笑……

毫无疑问,他是
那个时候最伟大的书法家!
笔尖吞吐的
是大气磅礴的时代潮,
让多少震古铄金的皇皇巨著
都为此而失去风骚!

他用两支得心应手的笔书写:
一支是三寸笔杆
一支是五尺枪杆。
他按两本不朽的帖临摹:
一本是德国大胡子给的
一本是中国自己的祖传。
这里,也许有他书法艺术
旷古未有的奥妙。

他没有开过任何书法展览

却有着最多的观众——
那一年的十月一日，
全世界在看黄皮肤的中国人
昂首站立起来，
为他的大手笔
欢呼、叫好！

你 的 名 字

陆　澄

这是一个领袖的名字吗，
怎么这么普通？
普通得就像平民百姓；
这是一个伟大生命的符号吗，
为何如此简朴？
简朴得谁都可以直呼其名——
小平！小平！

我听到
小岗的村民们叫着这个名字，
久旱的田野上春雷轰鸣；
我听到
北大的学子们喊着这个名字，
知识的荒漠里春潮滚滚；
我听到

　第十八讲　诗朗诵的配乐

紫荆花丛中奔放着这个名字，
那是神州万里的山呼海应；
我听到
《春天的故事》里嘹亮着这个名字，
那是历史长河奔腾的涛声——
小平！小平！

古往今来，
人们总以名字为生命图腾——
有的人，
给名字嵌玉镶金，
却金玉其外，败絮其中；
有的人，
名字无光无彩，
却神形兼备，掷地有声。
有的人，
给名字披红戴绿，
却行尸走肉，落一世骂名；
有的人，
名字如微风细雨，
却润物无声，永世清明——
小平！小平！

你喜欢这个"小"字——
你"小"得像颗螺丝钉，
在中国革命的巨轮上
始终挺直，站稳；
你被人称为"中国的小个子"，
在人民群众中

从不出人头地，鹤立鸡群；
你在祖国的大家庭里
甘当一名小卒，
为百姓尽一份孝心。
你更在乎一个"平"字，
胸脯挺得那样平直，
步子迈得何等平稳；
笑容里充满平和，
神情中饱含平静。
你指挥千军万马
举重若轻；
你拨乱反正搞改革
成竹在胸；
你三落三起几经厄运，
却那样坦然从容；
你为国为民屡建功勋，
却这般气闲神定。
你是一座洪钟，大音稀声，
你是一棵巨松，大象无形——
小平！小平！

啊！
我终于读懂了你的名字，
你的名字与伟大同义，
你的名字是神圣的见证。
我愿千遍万遍地呼唤你——
小平！小平！！小平！！！

第十八讲　诗朗诵的配乐

第十九讲　朗诵会的策划

　　诗歌作品的传播,有两种方式:书面的和口头的,朗诵会是一种口头的大众传播方式和渠道。朗诵会深得大众喜爱,尽管文化多元,雅俗并存,但朗诵会,尤其诗歌朗诵会始终魅力不减,风情依旧,并随着时代的发展而发展着。

一、朗诵会类型

　　在内容上,当下的朗诵会大致可以归纳成三种类型:欣赏性朗诵会、专题性朗诵会和竞赛性朗诵会。

　　1. 欣赏性朗诵会

　　这类朗诵会一般以脍炙人口、喜闻乐听的名篇佳作为内容,突出作品的文学价值和艺术性、欣赏性,主题不限,给听众观众以语言美、诗意美的听觉和情感享受。

　　根据需要,选材范围可以扩大,不一定非要"名篇",但必须是"佳作",只要具备可欣赏和可表达性的条件就有理由入选。反之,不符合这两项基本条件的,即便"名篇佳作",也要慎选。朗诵会作为一种作品的"口头发表"和有声传播形式,有必要承担起推介新人新作的义务,为诗歌的创作和诗人的发展铺好路、搭好桥。

2. 专题性朗诵会

这类朗诵会以某一主题统摄作品内容。从传播目的和作用看,具体包括:配合政府的各项中心工作或根据社会时政需要而举办的宣教性专题朗诵会、为重大的节假日或特定的纪念日所举办的纪念性专题朗诵会、为展示诗人创作成果或朗诵艺术家风采的个人作品专场朗诵会等。

这类朗诵会,尤其是前两类,虽有着主题的规定,但还是要服从传播的基本原则,应当对作品的艺术性和听众观众的审美需求予以足够的重视,否则也难以真正达到传颂、激励的社会效应。

3. 竞赛性朗诵会

这类朗诵会其实是将"欣赏性朗诵会"和一项朗诵比赛(一般为决赛)的流程套合在一起构成的,也就是将比赛的有关规则程序和朗诵演出的基本要素融为一体,选手即演员,整个朗诵会既有角逐的气氛,又不乏品赏的趣味。这样的朗诵会,对观众来说,比一般的朗诵会多一份才艺竞技的"看点";对朗诵者来说,则可能增加一定的紧张感,因此,这类朗诵会往往要从现场演出的整体效果出发,在一些环节上严格把关,比如表演者即参赛选手的辅导、服装形象的设计、演出流程的演练等等,同时应当要求选手树立顾全大局的意识。

以上是就朗诵会的总体特征而分的类,从朗诵的本质意义和要求来说,"欣赏性"是任何朗诵会都必须具备的要素,这是一个基本出发点,只是有的朗诵会以"欣赏性"为前提而淡化了其他的一些要素而已。

朗诵会从形式上,大体可以归纳成三大类型:舞台演出式、沙龙聚会式、媒体传播式。

1. 舞台演出式

一般在较正规的具有演出条件的室内场地举行,如剧场、演讲报告厅、大型会场等，观众少则数百人，多则逾千人。这类朗诵会，节目按正规演出编排，舞台设计可简可繁，视场地条件而定。

如在正规剧场举行，有必要做好舞美、灯光以及其他表演元素的配置，朗诵者要化妆演出。较大的舞台，还需有一定阵容的保障，在一般情况下，朗诵会以中小剧场为宜。这类朗诵会演出环节较齐全，成本也相对较高。同样是完整的一台朗诵节目，如果在中小型的演讲厅、会议厅等场地演出，舞美等环节可以简化，成本相对较低，同时这样的空间，客观上较有利于朗诵者与观众之间的交流互动。

2. 沙龙聚会式

顾名思义，这种朗诵会有别于正规演出，规模小，多则百十人，少则三五十，场地要求不高，轻表演，重交流，朗诵者和观众同处一个区域，特别便于互动，是一种普及诗歌文化和朗诵艺术的很好的形式。这种形式简便易行，对内容的适应性又强，很值得在社会上推广，也颇有群众基础。

这些年，随着娱乐情趣的提高和对诗歌文化的日趋崇尚，各种样式的沙龙朗诵活动层出不穷。上海有位诗人在个人的一套公寓里创办了一家"诗院"，来自全国各地以及海外的诗人常在这里举办诗歌研讨、交流和朗诵活动，以诗会友，以诵助兴，其乐无穷。广东一位女诗人为自己举办了一场婚礼朗诵会，出席者除了新人双方亲朋外，还有一批来自全国各地的朗诵艺术爱好者，他们在婚礼上声情并茂地以诗为新郎新娘祝福，俭朴热烈，意味深长，令人陶醉。一对年轻时就爱上朗诵艺术的旅美华人夫妇适逢七十寿辰，他们的子女家人特意邀集百余宾朋，在上海一家饭店的大厅里举办了一场隆重的朗诵庆典，亲友同好争相为他们朗诵祝贺，两位寿星更是同声相应，引吭高诵，尽情表达出生命的绚丽和生活的多姿。可以想见，这种充满活力的沙龙式朗诵活动，必将日益深入人心，成为群众文化生活的一道新景。

3. 媒体传播式

这里是指在广播、电视、网络等大众传媒上举办的朗诵会。诗歌，在媒体上朗诵，声音海阔天空，张力无限。

在视听媒体中，广播和网络的朗诵会显示出足够的优势，一是制作成本低，二是运作简便，三是传播灵活，具有直播优势。尤其是网络传媒，视听兼备，图文并茂，并能"让时间倒流"。好作品、好朗诵给你无限量重温过去岁月的可能。因此，这些年来，网上朗诵活动日趋红火，海内外越来越多的朗诵爱好者被吸引在了各个朗诵网站周围，北京、上海等地的一批朗诵艺术家和语言艺术专业工作者，也积极支持、热情参与，网络朗诵会的前景十分美好。

以上大致归纳了目前各种朗诵会的类型。朗诵会的组织、策划者对朗诵会类型的选择，一般侧重于形式类型，而内容类型往往有着一定的先决性。形式类型的取舍，应当将两个基本问题加以综合考虑，即实际的需要和实现的可能。

朗诵会，不同的形式会产生不同的效应，不同效应的体现依靠各种条件和因素的支撑，这当中，起作用的不仅是客观外在的物质"硬件"，也在于创意、构思等策划的"软件"，策划者的创造性思维应当发挥根本的作用。因此，朗诵会形式的确立，不能简单地"对号入座"。从理论上说，任何一种形式本身无所谓好与不好，最多只是适合不适合，策划者的责任就是恰如其分、恰到好处地运用好某种形式，做到尽其所长，避其所短。关键是要根据主办者的具体情况，"量体裁衣"、"度身定做"，这样才能以形式取胜，真正体现形式的作用和价值。就好比摆酒待客，有时候未必豪宴盛席才有滋味，家常小吃也往往能让人齿颊留香。

二、诗作的选择

作品是朗诵会的灵魂和朗诵创作之本。诗歌朗诵会作品的来源不外乎原创和选用两种渠道,无论哪种取材方式,都应遵循以下几个基本原则。

1. 切合题旨要义

如前所说,任何一场诗歌朗诵会都有一个基本主题的规定,所有作品从总体上要支撑起这一主题而不应游离脱节。作品的选择体现着策划者的思想水平、文学修养、艺术观念和审美情趣,它集中反映出对朗诵会主旨题意的认识水平和把握能力。理想的内容架构,往往是在主题这根红线的贯穿之下,使作品题材的外延具有一定的张力,而并非束缚于一种狭隘的理解范围,这样,整台朗诵会的内容就会丰满充实,对主旨题意的演绎也必然深刻、完满。

以上海举办的"不朽的信念,光辉的七一——庆祝中国共产党建党八十四周年诗歌朗诵会"为例,它的内容构成是这样的:有直接歌颂党的七一诞辰的,如《写在一大会址》、《七月,请不要忘记》、《七一抒怀》等;有歌颂党的好儿女的,如《一个公安局长的人生片断》(赞美任长霞)、《特殊材料之歌》等;有歌颂党的领袖的,如《毛泽东的书法》、《不再怕》(歌颂邓小平)等;有歌颂党的光荣传统的,如《沂蒙山颂》、《历史的窗口》等;有歌颂革命先烈的,如《爱情的故事》等;有歌颂党的凝聚力的,如《〈黄河大合唱〉随想》等。这样,作品题材从多侧面多角度展开,较全面地讴歌了党的光荣历程和丰功伟绩,如果作品内容仅局限于"抒怀"这一主题上,就显得单薄而单调,艺术表现上也必定会缺乏丰富性和生动性。再比如上海图书馆举办的《"四月的纪念"爱情诗朗诵会》,同是以爱情为主题的作品,却有着不同的角度,其中既有冯至的《我是一条小河》、余光中的《等你,在雨中》这样的青春型纯情诗,也有满锐的《爱情》、舒婷的《致橡树》等哲理性的爱情诗;既有曾卓的《有赠》等展示人世沧桑的爱情题材,也有唐欣的《中国爱情的最高方式》、叶芝的《当我们老了》等赞美"夕阳"之爱的篇章。爱情的主题在这里被诠释得全面而透辟，在艺术的伴随之中，一种理性美得到了充分的体现。

2. 语言形象上口

好的诗未必是理想的朗诵诗，作为口头艺术样式的朗诵，要求作品的语言明白晓畅，句式短小活泼；同时要有具象感，而忌讳空洞抽象。策划者要为朗诵者承担作品质量的保障，这不仅是为了朗诵会的艺术效果，也体现出对艺术创造者的尊重。

3. 篇幅长短相宜

从整体上考虑，朗诵会诗歌作品的长度要有所控制。一般长度在三五分钟到七八分钟，作品过长，又没有足够的精彩致胜的因素作保障，就容易松垮、疲沓。而过短，又不便朗诵者的发挥，而且舞台调度也会不平衡。如果遇到超长或超短的作品，则应加以技巧性处理。如过长可作删节，或在艺术表现手段上下工夫；如过短，可集零为整，将几首作品有创意地"打包"编组，有的还可以通过反复等处理手段来加长朗诵的篇幅。

4. 有助二度创作

朗诵会的作品，除了必须具有可诵性之外，还要兼顾可再创作性这一特点，给朗诵者提供一定的发挥空间。因此，作品的选择应当伴随着节目构思的理念，在完全积极主动的状态下进行，以服从整体构思的需要为原则。

作品与朗诵者条件的适切对应是不容忽视的一个问题，在《作品的选择》这一讲里曾涉及了这个问题，那是就作品自我选择的角度而言的，只要做到"知己"就行了；而从策划者方面来说，不仅要让作品和朗诵者各得其所，还要使之符合朗诵会整体框架设计的要求，这就要在"知彼"上下工夫。这一问题下面将深入探讨。

总之，一首朗诵作品的选择往往牵一发动全身，有时候甚至连表演形式、舞美因素等都需要同时兼顾到。朗诵会的作品,应当经过综合考虑、全盘构思而产生。

三、节目的构思

诗歌作品的选定,只是为朗诵会提供了"原材料",要使它成为"节目",还需经过精心周密的构思加工,这也就是策划过程中的作品二度创作。这当中包括两个环节,一是诗歌作品本体的处理和表现,二是在诗歌作品本体基础上辅以其他艺术元素,对作品进行"艺术包装"。

就诗作本体节目化而言,要考虑以下三个因素:

1. 在整体中突出个体

一台朗诵会,是一个整体,每一个节目都是其中的有机组成部分,是为整体效果而存在的。一般说来,一台诗歌朗诵会,尤其是大型的诗歌朗诵会,应追求节目形式的多样变化,给视觉、听觉以优美丰富的审美享受。为此,难免要根据整台节目的结构需要,对现成的文字作品进行节目形式的规定性特殊处理,比如,原本属于单人朗诵的,加工改变成双人、多人甚至集体朗诵,这样就可以避免节目形式的单一性,节目与节目之间就有了"形体"上的多样化。当然这还不够,对每一个作品还应在语言表达的层面精加工,比如双人朗诵中的复诵、轮诵;集体朗诵中的领诵、齐诵、合诵等。经过这番加工,朗诵会必将多姿多彩,满台生辉。

在艺术包装上同样要注重整体效果,尤其音乐这一元素的运用,要在乐曲、乐器的选择和配乐形式的设计上,尽力体现创作的艺术匠心。具体要求在《朗诵的配乐》一讲里已有探讨,这里不再赘述。

在大型朗诵会上也多有配舞的,舞蹈的配衬可以渲染气氛、烘托意境,增强视觉感染力。朗诵配舞本无可厚非,但必须明白主次,朗诵是红花,舞蹈是绿叶,两者关系要明确,切忌舞过于诵,喧宾夺主。总之,朗诵会上舞要慎用、巧用,用得恰到好处,以简洁、抽象或静态化即情景造型为宜。

2. 为朗诵者匹配作品

朗诵会整体上的节目构思,不能不考虑朗诵者与节目的关系。从一般意义上说,总是先作品后演员,但许多情况下,演员的确定有一定的先导作用,这就要求策划者对作品和演员有较全面的了解和把握,尤其在作品和演员都已确定的情况下,要做到两者合理对应,各得其所,这里面有策略,有技巧,最根本的是熟悉演员的基本情况,如音色条件、驾驭能力、朗诵风格、作品兴趣等,力求扬其长、避其短、适其情、尽其兴。

在作品与演员有所错位时,一般应以演员为核心对节目进行调整或加工,有时为了突出朗诵者独有的优势条件,不惜对材料进行度身加工,甚至专门为朗诵者创作新作品。

3. 因场地而设定节目

不同类型的朗诵会在一定程度上受场地的影响或制约,朗诵会每一个节目的表现形式也势必与场地因素相关。比如,沙龙式的朗诵会在节目的人员规模上自然要有所限制;而这种特殊的小环境恰好便于与观众的交流互动,据此,就可构思、设计或创作相应的作品来扬其所长。像邵燕祥的《谜语》,这首诗通篇以谜语的体式构成,这种风格的诗最适合沙龙式的朗诵会,朗诵者可以站在观众中间来朗诵,当朗诵到"请你猜一猜,它是什么"的时候,处理成现场答问互动,朗诵者真问,观众真答,几番答问之后揭示"谜底"。作品经过这样的处理和表现,效果是不难想见的。

四、框架的搭建

1. 支撑框架的三重关系

如果把一台完整的朗诵会比成一座建筑物,那么作品、作者、朗诵者就是它赖以支撑的三个"构件";这些"构件"按什么样规则和程序来整合"组装",直接影响着朗诵会这座"建筑物"的整体质量。一份节目单便是朗诵会整体框架结构的"效果图"。

这一"效果图"的实际意义是确立并显示出朗诵会构成的三个基本元素,即作品、作者和朗诵者之间的关系。这三个元素之间的关系,从对朗诵会的影响作用上来看主要有三重:朗诵者与作品、作者的关系;作品与作品及作者与作者的关系;朗诵者与朗诵者的关系。这三重关系的布局举足轻重,牵一发动全身,在一定程度上决定着朗诵会的整体面貌和艺术效果。其中作品与作品、朗诵者与朗诵者这两重关系尤为关键。

一般来说,作品之间的顺序依策划者的构思意图而定,比如将同类主题或内容的作品相衔接或相交错、根据作品的写作年代先后排列等等;朗诵者的次序要考虑性别、年龄的错落和平衡,有时候还难免要兼顾朗诵者的特殊因素,比如特邀朗诵者应安排在一个适当的环节出场、德高望重的艺术家则不妨用来压轴,等等。节目和朗诵者两个序列的布排有时会出现矛盾,但通过策划者的主观努力,一般不难克服。

在朗诵会策划中,我们不可避免地会遇到更加复杂的情况,需要我们积极发挥主观能动作用,因时制宜,因事制宜,有时候还要别具匠心,出奇制胜。比如,上海作家协会、《文学报》、《上海诗人》报和上海图书馆等曾举办过一场"海上心声——上海八诗人作品朗诵会"。对于这场朗诵会,八位作者十分珍视,每人自我挑选三首作品供朗诵,诗人们都希望自己的作品通过声音的演绎有所升华,更期盼能得到著名艺术家的朗诵。

这场朗诵会的节目编排面临几个要点:第一,要将诗人任选的作品归纳成几个小主题,每个部分的容量基本相等;第二,作品(作者)的排列要均衡,避免同一作者的作品连排,而内容上又要服从内容的整体框架;第三,朗诵者除了艺术家之外,还有几位青年业余朗诵爱好者,演员的排序在兼顾到男女声合理分布的同时,还必须兼顾专业和业余的均衡穿插;第四,要体现诗作者们的心愿,做到每人的三首作品,朗诵者专业和业余搭配均等,否则就可能给作者留下缺憾。经过周密构思,巧妙编排,最后"四全其美":二十四首作品被划分成"诗情篇"、"相思篇"、"感悟篇"、"风物篇"、"歌颂篇"和"尾声"六个部分,每首诗按题材"各就各位";作者、作品和朗诵者之间的三重关系处理得入情入理、不偏不倚,诗人们皆大欢喜。

2. 突破性的框架结构

诗歌朗诵会的策划,很有必要从作品出发,挖掘出相关的创意元素用于朗诵会的构思,创造出别具一格的朗诵会形式。这里试以笔者策划的两场朗诵会为例。

一是《同题三色诗》朗诵会。《同题三色诗》是上海的四位老诗人合作的一本诗集,其中宫玺、黎焕颐、姜金城三位分别写"同题诗",另一位诗人冰夫作点评。所谓"三色"是指三位诗人性格不同,诗风也各异,按冰夫的话说,三位诗人及其诗作,分别具有红、黄、蓝三种颜色特征。这场朗诵,如果按常规邀请一批艺术家来担任朗诵,并没有什么不妥,但诗集所具有的特色被淹没了。所以笔者因循诗集的风格,只邀请了三位朗诵者:播音艺术家陈醇、表演艺术家王洪生、配音艺术家童自荣,三位艺术家的音色和风格也分属"红、黄、蓝"三色,由他们各自承担一位诗人作品的朗诵恰如其分。而冰夫的点评则由主持人担任。这场朗诵会让人耳目一新。

再是上海著名女诗人陆萍作品专场朗诵会。这场朗诵会的内容取自诗人的爱情诗集《默读你的名字》,都是二十行左右的短章,共十八首。这些作品从内容上看显然不适合中年以上的艺术家来表达,因此请了上海戏剧学院表演专业的九名学生担任朗诵;又由于作品的短小,便打破主持和朗诵交替上场的结构,而采用联诵的形式,以避免整体的零碎松散。朗诵会开始后，主持人请出全体朗诵者介绍给观众，尔后，十八首诗平均每人两首，由朗诵者按既定次序逐一上台诵出，诗与诗的衔接处，以音乐贯连和转换，主持人"画外"报告篇名，整场朗诵会一气呵成。

这场朗诵会的最大特色、也是最令观众感到意外的是作品的排列。在朗诵开始前，主持人曾提醒听众注意品味诗的题目，待诗作全部朗诵完毕，主持人重新提请观众留意手上的节目单，然后抖露一个"秘密"：这十八首诗的题目按序读来，又巧妙构成了一首情调缠绵沉郁的抒情诗。这首"诗"，主题、风格、体式恰好和十八首作品一脉相承，共两段，各押一韵，取名为《默读你的名字》，这也正是诗集和朗诵会的名称。最后，主持人把这个"副产品"诗作完整地朗诵一遍，不妨实录于此：

> 在没有月色的小巷里，
>
> 有一种欢快在足音里回旋，
>
> 有一种欲求在深处萌动。
>
> 读你这一瞬，
>
> 心事丛生，
>
> 风云在不言中涌动，
>
> 我无法强迫自己的感情，
>
> 品尝灵魂的正果，
>
> 真想有一次纵情。
>
>
>
> 这是一汪浅浅的水塘，
>
> 在梦幻般的倒影里，
>
> 烦恼细细密密；
>
> 总以为到了生活的尽头，
>
> 不由自主跌进了回忆。

平静得要时间，

当我一无所有时，

踏上归途，

默读你的名字。

以上两场朗诵会有一个共同点，就是作品篇幅较短，通过这样的处理，就化消极为积极，不仅自然而然地避开了某种不足，而且丰富了内涵，增添了表现力，而且还减少了人力投入。我们的朗诵会应当多一点这样的创意：打破陈规，化朽为奇。

五、形式的创新

与其他表演艺术相比，以语言为本体的朗诵艺术，有必要多予以形式创新的关注，以开放的理念投入策划，让这门艺术更加多姿多彩，具有个性魅力。关于形式创新，上面已有所涉及，但基本上还属于传统框架范围的某种出新，这里着重探讨从朗诵会整体框架上的根本性突破。

2001年元旦晚上，上海音乐厅举办了一场"向往崇高"新年朗诵会，这场朗诵会在形式上有着根本性的突破。它一改朗诵会传统模式，开场前全体演员在剧场两侧边门外候场，开场时间到，华丽辉煌的小号声响起，追光灯下，演员入门进场，从两侧走上舞台，舞台渐亮，演员随意在小圆桌旁坐下，点上小蜡烛，朗诵演出就在这样的情景氛围中开始。整个演出中演员始终在台上，轻松洒脱，主持人也在其中，不故作"主持"状，而是穿针引线，俨然一位沙龙主人。演员朗诵前大多即兴表达，与观众交流，台上台下浑然一体，全场诗情洋溢，气氛温馨融洽。在此基础上，2003年秋，在上海商城剧场再次举办"向往崇高"朗诵会，与上一场相比又有了创新，舞台上除了坐着演员外，还专设了"观众席"，几排阶梯式看台上，坐着二十多位中学生充当"现场观众"。整场演出不设主持人，全由朗诵者自我或相互作出场介绍，显得自然流畅。这两场演出气氛都达到了高潮,足以证明观众对形式创新的高度认可。其中一个重要的成功因素就是朗诵者和听众始终面对面,同声相求、息息相通,赢得了观众的真情。

形式无定法,贵在策划者的不断开拓,推陈出新。但有一点务必注意,就是关于朗诵会中其他艺术形式的介入问题。许多大型朗诵会都少不了声乐、舞蹈等的点缀、陪衬或补充。非朗诵艺术形式的穿插,可以在一定程度上提高听觉和视觉的审美效应,增强朗诵表演的艺术感染力。但也有人存在一种观念定势,认为离了歌舞,朗诵会便单调无味,难以自立。于是"诵不够,歌舞凑",这种认识值得商榷。其实,既然是"朗诵会",就该以语言为本,从朗诵艺术长期实践和发展来看,它完全有能力独立于舞台,靠自身的魅力传情达意、感动观众,况且还可以有诸如灯光、音效、背景舞台手段予以"包装"。即便小型的沙龙式朗诵会,语言加音乐,只要内容生动,朗诵精彩,也能产生无穷的艺术魅力。试想,同为语言艺术的评书演说,无须任何"外援"不也足以扣人心弦、催人泪下吗? 总之,朗诵表演中非朗诵艺术手段的运用应视需要与否而定,要锦上添花,而不要画蛇添足。

六、串联词的撰写

任何演出,串联词的撰写都是"为人做嫁"的一个辅助环节,却又分明起着十分关键的作用,尤其是诗歌朗诵会的串联词。这里着重提出几个要点。

1. 基本交代

作品、作者、朗诵者,这是朗诵会构成的三个要素,必须交代给观众,这是文艺演出的基本规范,既是对朗诵会创作劳动应有的尊重,也是对观众知情权的保证。有的观众,特别是部分酷爱文学或朗诵的观众,对作品和作者往往有一种虔敬和期待心理,作品的标题和演员的名字对他们来说就不仅仅是一个简单的符号,而有着特殊的情感附加意义,因此不可或缺。

2. 重点提示

诗歌,长于抒情、言志、状物、寓理,这些特质和功能往往需要依托一定的背景才能显示。朗诵之前,就必须予以提示,这种提示实际上划定了一个听者理解的语境,朗诵表达就有了支撑点和"透明度",忽略这一点,轻者影响朗诵效果的到达率,重者会造成对作品的曲解。比如《再别康桥》,只有交代清楚徐志摩在英国留学时的特殊经历,才能让听者明白诗人对康桥一往情深的缘由。《有赠》这首诗,在串联词中介绍作者曾卓的人生坎坷,便会增加朗诵表达的情感冲击力。有的作品用象征手法写的,脱离了现实背景情境的衬托,容易造成诗意的浮泛和空洞,因此,有的诗作就在前面加上一段引子,一般说来,这段说明性的文字应当根据需要,或由朗诵者直接表述,或作为串联词来完成。例如赵日升的《编钟赋》,作品以编钟的口气写来,由编钟的出土引申出对中华民族悠悠历史、沧桑古今的沉思和感慨,讴歌了当代中华文明与光荣的复活和蓬勃。诗人的这番炽热情怀,源于中华文明史上的一个重大事件,所以作品前就作了必要的引述:"一九七八年在湖北随县曾侯乙墓中发掘出来的二千四百年前战国时期的古乐器编钟,具有完整的十二乐音体系,能奏出中国唐代琴曲《离骚》片断、贝多芬第九交响乐中《欢乐颂》等二十多支古今中外名曲,被誉为古代世界的'第八奇迹'。"这段文字,介绍了编钟出土的地点、时间,编钟的年代、历史文化价值以及在世界文明史上的影响。朗诵前加入这样一段背景交代,下面由编钟引发出的一系列感叹和颂扬就有的放矢、顺理成章了,观众的欣赏也更有依照了。

有的作品在局部甚至某个具体细节上可能令听者不解,串联词中也就不能忽略加以点示疏通,这就要求撰稿人细读作品,避免疏漏。从积极的角度说,朗诵会的串联词如同其他演出的串联词一样,要善于捕捉幕后"闪光点"来为朗诵会增色。"2004 上海'中国,我爱你'朗诵大赛"朗诵会上,有一对年近古稀的夫妇,他们年轻时就活跃在上海群众朗诵活动的舞台上,现定居在美国。当偶尔从有关渠道得知大赛消息之后,便通过长途电话报了名,随即从美国飞回了上海。比赛朗诵会现场,当主持人把夫妇俩及其参赛经过介绍给大家后,全场报以极其热烈的掌声。这一背景情况的介绍,不仅仅是对两位选手参赛热情的褒扬,也显示了大赛的影响力、号召力,以及朗诵艺术深厚的社会群众基础。在上海作家协会和上海图书馆举办的"2006 夏季'爱之倾诉'朗诵会"上,老诗人朱鹭登台朗诵自己的作品《情缘》,这首诗表达的是诗人对妻子的感激之情。主持人介绍道:"诗人因患眼疾双目已近失明,行动要妻子搀扶,写诗由妻子根据口述记录整理,可以说,妻子就是他的拐棍和眼睛,夫妻俩几十年来相濡以沫……"当诗人在妻子的搀扶下走上舞台,以及朗诵完了诗作由妻子搀扶下场的时候,场上爆发出经久的掌声,把朗诵会推向了高潮。这样的效果,固然首先来自这个独特的朗诵场面,但一段诗歌背后的故事,也恰到好处地起到了画龙点睛、推波助澜的作用。

3. 适当解析

有的诗作文学色彩较浓郁、艺术风格较鲜明,特别是一些文学史上有影响的名篇佳作,有必要在串联词中对作品作一定的解析,并阐明其文学地位和艺术价值,以达到名作助读、文学普及的作用,并可以在一定程度上提升观众对朗诵表演的关注力。只是这样的解析必须简明扼要,点到为止。

也有这样的情况,朗诵会的主题确立后,诗作围绕这一主题而选取;而一首好的诗歌作品,它的精神内涵往往有着较大的涵盖面,串联词就需要有针对性地在作品中提炼出所需要的相关内涵,来为体现主题服务。2006年上海端午诗会,以弘扬爱国主义精神和传统荣辱观为主题,作品选自我国著名诗人屈原和古代各时期的名家经典。这场朗诵会的每一段串联词,都紧扣主题,从某个角度提炼作品的内涵加以诠释和演绎。这样的串联词,不只是一般的释义助读,更需要进行一定的思想提炼,起到深化引导作用。试举一例:

> 一棵根深叶茂、美丽多姿的参天大树,巍巍然挺立在中华民族的精神家园之中,数千年来,她吐纳天地之气,阅尽世间沧桑,练就铮铮傲骨。她质朴不奢,乐施无私,慎独守纪,诚信专一,知荣知耻,尽善尽美。让我们以景仰爱慕之心,永世为你放声歌颂!请欣赏《橘颂》……

这是朗诵会朗诵最后一首诗《橘颂》前的串联词。其中"质朴不奢,乐施无私,慎独守纪,诚信专一,知荣知耻,尽善尽美"等用语,是对"橘树"品质的概括,它对这首作品本身的导读,以及整个朗诵会主题的凸显起到了关键的作用。

以上所阐述的三个方面,是朗诵会串联词中务必要体现的内容。其实这还不够,如果再提高一步的话,串联词还应讲究一定的语言技巧,不仅给观众提供实用的内容,还送上美学的信息。这包括以下三方面要求。

4. 寓情含趣

诗贵含情,因此,诗朗诵的串联词也有必要适当注入情感成分,这样可以更贴近作品,为朗诵创作做好生动的铺垫,从而把观众自然而然地引入诗的意境。

在朗诵会基调许可的前提下,串联词还不妨蕴含一些谐趣,给朗诵会增添一定的生气和活力,激发观众更加高涨的情趣。经验告诉我们,最成功的演出,就是让观众获得眼泪或者笑声。例如"'会心一笑'赵丽宏散文诗朗诵欣赏会"的开场有这样一段串联词:

我们说，笑，是人的本能，却有着不同的本质：健康的心理发出会心的笑，阴暗的心理露出表面的笑；慷慨者的笑是爽朗的笑，自私者的笑是尴尬的笑；无畏者笑得气宇轩昂，胆小者笑得心惊肉跳。朋友们，我们的生活需要轻松的笑，和谐的社会需要自然的笑。今天的聚会，老友新朋，济济一堂，奇文共赏，让我们"会心一笑"。好，下面就请大家欣赏今天的开篇之作《会心一笑》……

这一段串联词，用六个不同的"笑"构成排比，深刻地揭示了笑的本质特征，富有理趣；而主持人在表达时，又由慢到快一气呵成，不乏情趣，收到了寓庄于谐的效果。

5. 言简意赅

诗歌最讲究语言的洗练，诗歌朗诵会理当也以简捷精练的语言加以串联，语言的风格可以口语化，遣词用句也无须刻意雕琢，但应当要言不烦，切忌拉杂。

有一种串联词写作中常见的情况值得存疑（这种情况不只出现在朗诵会串联词中），就是从下一个作品中寻章摘句，基本上就是作品原句原意的移动搬用。这样的串联，是内容的重复，并没有真正起到承上启下的串接推进作用，充其量只是形式上过一过场而已，不无多此一举之嫌。

我们提倡串联词源于又高于作品或节目，并独具新意和匠心，应当把串联词的撰写当成一种创作，它是朗诵会不可或缺的一个有机部分。成功的串联词，应当和节目一样，给人以充分的语言艺术享受，让人过耳不忘。

6. 语含诗意

这是更高一层的标准。既然是诗歌朗诵会，不妨在串联词中也赋予些许诗意来提升品位和意境，甚至可以尝试用诗化的语言来表达。只是，在语言风格上仍应保持深入浅出、自然朴实的本色，而不是故弄玄虚、卖弄技巧、喧宾夺主。还要根据朗诵会的整体语境来考虑串联词的语言样式和风格。在上海的多场诗歌朗诵会上,我们听到串联词是用散文诗的形式写成的,试举二例:

在中华的史册上,有一个仰天长歌的民族骄子,他的泣血引吭如雷似电,如号似鼓,催动龙舟竞渡;他代表着我们民族不朽的风骨,他化作了祖祖辈辈的谆谆叮嘱。请听《让屈原走进音乐频道》……

——2005 上海端午诗会

脚步伴随着诗行,目光采撷着风景。青山踏遍,登高览胜,有清风伴我们歌吟,有山泉为我们洗尘,有山花偕我们同行,有苍松为我们接应——我们登高者永远年轻!

——2005 上海重阳登高诗会

这两段串联词都以韵文的形式写成,具有汉民族传统的语言艺术色彩,这和"端午"、"重阳"这一传统内涵一脉相承,相得益彰,整台朗诵会也因此显得更为完满,更富有韵致。

串联词的效果最终要通过主持人的表达来体现,对于具有一定文学意味的串联词,主持人也需有相应的表达技巧,在风格上必须把握好"说"的基调,严格区别于朗诵。这便是题外之意了。

《黄河大合唱》随想

陆 澄

五·一群众歌会上,响起了1 200人的《黄河大合唱》,交响乐队为之伴奏,其势恢弘,其情激荡;节目单上,赫然排列着1 200位群众歌手的名字,它无声,却在我心头奔腾嘹亮,久久回响……

李白对我说——
"黄河之水天上来",
那"天上来"的黄河
哪有如此激扬!
三峡对我说——
"黄河之水手中来",
那"手中来"的黄河
哪有这般雄壮!
此刻,
我真想放开喉咙喊一声——
你千年奔腾的黄河啊,
今晚,请高扬起有力的臂膀,
为你的歌者喝彩、鼓掌!

黄河,你听到了吗——
这里,岂止是风在吼马在叫,
这一千二百个歌喉

正汇聚着十三亿个音符,

挟着神州的风,

掀动时代的浪,

在九百六十万平方公里的舞台上,

出演着波澜壮阔的世纪绝唱。

你听吧,

那浪声里,有——

电钻轰鸣,桩机铿锵;

磁悬浮的叱咤,"雪龙号"的引吭;

那风涛中,是——

彩旗猎猎,书声朗朗;

"神五"飞天的欢腾,

奥运夺冠的喧嚷;

还有那——

田野的晨曲,渔舟的晚唱……

啊,

好一个无与伦比的"多声部"旋律,

和着"劳动号子"滋润的歌喉,

交响成光古耀今的天下第一唱!

我感谢

这烈焰般的歌声,

为我们的民族淬火,

给我们的精神加钢。

此刻,我的思绪

在黄河的波峰浪谷间穿行——

黄河啊黄河,是谁

给了你如此神奇的力量,

让点点滴滴汇成浩浩荡荡,

使你这样百折不回、势不可挡?
啊,
你的歌声在告诉我,
你的歌者在告诉我,
那是因为——
你生长在一个舒心的怀抱,
你有着最坚实的依傍;
你的呼吸源自一个强健的胸廓,
你的血脉连着一个纯洁的心房,
它的名字叫"河床"。

啊,
这养育黄河的生命之床,
你敞开父亲一样的胸怀,
让黄河在这里放逐理想;
你给予母亲一样的情爱,
让黄河在这里起舞欢唱。
你的坚定给了黄河顽强,
你的诚实给了黄河坦荡;
你的刚正不移,
教会了黄河汹涌激荡;
你的委蛇多姿,
传承给黄河九曲柔肠。
你懂得——
滴水成川的可贵,
蚁穴溃堤的遭殃,
大浪淘沙的无情,
江河咆哮的分量!
因此

你让每一滴水珠
都成为血液在自己肌体流淌；
你把每一朵浪花
都当成光荣佩戴在自己胸膛。
你时时刻刻把黄河放在心上，
黄河啊，
才生生死死依偎在你的身上！

于是，
在你这河床里，
就有了——
百舸争流、千帆远航；
在你的河岸边，
就有了——
"张老三"的商铺，
"王老七"的楼房；
也有了黄河你——
脉搏的和顺，气息的通畅，
生命的蓬勃，意气的轩昂。

啊，黄河，
此时我已分不清
人们在为你放声，
还是你在为人们歌唱，
只觉得山呼海应，宇宙回响，
听啊，
一曲黄河唱出的天籁，
一部光辉历史
和伟大民族组成的和谐乐章，

正从一千二百个歌喉中
从这一千二百个名字的行列里
奔涌而出，
它隆隆向前，澎湃激昂，
将一个万古不朽的主题，
放之四海，传向八荒！

第二十讲　朗诵者的修养

　　"汝果欲学诗,功夫在诗外",这是陆游论如何作诗的一句哲理名言。这里所说的"诗外"的"功夫"指什么? 应当是指方法技巧以外的综合修养。诗人作诗如此,艺术家朗诵也是这个道理。除了精通朗诵的内部技巧和外部技巧外,还必须从根本上提高个人的思想修养、人文修养、知识修养和处世修养。荀子在《劝学篇》中说:"不登高山不知天之高也;不临深溪,不知地之厚也。"在朗诵艺术的求学之道上,我们翻过了十九座"山峰",已然渐入佳境,虽"路漫漫其修远兮",却不妨闲步放眼,借"高山"、"深溪"之灵气,来修一番"诗外之功",以"强学而力行"(韩愈)。

一、"言之无文,行而不远"——谈文学素养

　　高尔基说:"文学的一般任务是什么呢? 就是把人的美、诚实、崇高的品质表现在色彩、文字、音乐、形式中。"我们可以从这段话里读出两层意思,一、文学是一种精神和思想的本质体现;二、文学不只限于文学的样式(作品),它也渗透到视觉、听觉等各个艺术领域。因此,对于一个艺术实践者来说,文学的素养是最基本的素养,正如英国作家塞·约

翰逊所说:"只有酷爱文学的人,才可能随时有所创作。"朗诵艺术,直接以文学作品为本,朗诵者如缺乏文学素养,就如同脚踩沙滩,跳而不高。

诗,人们称它为"文学中的文学",古今中外的经世佳作,是人类精神文化最宝贵的组成部分,有着特殊的人文内涵。请看我国历代文豪们是如何评价诗歌的:汉代哲学家董仲舒称"诗无达诂",意思是诗歌因人的理解不同而没有绝对的通释,说出了诗的精深;南朝文学理论家刘勰认为"诗有恒裁,思无定位",意思是诗虽有一定的体裁格式和规律,创作的思想内容却没有规定,阐明了诗的博大;杜甫笔下有"落笔惊风雨,诗成泣鬼神"的妙句,极言诗的力量;唐朝另一位诗人姚合言断定"自古风光只属诗",则高度概括了诗的美质。诗是如此地博大精深、魅力无穷,朗诵者如不具备良好的文学素养,必然难以自由地出入诗境,阅尽诗的"风光",领略个中三昧,甚至会捉襟见肘、心余力绌,亦如孔夫子所说"言之无文,行而不远"。

更何况诗歌富含人类哲理、浓缩大千世态,深入浅出、曲尽其义,拥有无穷的思想张力和想象空间。朗诵者只有以长期潜心的修炼,锻造起文学的双翅,才能高翔在诗歌朗诵的自由王国里。

二、"读书万卷始通神"——谈知识储备

这是苏轼的一句名言,强调了读书的重要性。

朗诵和其他艺术一样,要登上艺术的高峰,必须攀援知识的阶梯;朗诵又和许多艺术有所不同,它所依赖的诗篇佳作,是古今中外精神文化的精粹,人类思想智慧的结晶,言简意丰,旨高境远、言志、抒情、喻理、壮怀,聚天地万象于简章短篇之中,以少胜多,独领文学之风骚。朗诵者要驾驭好作品,让诗歌的精言要义在声音语言的表达中得到升华,达到"三分诗,七分诵"的境界,可以说,其真正的作用力已不在技巧层面,而在于知识能源的驱动,在于朗诵者在知识天地里的长期耕读,"博

观而约取,厚积而薄发"(苏轼),正所谓"养兵千日,用兵一时"。

我们要读的书很多,古人云"开卷有益"。仅从朗诵艺术实践的角度看,似应着重阅读两部分书,即相关的书和相近的书。"相关的书"是指直接指导朗诵艺术实践的专门业务书籍,这类书籍为我们的朗诵艺术创造提供必备的知识,包括文学、诗学、朗诵学、文艺学、语言学、音韵学、美学、表演学、发声学等学科的书籍;"相近的书"指的是有利于完善朗诵者知识学养,对朗诵艺术实践有间接指导作用的"补充读物",如哲学、史学、社会学、心理学、文化学、传播学、创意学等学科的书籍。"腹有诗书气自华",广泛的阅读,不仅可以积蓄宝贵充足的知识能源,而且能够为朗诵者注入良好的禀赋涵养,完善品格情操,提升精神境界,甚至会美化一个人的气质仪容。使我们的朗诵艺术创造高屋建瓴、游刃有余、臻善臻美。

以《岳阳楼记》这篇散文诗的朗诵为例。作者范仲淹,作为北宋中叶杰出的文学家、政治家、军事家,在这篇散文诗当中即景览物,言志抒怀,寄托宏伟理想,阐发策励宣言,舒展了极其远大的抱负,体现出高远阔达的思想境界。所有这一切,对朗诵者来说,只有具备充分的文化学养和同样的襟怀志趣,才能深切感受到诗人独有的精神风骨,也才能产生心灵上的共鸣;否则,纵使熟诵于口,也难动人于心。上海的表演艺术家王洪生,朗诵《岳阳楼记》言精意深、有血有肉,舞台表现上也端庄儒雅、气度超拔,把作品的风貌格调、本质内涵演绎得淋漓尽致。而王洪生就是一位严于治学、颇具学者风范的艺术家。

由此可见知识文化对朗诵艺术创作重要之一斑。

三、"学而时习之,不亦悦乎"——谈艺术实践

我们强调知识积累的重要,并不意味着可以轻视艺术实践。作为语言表演艺术的朗诵,恰恰具有很强的实践性,丰厚的知识能源只有在

朗诵艺术的实践中才能发光发热，体现实际价值。诚如明代学者王守仁在《传习录》中所说："知是行之路，行是知之成。"况且知识对朗诵实践的补养是"润物细无声"的长效作用。朗诵创作的成功，归根结底还是在实践，"纸上得来终觉浅，绝知此事须躬行"。

坚持刻苦的朗诵实践应成为朗诵爱好者的自觉行为，它不应狭隘地理解为仅仅是朗诵会上的表演，其实更多的实践是在舞台之外，尤其对初学者来说，这需要自己来创造条件。比如工余闲暇的独立空间、亲朋好友的小型聚会、知音同好的沙龙活动等等，都不失为有意义的实践机会，这样的实践，往往介于表演和练习之间，随兴而起，自由无羁，可以应情遣意，信马由缰，恰好可以与正规的演出实践相互促动和补充。当然，非演出的朗诵实践，也应"平时为着战时"，努力做到"严谨"二字，尤其是日常场合中的即兴式朗诵，尽管在"台下"，也应该认真对待，寻找感觉、体验效果、总结得失、积累经验，让它成为一次难得的"排练"、"预演"，从而形成一个艺术实践的有机链。这种练习性的朗诵实践贵在有心和坚忍。

在艺术的"知"与"行"之间，有一个重要的中间环节，就是"思"。它是实践中对知识的消化、吸收和有意识的运用发挥，尤其是朗诵学等相关学科知识，应该通过"思"的渠道，始终与实践相依相伴、相辅相成。这样就形成了"知"与"行"即理论与实践的良性循环，这种"用头脑朗诵"的实践，必然让我们在艺术上"会当凌绝顶，一览众山小"。

任何艺术的实践不应忽略对相邻艺术的关注和涉猎，"博大"有益于"精深"，诗歌朗诵也是。我们有必要拓开实践的宽度，其他文体如散文、小说、寓言故事、戏剧台词等也一并勤予实践，甚至朗诵以外的演讲、影视剧配音等语言艺术门类也不离不弃。不同的文体或语体在声音表现形态上各具风格，各有千秋，而相互间又有着难分难解的渊源。假如诗歌朗诵者能熟练地掌握这"十八般武艺"，那么，对诗歌朗诵创作必然大有裨益。因为仅就诗歌而言，也有着体裁题材的千姿百态，加上朗诵语境的千变万化，相应的有声语言风格也必然各不相同，有了各类艺术语言实践经验的丰富储备，面对任何诗歌作品，或一首作品的任何表现需要，就能融会贯通、举重若轻了。

四、"流长则难竭，柢深则难杇"——谈生活体验

这句话出自东汉科学家兼文学家张衡笔下，意思是说：悠长的水流不会枯竭，扎得深的树根不会腐杇。对艺术来说，生活就是"长流"之水，"深柢"之木，是一部无字却有形的知识巨著、智慧宝典。

诗歌朗诵的本质和生活贴得最近。从内容上说，诗歌旨在抒情、言志、明理、壮怀，尤其是朗诵诗，紧扣时代脉搏、观照社会生活、反映大众心声；从表现手段上说，它是运用生活化的语言来表情达意的，和我们日常最基本的"说话"一脉相承。总之，诗歌朗诵是一门最具现实感、平民性和亲和力的艺术。生活，便是它的"源头活水"。

事实上，我们的朗诵艺术创造过程中，须臾脱不开生活的影子。比如"视像"，这是朗诵创作中必不可少，甚至应当伴随始终的一种内部技巧。千姿百态、变化无穷的视像缘何而生？其实它并非无中生有，它来自大脑记忆的"信息库"，而大脑"信息库"储存的素材便是从生活体验中提炼、积累起来的。比如朗诵《乡愁》，你的视像中出现了一个独立海岸"望洋兴叹"的身影，甚至听到了海潮拍岸的哗哗声响；朗诵"北国风光，千里冰封，万里雪飘……"，视像中是白茫茫一片银装裹大地；而朗诵"待到山花烂漫时，她在丛中笑"时，视像中则又见雪中傲梅点点红……这些白的雪、红的梅、蓝的海，栩栩如生、声色俱备，无一不是来源于你生活经历中直接或间接的"耳濡"或"目染"。

再比如朗诵创作的语言外部技巧，它完全根植于生活语言的基础，换句话说，我们的朗诵，在语言上应当轻表演，重朴真，追求"清水出芙

蓉，天然去雕饰"的境界，这就有必要从生活语言中汲取养分。初学者往往开口便极尽声势的夸张，做足朗诵之状，却不动人心；而朗诵的大家们，则往往气定神闲，娓娓诵来，尽管也有波澜跌宕，却颇含"说"的意味，"润物细无声"、不同凡响，生活语言在这里显示出了独特的奥秘。

由上可见，朗诵者应当忠诚于现实生活，并拥有一双慧眼，去发现生活中最本真、最鲜活的艺术创作元素。芸芸众生，悠悠万事，风尘世态，人情事理，即便道听途说、街谈巷议，也不妨巧取妙得，由此及彼，举一反三，为我所用。"问渠哪得清如许，为有源头活水来"。一位朗诵家，从一段红绸舞中体悟出了朗诵语调起伏变化的特征，于是，不仅在实践中对语调的运用有了更加自如的发挥，而且在朗诵辅导中以红绸舞动比喻语调起伏，收到了很好的教学效果。这便是生活对热爱生活者的赐予。

五、"他山之石，可以攻玉"——谈创作借鉴

当我们自觉地走上艺术追求的道路时，便置身在一个良好的学习大课堂，而其中的一门重要课程就是对成功的朗诵艺术创作的学习、借鉴。毫无疑问，这种学习的主动权永远掌握在自己的手里，只要持之以恒，必然卓有成效。

朗诵学习、借鉴的方法和途径不一而足，可以现场观摩或者欣赏录音录像，也可以向朗诵行家面对面地求教取经。值得一提的是，艺术的学习和借鉴，要提防盲目崇拜的心理，不能消极接受、机械模仿、生吞活剥、食而不化。《吕氏春秋》中说："善学者，假人之长以补其短"，孔子论学习也有一句名言："三人行必有吾师，择其善者而从之，其不善者而改之。"这就需要我们保持清醒的头脑，养成独立思考的习惯和能力，即如上述所说"用脑子朗诵"，这就是"善学"，否则"学而不思则罔"。

真正"善学"的人，总是从实际出发，知己知彼，克服唯言是听、不求

甚解的盲从性,提高视点,开阔视野。从积极的意义说,学习和借鉴的过程中,还有必要反其道而行之:"善学者,假人之短以助其长",就是认真发现别人的不足或缺点,来提高和完善自己。客观辩证地看,"金无足赤","尺有所短",即便前辈名家,也许某一次某一篇的朗诵白璧微瑕,不尽如人意,如果身为晚辈的你,不轻易"畏大人之言",在"他山之石"上能看出细微的瑕疵,那便有了实实在在的收获和长进,也就进入了学习借鉴的至高境界。古今中外多少"青出于蓝胜于蓝"的艺术家,正是这样走向成功的。

学习和借鉴不可忽略的另一方面是"寸有所长"。要善于向普通人甚至后来者学习,不耻下问。古往今来多少"一字之师"的艺坛佳话足以给我们这样的启迪:"学而不厌,终成大器"。俄国大诗人普希金称他的保姆是第一个诗歌老师,我国现代教育先驱陶行知也曾说"顶靠得住的先生是大众的耳朵"。他们写了诗,总喜欢先念给老妈子、小孩子听,听不懂的就改,直改到"妇孺皆知"为止。这种虚心务实、精益求精的作风,正是为人为事的成功之本。

以上五点概括起来,可以借《礼记·中庸》里的一句话来说明:"博学之,审问之,慎思之,明辨之,笃行之",这五个"之"启示我们,要提高朗诵艺术修养,需要广泛地学习,虚心地求教,缜密地思考,理性地分析,努力地实践。用形象化的说法,就是要动"口"、动"耳"、动"眼"、动"心",再加上持之以恒,日积月累——把这些符号"元件"拼装起来,这就构成了两个字"聪"、"明",是的,这样的"聪明",将伴随我们走向成功!

附作品

母亲和我们的名字

陆　澄

那年月，
母亲生了太多的儿女，
她贫病交加，
把我们托付给了
那些生长粮食的地方，
母亲给我们起了个乳名
——知青。
其实那时候
我们哪有什么知识，
我们只是年青，
我们的血在沸腾，
为了母亲那一句嘱咐，
我们背起空荡荡的行囊，
一昂头，
开始了人生的急行军。

那时候我们真的年青，
我们用烈日冶炼筋骨，
我们用风雨擦洗灵魂；
我们能扛起大山，
我们能摘下星星；

我们在荒滩野岭上开垦未来，
我们在岁月蹉跎中描绘美景。
当那一个金色十月来临时，
人们都忙着收获，
我们终于开始属于自己的播种；
我们又一次背起空空的行囊，
一昂头，
踏上新路，脚步匆匆。
我们笑了，
母亲含着泪，
喊着我们的名字也笑了，
那时，我们依然年青！

转眼，
我们两鬓已染霜雪，
额头刻上了父辈的皱纹，
母亲依然喊着我们的乳名，
人们依然喊着我们的乳名，
——知青，知青！

啊，知青，
一个历史标记的特殊符号，
一个岁月留下的沉重烙印；
几多豪迈又几多无奈，
那样熟悉又如此陌生。
不是吗？
庄稼可以返青，
年轮却不会重生，
知青，知青，
这称呼难道还属于我们？

可是朋友,请相信:
我们的童心曾在广阔天地保鲜冷藏,
我们的生命有着难以测算的虚龄,
我们的年华已染成绿色,
我们的往昔被定格成不老的风景。
"知青"这个名字,
在沧桑中得到了涅槃,
它的词义正在被我们刷新,
那就是——
"知道"什么是"年青"!

我们要在血液中添加青翠,
我们要在骨骼里注入青葱。
我们要告诉世界——
黑土地养育的性格不会衰老,
大草原催生的豪情不会降温,
长白山培植的信念不会枯萎,
江淮水滋润的歌喉不会失声。

既然母亲喜欢我们的名字,
既然母亲催我们去追赶青春,
既然时代向我们敞开了怀抱,
既然命运改写了我们的年龄,
那么就让我们,
向着母亲也向着我们的儿女,
向着昨天更向着我们的明天,
亮开嗓子喊出心声——
我们,是知青,
我们是永远的知青,
知——青!

致大地

——写在汶川大地震哀悼日

陆　澄

你美如花冠、艳似云锦的大地；
你说着神话、传着奇迹的大地；
你酿出诗意、踏响歌谣的大地；
你孕育柔情、滋养仁爱的大地——
为什么，为什么
在那一时那一地，
浑身如此抽搐、颤栗？！
顷刻间，
阳光被蒙上了尘土，
花朵被冷雨吞噬，
笑声在瓦砾中哭泣
安宁被逼得失所流离。

大地啊大地，
我知道，
暴戾不是你的性格，
毁灭不是你的本意。
你本是容光焕发的呀，
你本是恬静安然的呀，
而今却面呈憔悴心存恐惧：
你一定受到了不堪的刺激，

你一定有着难以诉说的委屈。

是啊，
在你丰饶的躯体上，
为什么有肆无忌惮的巧取豪夺，
甚至如狼似虎的敲骨吸髓？
贪婪肆虐的毒液，
渗透到了你的心脏肝脾；
你的眼前，
时常闪过刀风剑雨，
还有越来越多的
尔虞我诈弱肉强食……
多少年了，
你也痛啊，
你也怕啊，
于是，
那一刻，你终于
忍无可忍情难自抑，
一阵莫大的心悸，
伴随着一声仰天的叹息……
啊，这是一次含悲的抗议，
这是一种歃血的诉泣；
这是母亲对儿女的惩戒啊，
这是人类不该上演的一出悲剧！

我的族人啊，
别太多责备我们的大地吧，
想一想——
我们的荒诞，
我们的幼稚，

我们的造次，

我们的无理。

让我们

一千次地忏悔，

一万次地痛思！

我神圣如母的大地啊，

也乞求你再一次宽宥我们：

请相信，

我们依然亲你爱你，

更要孝你敬你；

只要能赎回人类曾经的过失，

只要能让你从此平安如意，

我，以及我们，

愿在你面前长跪不起！

陆澄主要诗歌与朗诵活动纪事

1993 年 7 月 26 日

创办并主持国内首档广播诗歌专栏节目《午夜星河》,以听众热线点诗或自诵、主持人与之交流并即兴献诗朗诵的创新形式,受到广泛的欢迎,国内外几十家媒体予以报道,誉之为"上海文化新景观",并被载入当年的《上海文化年鉴》。2004 年节目获首届"中国广播十佳文艺栏目"奖(政府奖)、"上海广播十佳文艺栏目"奖(政府奖)。

1993 年 12 月 26 日

上海电台、《文学报》等主办"纪念毛泽东诞辰 100 周年大型诗歌朗诵会"。(策划、朗诵)

1994 年 4 月

《午夜星河》与上海市工人文化宫共同创办沪上首家"卡拉 OK 点诗台",市内外诗歌朗诵爱好者近悦远来,或欣赏、或自诵,多所学校将此作为"第二课堂"。

1994 年 10 月

上海电台、《文汇报》社、美国 MCI 长途电话公司联合举办的"两情一线牵,电波传新声——美国 MCI 金秋越洋点诗"活动,上海 500

多位市民免费与美国的亲友互诉思念之情。郎静山、聂华苓、于梨华、董鼎山、王丹凤等 20 位海内外文化名人与亲友越洋通话。《午夜星河》分亲情、友情、恋情、乡情四个篇章直播越洋电话并应听众点诗诵诗。（策划、主持）

1995 年 1 月 22 日

《午夜星河》节目与上海声讯信息服务公司等联合主办"声讯杯"诗歌卡拉 OK 大赛，全市五百多名朗诵爱好者和基层播音员参赛。

1995 年 7 月 26 日

《午夜星河》举办节目创办两周年纪念暨告别朗诵会，陈奇、陈少泽、顾晓鸣、宁宇等上海著名艺术家、诗人、学者到会，对节目不舍之情感人至深。

1997 年 6 月 26 日

《午夜星河》复播。

1999 年 4 月

《午夜星河》创办"诗歌广播朗诵会"栏目，上午于上海图书馆知识广场举行成立仪式暨首场朗诵会。下午于上海图书馆举办"诗歌广播朗诵会"：曹雷个人朗诵专场、赵兵个人朗诵专场。（策划、主持）

1999 年 5 月

上海市委宣传部、共青团上海市委、上海市作家协会举办"世纪新声"纪念五四运动八十周年诗歌朗诵会。（策划、朗诵）

1999 年 7 月

《午夜星河》举办"诗歌广播朗诵会"：宁宇诗歌作品朗诵专场、季振邦诗歌作品朗诵专场。（策划、主持）

2000 年 1 月 1 日

晚 11 点，《午夜星河》于上海王宝和大酒店举办"放声迎接新世纪"朗诵歌舞晚会，盛况空前。（策划、编导、主持）

2000 年 3 月 23 日

《午夜星河》"诗歌广播朗诵会"举办著名诗人罗洛诗歌作品朗诵专场。（策划、主持）

2000 年 7 月 16 日

《午夜星河》于良安大饭店举办 3 期"诗歌广播朗诵会"，内容分别为：上海新闻出版局宫玺、姜金城、任溶溶、吴钧陶、陈鸣华、孙悦等老中青三代诗人作品欣赏；上海女诗人张烨作品欣赏；匈牙利爱国诗人裴多菲逝世 151 周年裴多菲作品欣赏。（策划、主持）

2001 年 8 月 18 日

上海电台、上海市新四军历史研究会、上海市黄浦区委宣传部，于外滩广场举办"青松赞"纪念陈毅诞辰 100 周年朗诵演唱会。（策划、主持、朗诵）

2001 年 10 月 6 日

民革上海市委会、上海电台联合主办"先驱魂"纪念辛亥革命 90 周年广播朗诵会。（策划、朗诵）

2002 年 3 月 16 日

《午夜星河》在赵小蝶化妆品公司大厅举办两场"诗广会"："那一朵洁白的云"——女诗人风铃作品专场、外国哲理诗专场。（策划、主持）

2002 年 4 月 12 日

首届"春天送你一首诗"活动在京、沪、穗举办，《午夜星河》与上海市作家协会诗歌委员会、上海工人文化宫举办朗诵会。（策划、主持、朗诵）

2002 年 5 月 23 日

上海市作家协会举办"纪念毛泽东《在延安文艺座谈会上的讲话》发表六十周年"诗歌朗诵会。（策划、朗诵）

2002年9月22日

　　上海海外联谊会、民革上海市委会、苏州市人民政府台湾事务办公室、苏州市人民政府新闻办,于苏州严家花园举办"和平杯"中秋团圆诗歌大奖赛颁奖晚会,海峡之声电台现场直播。(策划、主持、导演)

2002年10月28日

　　上海市政法委、上海市委宣传部主办"学习肖玉泉,迎接十六大"大型诗歌朗诵会。(策划、导演、朗诵)

2003年5月19日

　　晚7:30—9:00,上海电台、北京电台、广东电台直播"南北一心,守望相助"京沪穗抗"非典"广播朗诵会,孙道临、赵兵、奚美娟、乔榛、丁建华、魏松、马季、刘兰芳、姚希娟等艺术家分别在三地参与节目,三地电台六名主持人联袂主持。(策划、编导、撰稿、主持)

2003年6月30日

　　上海市委组织部、上海市慈善基金会主办"党员心、万众情、都市魂"抗"非典"先进事迹诗歌报告会。(策划、编导、撰稿、朗诵)

2003年9月14日

　　南京政治学院上海分院、中央电视台军事频道举办薛锡祥作品朗诵会。(策划、朗诵)

2003年12月26日

　　上海图书馆、上海朗诵艺术中心举办纪念毛泽东诞辰110周年大型诗歌朗诵会。(策划、朗诵)

2004年4月

　　与赵兵、过传忠、王群、刘安古、孙渝烽等语言艺术家、学者创意朗诵水平等级测试项目,并历时两年完成测试大纲。

2004年5月20日

　　上海图书馆、上海朗诵艺术中心举办"五月的鲜花"大型诗歌朗诵

会。(策划、朗诵)

2004 年 6 月 15 日

上海市作家协会诗歌委员会、上海诗词学会赴浙江天台采风,于天台山上举办诗歌朗诵会。(策划、主持、朗诵)

2004 年 7 月 8 日

《午夜星河》于永乐咖啡剧场举办"诗歌广播朗诵会"——冰夫诗歌作品朗诵专场、名家名作点诵专场、散文诗欣赏专场。(策划、主持、朗诵)

2004 年 8 月 22 日

上海图书馆、上海朗诵艺术中心举办纪念邓小平诞辰 100 周年诗歌朗诵会。(策划、朗诵)

2004 年 8 月 28 日

上海图书馆、上海文化总会、上海朗诵艺术中心主办"祖国,我爱你"上海市朗诵艺术竞赛。(策划、评委)

2004 年 9 月 28 日

上海图书馆、上海朗诵艺术中心举办"祖国啊,我亲爱的祖国"庆祝中华人民共和国成立 55 周年大型朗诵会。(策划)

2004 年 10 月

与赵兵、过传忠、刘安古、孙渝烽、王群、陈凌康等发起成立"上海图书馆朗诵艺术团"和"上海朗诵艺术中心"。

2004 年 11 月 5 日

上海市教育委员会、上海市语言文字工作委员会、上海市文化广播影视管理局、上海文广新闻传媒集团,举办"诗意中国"诗情朗诵剧演出。(策划、朗诵)

2005 年 2 月 12 日

上海图书馆举办"春之韵"新年诗歌朗诵会。(策划、朗诵)

2005 年 6 月 10 日

　　上海市作家协会、上海市虹口区精神文明建设委员会、上海炎黄文化研究会、新民晚报社,联合主办"和谐之声"2005 上海端午诗会。(策划、撰稿、朗诵)

2005 年 7 月 1 日

　　上海图书馆、中共一大会址纪念馆、上海朗诵艺术中心,于一大会址纪念馆举办"不朽的信念,光辉的七一"庆祝中国共产党建党 84 周年诗歌朗诵会。(朗诵)

2005 年 8 月 20 日

　　上海市作家协会诗歌委员会、上海图书馆讲座中心、《文学报》等,举办上海九诗人诗歌作品朗诵会。(策划、导演、朗诵)

2005 年 9 月 15 日

　　上海市作家协会、上海图书馆举办赵丽宏抒情长诗《沧桑之城》朗诵会。(策划、撰稿)

2005 年 9 月 28 日

　　参加上海文庙举行的纪念孔子诞生 2 556 年"全球联合祭孔"仪式,在诗表演《走近孔子》中扮演孔子。

2005 年 10 月 4 日

　　上海市作家协会、上海图书馆举办"祖国颂"诗歌朗诵会。(策划、导演、朗诵)

2005 年 10 月 11 日

　　上海作家协会、上海松江区委宣传部、上海炎黄文化研究会、上海诗词学会,在松江佘山举办 2005 上海重阳登高诗会,上海电台现场直播。(策划、导演、撰稿、主持、朗诵)

2006 年 5 月 31 日

　　上海炎黄文化研究会、上海作家协会、上海松江区政府、上海文广新闻传媒集团综艺部,在松江明代园林"醉白池"举办 2006 上海端午诗会,上海电台现场直播、东方电视台录像播出。(策划、导演、撰稿、朗诵)

2006 年 6 月 25 日

上海市作家协会、上海图书馆举办"爱之倾诉"诗歌朗诵会。(策划、朗诵)

2006 年 8 月

与赵兵、过传忠、孙渝烽、刘安古、王群等发起成立"上海炎黄文化研究会朗诵艺术委员会"。

2006 年 10 月 25 日

上海市作家协会、上海图书馆举办"因为风的缘故"台湾诗人洛夫诗歌朗诵会。(策划、朗诵、导演)

2007 年 1 月

上海文广新闻传媒集团在上海大剧院举办"诗意中华"大型诗歌朗诵会,上海著名朗诵艺术家、播音员主持人、上海"两会"文艺界代表等 100 多人参加演出。(策划、撰稿、朗诵)

2007 年 6 月 26 日

上海炎黄文化研究会、上海作家协会、上海图书馆联合主办"上海炎黄文化研究会朗诵艺术委员会"揭牌仪式暨"寻找春天"朗诵会。(策划、导演、撰稿)

2007 年 10 月 16 日至 26 日

上海市松江区、上海文化广播影视管理局、上海市作家协会、上海炎黄文化研究会等联合主办"上海朗诵艺术节",艺术节期间举办"'崇高的旋律'交响朗诵会"、"'云间诗韵'——薛锡祥作品朗诵专场"等五场大型朗诵会,以及"朗诵艺术和朗诵诗创作"研讨会、中小学师生诗歌和朗诵专题报告会等学术活动。(策划、导演、朗诵)

2008 年 1 月 20 日

　　上海市作协、上海图书馆、上海炎黄文化研究会朗诵艺术委员会主办"走进阳光"怀念著名电影艺术家孙道临朗诵艺术专场。(策划、撰稿、主持)

2008 年 5 月 14 日

　　上海市信息产业行业协会、上海市妇联巾帼园、上海炎黄文化研究会朗诵艺术委员会主办"川之情,海之声"诗歌朗诵赈灾义演,现场募捐近 120 万元人民币,东方网、上海热线网全程直播。(策划、主持)

2008 年 5 月 31 日

　　上海市作协、上海图书馆、上海炎黄文化研究会朗诵艺术委员会主办"炎黄情,华夏魂"抗震救灾诗歌朗诵会。(策划、撰稿、主持)

2008 年 3 月—8 月

　　上海图书馆、上海市作协、上海炎黄文化研究会朗诵艺术委员会主办"'和谐中国,喜迎奥运'第二届上海市诗歌朗诵大赛"。(策划、评委)

2008 年 11 月

　　上海文广新闻传媒集团主办"足迹、回响、明天"纪念改革开放 30 周年大型经典诗歌朗诵会,东视艺术人文频道播出。(策划、编辑、朗诵)

2009 年 4 月 18 日

　　中共重庆市忠县县委、忠县人民政府主办"半城山水满城桔"音乐诗朗诵会,王晓棠、祝希娟、林如、张家声、陈铎等参演。(朗诵)

2009 年 5 月 10 日

　　上海市作家协会、上海图书馆主办"情系都江堰——献给上海解放六十周年"诗文朗诵会,以上海市作家、诗人创作的反映上海各界援助都江堰灾后重建感人事迹的报告文学和长诗,作为向上海解放六十周年的献礼。(策划、编导、朗诵)

2009 年 5 月

上海百家出版社出版庆祝中华人民共和国成立六十周年《中国朗诵诗经典》,并由上海市委宣传部东方宣教中心"东方讲坛"推出相应的系列讲座"崛起,中华的声音"。(主编、主讲)

2009 年 5 月 25 日

上海炎黄文化研究会、解放日报报业集团、上海文广新闻传媒集团等主办"浦江放歌"诗歌音乐交响朗诵会。(策划、导演、朗诵)

2009 年 9 月

上海音像出版社出版"诗歌经典作品朗诵"多功能卡拉 OK(DVD),这是国内首套诗歌朗诵卡拉 OK 光盘,内有诗歌作品七十余首,分为"挚情"、"爱恋"、"襟怀"、"感悟"四个篇章。(创意、编辑、朗诵)

2009 年 12 月 11 日

安徽省宣城市委宣传部主办中华诗文诵读决赛朗诵晚会。(朗诵)

2009 年 12 月 12 日

"长歌和短歌"白桦诗歌朗诵会。(策划、撰稿、主持)

2010 年 1 月 31 日

上海市作家协会、上海图书馆主办"海上心声"冬季场"我们在这里生活"迎世博征诗佳作朗诵会。(编导、朗诵)

2010 年 4 月 3 日

江苏省润澳花园大酒店集团有限公司主办"丰碑颂"朗诵会。殷之光、童自荣、冯福生、杜宁林、朱琳、杨青等参演。(朗诵)

2010 年 4 月 11 日

上海市作家协会、上海图书馆主办"海上心声"春季场"青春诗会"。(编导)

2010 年 5 月

于上海沪西工人文化宫创办金口才朗诵俱乐部,俱乐部坐落于一幢欧式小楼内,200 余平方米,典雅精致,内有国内首创朗诵卡拉 OK 厅,为朗诵艺术家聚会和朗诵爱好者活动的场所。

2010 年 5 月 10 日

印度驻上海总领事馆、上海市作家协会于上海世博会印度国家馆主办"心灵之桥"泰戈尔作品朗诵会。(主持)

2010 年 7 月 24 日

应邀出席安徽省朗诵艺术学会成立大会,被聘为艺术顾问,会上作"中国朗诵艺术发展态势"的演讲。

2010 年 8 月 7 日

上海市作家协会、上海图书馆主办"海上心声"夏季场"心灵之约"纪念泰戈尔逝世 69 周年诗歌作品朗诵会。(编导、主持、朗诵)

2010 年 10 月 24 日

上海市作家协会、上海图书馆主办"海上心声"秋季场"世博之咏"。(编导、朗诵)

2011 年 4 月 17 日

上海市作家协会、上海图书馆主办"海上心声"春季场"春之足迹"上海诗人作品朗诵会。(编导、朗诵)

2011 年 5 月

上海书店出版社出版《中国爱国主义诗歌经典》。(主编)

2011 年 6 月 26 日

上海市作家协会、上海图书馆主办"海上心声"夏季场"光荣与辉煌"庆祝建党 90 周年诗歌朗诵会。(编导、朗诵)

2011 年 7 月 31 日

上海市委宣传部、上海市文联、上海市社联主办"待到山花烂漫时"毛主席诗词语言艺术赏析。(主讲)

2011 年 9 月 4 日

上海市精神文明办公室、嘉定区政府主办"海上生明月,中华家国

情"2011 中秋大型诗词诵读晚会。（策划、主持）

2011 年 10 月 4 日

民革上海市委、上海市作家协会、上海图书馆主办"潮声浩荡"纪念辛亥革命百年朗诵会。（主持）

2011 年 12 月 29 日

浙江省嘉善县人民政府、上海电影集团公司主办"2011 中国·嘉善孙道临艺术节系列活动"之"纪念孙道临诞辰 90 周年音乐诗会"。（朗诵）

2012 年 1 月 8 日

上海市作家协会、上海图书馆主办"海上心声"冬季场"走向龙年"上海诗人作品朗诵会。（编导、朗诵）

2012 年 4 月 2 日

上海市作家协会、上海图书馆主办"海上心声"春季场"缅先烈　忆先贤　敬先辈"清明诗会。（编导、朗诵）

2012 年 6 月 17 日

上海市作家协会、上海图书馆主办"海上心声"夏季场"向天山致敬"新疆各民族作家诗歌朗诵会。（编导、朗诵）

2012 年 7 月 29 日

上海图书馆主办"海上心声"特别节目"我们的精神家园"庆祝上海图书馆建馆 60 周年朗诵会。（主持、撰稿）

2012 年 9 月 23 日

应邀与曹雷、刘安古、孙渝烽、过传忠、王群等上海的语言艺术家赴新疆乌鲁木齐、喀什参加"向天山致敬"诗歌朗诵会及朗诵艺术交流。（主持、朗诵）

2013 年 1 月 1 日

上海党建文化研究中心、上海市作家协会、上海市文广局、上海图

书馆、徐汇区委组织部等主办"大地在歌唱"诗歌朗诵邀请赛。(策划、评委)

2013 年 3 月 29 日

上海市委宣传部、上海市社联、上海市文联主办"走近雷锋"特别活动"还原一个名字"崇高主题诗歌朗诵会。(策划、朗诵)

2013 年 4 月 13 日

上海市作家协会、上海图书馆主办"海上心声"春季场"上海的春天"老诗人作品朗诵会。(编导、朗诵)

2013 年 6 月 13 日

上海市作家协会、上海图书馆主办"海上心声"特别专场"天山上的红花"新疆各民族作家作品朗诵会。(编导、朗诵)

2013 年 6 月

上海市群众文化中心协会、上海市演讲与口语传播研究会、上海市宝山区友谊街道主办"美丽人声"上海市首届"友谊杯"朗诵卡拉 OK 大赛。(策划、评委)

2013 年 9 月 24 日

九江市图书馆、浔阳晚报主办"浔阳中秋韵,经典诗乐情"中外精品诗文名家诵读视听音乐会,姜加锵、梁波罗、虹云、童自荣、雅坤、赵静、蔡金萍等京沪语言艺术家参演。(朗诵)

2013 年 10 月 26 日

上海市作家协会、上海图书馆主办"海上心声"秋季场"旗帜和阳光"纪念"南京路上好八连"命名 50 周年原创诗歌朗诵会。(编导、朗诵)

2013 年 11 月 1 日

上海市作协主办"汉诗·金钥匙"祝贺赵丽宏荣获斯梅德雷沃金钥匙国际诗歌奖暨赵丽宏作品朗诵会。(撰稿、主持)

2014 年 1 月 5 日

上海市作家协会、上海图书馆主办"海上心声"冬季场"青春诗会"。（编导）

2014 年 4 月 28 日

上海市戏剧家协会主办"纪念杜宣诞辰 100 周年"作品朗诵会。（朗诵）

2014 年 5 月

创办国内第一本朗诵类专业刊物《中华朗诵》（复旦大学出版社出版，季刊），任执行主编，周巍峙题写刊名，秦怡、殷之光、濮存昕等任顾问。

2014 年 5 月 27 日

上海市对外文化交流协会、上海市百名将军活动中心主办"百名将军颂祖国"纪念上海解放 65 周年诗歌朗诵演唱会。（策划、朗诵）

2014 年 5 月 31 日

于上海思南公馆文学会馆前，举办"朗诵快闪"暨《中华朗诵》首发仪式。（策划、朗诵）

2014 年 7 月 6 日

上海市作家协会、上海图书馆主办"海上心声"夏季场"夏日的光芒"中外诗歌作品朗诵会。（编导）

2014 年 9 月 5 日

安徽省朗诵艺术学会、安徽广播电视台音乐频率、安徽网络电视台、安徽饭店主办"月是故乡明"中秋朗诵会。（策划、主持、朗诵）

2014 年 9 月 27 日

上海市嘉定区人民政府主办庆祝中华人民共和国成立 65 周年 2014 年上海市民文化节中华传统诵读大会暨上海孔子文化节闭幕式，上海广播电视台艺术人文频道播出。（朗诵）

2014 年 11 月 2 日

上海市演讲与口语传播研究会、上海市语言文字工作者协会、上海市宝山区友谊路街道办事处主办"美丽人声"上海市第二届"友谊杯"朗诵大赛。（策划、评委）

2014 年 12 月

上海市演讲与口语传播研究会、上海市语言文字工作者协会、华东师范大学《中文自修》主办"语文教学与朗诵"高峰论坛。（策划）

2014 年 12 月 12 日

上海市作家协会诗歌委员会主办"满目青山夕照明"白桦、于之、郑成义、宫玺、谢其规、宁宇、姜金城作品朗诵会。（策划、撰稿、主持、朗诵）

2014 年 12 月 13 日

上海市中等职业学校第三届"璀璨星光"校园文化节"我们的故事"朗诵会。（策划、朗诵）

2015 年 4 月

上海市群众文化中心协会、上海市演讲与口语传播研究会主办"美丽人声"百姓朗诵家经典诗歌朗诵会社区行系列朗诵会。（策划、朗诵）

2015 年 4 月 20 日

上海市文广局、浦东新区陆家嘴金融贸易区管委会主办首届陆家嘴白领中外经典诗歌朗诵大赛启动仪式暨首场海选。（策划、评委）

2015 年 5 月 10 日

九江市文明办、九江市文广新局、九江市教育局、团市委等主办"大地之爱"2015 母亲节名家朗诵晚会，张家声、虹云、方明、雅坤、戴萱、奚美娟、薛飞等京沪语言艺术家参演。（朗诵）

2015 年 5 月 13 日

新疆作家协会、上海市作家协会、上海图书馆、上海师范大学主办

"海上心声"夏季场"天山的祝福"新疆诗人作品朗诵会。（编导、朗诵）

2015 年 6 月 24 日

上海市文广局、浦东新区陆家嘴金融贸易区管委会主办首届陆家嘴白领中外经典诗歌朗诵大赛总决赛，上海广播电视台艺术人文频道播出。（策划、评委）

2015 年 8 月 1 日

"朗诵快闪"暨上海市演讲与口语传播研究会、上海市语言文字工作者协会、上海市社区文化活动中心协会、普陀区文化局主办"长征杯"上海市经典诗文朗诵大赛启动仪式及首场海选。（策划、评委）

2015 年 8 月 29 日

上海市作家协会、上海图书馆主办"海上心声"秋季场"铁血中华"纪念抗战胜利 70 周年朗诵会。（编导、朗诵）

2015 年 9 月 1 日

南京省委宣传部主办南京市纪念抗战胜利 70 周年朗诵会，殷之光、张家声、方明、杜林宁、奚美娟、丁建华、朱琳、徐涛等京沪语言艺术家参演。（朗诵）

2015 年 10 月 20 日

"长征杯"上海市经典诗文朗诵大赛总决赛暨颁奖朗诵会。（策划、朗诵）

2015 年 11 月

上海市演讲与口语传播研究会、上海市语言文字工作者协会、上海市社区文化活动中心协会、普陀区文化局主办"朗诵艺术与都市文化"高峰论坛。（策划）

后　记

　　前年,应听众的要求,我在《午夜星河》节目里开设了一个"教朗诵"专栏,像过去广播"教唱歌"、"教唱戏"节目一样,现场一人教,数人学,定位在诗歌的朗诵,每次讲一个问题,一共 30 讲,边录边播,历时八个月,担任示范练习的是上海图书馆朗诵艺术团的部分朋友。这种理论结合实践的广播朗诵教学是一次尝试,30 讲的选题,是自己多年来诗歌朗诵学习、实践和教学体会的归纳,以基本理论阐述、即席朗诵练习和现场指导交流三部分内容构成节目的框架。本书是在"教朗诵"提纲的基础上写成的,但在内容上作了增删梳理,细化了理论框架,略去了实践性环节,整个篇幅压缩了。

　　要将朗诵基础理论和诗歌体裁特点结合起来写,既突出诗歌用以朗诵的个性优势,又保持朗诵理论的基本体系,从而构成"诗歌"与"朗诵"相嫁接的理论新框架,是一种尝试和探索。虽然自己与朗诵结缘已久,与诗歌也打了多年交道,但一旦要把平时"可意会"的东西"言说"出来,并且形之于文、言之成理,就不是那么轻而易举了;写作过程中时有山重水复、步履艰难之感,这无疑是一次负重前行的写作"苦旅",现在这一程跋涉终于告一段落,不免一阵轻松。

但轻松只是"一阵",更多的是言未尽意的忐忑和"教然后知困"的不安。在"教"和"写"的过程中,往深处思考,常常会面临新问题的挑战,而这些问题的阐述,显然这本小册子已不堪负荷;即便已落笔成篇的内容,也大多是一孔之见,观点未必确当,阐述难免不周,有的如"诗朗诵的配乐"、"朗诵会的策划"、"朗诵者的修养"等篇什,从严格的逻辑意义上讲,已超出了"诗歌朗诵艺术"的范畴,却又不吐不快。合适与否,悉由读者朋友们指谬评说。

这几年上海出现了朗诵艺术的"好年景",在孙道临老师的引领下,陈醇、赵兵、刘安古、过传忠、孙渝烽、王群等艺术家、学者,孜孜以求,凝聚起社会各界朗诵艺术爱好人士,开展了一系列有影响的朗诵活动,并正在形成一个良好的朗诵艺术"生态环境"。尤其值得称庆的是,在上海市语委的主持下,历时近三年开发研制的"朗诵水平等级测试"大纲已完成,年内将面向社会启动"朗诵水平等级测试"项目。躬逢其盛,并得以与语言艺术家们共谋诵事,奇诗共赏、疑义相析,深感获益匪浅,其乐无穷。

上海图书馆讲座展览中心对《午夜星河》的支持与帮助由来已久,这些年更是把朗诵活动开展得有声有色、有模有样,成为上海乃至周边地区朗诵爱好者们心仪的一块文化"绿地"。这些活动使我获得了很多有价值的思考和启发,这里谨以一个朗诵爱好者的名义,向上海图书馆的领导和讲座展览中心的负责人陈凌康先生致以谢意。

上海作家协会诗歌委员会,一直是朗诵艺术活动最亲密的伙伴和最强大的后盾,上海诗人们的精品力作无疑是我们"诗歌广播朗诵会"和其他朗诵活动的"源头活水",借此机会,也要向上海作协和诗歌委员会的领导及长期合作的诗人们表示感谢。

周巍峙先生和丁锡满先生是我十分敬重的两位师长,敬重他们的德识才学和淡定平和、豁达风趣的品格修养;两位大家千忙万忙之中为拙著题字撰序，并且全神贯注、一笔不苟，这本身就是对后生晚学为人为文的示范和激励，这又岂止是"感谢"二字所能尽意！

上海图书馆朗诵团的金芝仁、速学敏、黄雷、陈幼琦、范晖莉、陈慧、龚韶华、陈荣、王艳、彭勇文、张敏……这些朋友多有相当的朗诵造诣，却屈尊在节目中受"教"；还有我的同事吕弢、余小莉、单卫政，大学生杨峻秋等，在"教朗诵"或成书过程中都给予了重要的帮助，这里一并致以谢意。

本书能够出版，非常感谢我的好友高龙海先生的鼎力相助，感谢上海人民出版社的领导和责任编辑时海玲女士、编辑部主任顾兆敏先生，在出版任务极其繁重的情况下倾尽全力，使这本书在较短的时间内得以问世，不胜感激之至！

写书其实是一种最好的读书，诗歌、朗诵及语言艺术，"前人之述备矣"，写作过程中，少不了从中汲取精华；无论是宏论要义的借鉴，还是片言只语的引用，毫无疑问，对我来说都有着耳提面命般的教益，这里恕不一一言谢了。

我对朗诵艺术的爱好，得益于已故上海电影译制厂导演胡庆汉先生的启蒙；而引领我跨进语言学大门并长期给我以学业上关怀和提携的，是我的大学老师倪祥和、乐玲华夫妇。多少年来师恩未报亦难报，谨以此书作为一份小小的答卷，呈给曾赐我以厚爱与厚望的三位恩师。

作　者

2007 年 6 月 27 日

朗诵艺术的春天

——《诗歌朗诵艺术》再版后记

　　《诗歌朗诵艺术》修订再版了，作为作者，自然聊以为慰；但更令我欣喜感奋的是，在这一二年间，朗诵艺术别开生面，魅力大展。

　　2008 年 3 月，中央文明办、教育部、文化部、民政部联合在全国发起了"中华经典诵读"活动，活动围绕清明、端午、中秋、春节四个中华传统节日展开，旨在倡导全民含英咀华、沐仁沐义，从而由个体的文明儒雅到达全社会的昌明和谐。这是一种具有文化战略意义的政府倡导行为，它虽然不是单纯的"朗诵艺术"推广，而是一项"国家文化工程"，并且其中还蕴含"阅读引领"的成分，但我认为，它毕竟以"诵"和"读"为本，并且把它导向社会和大众，这恰好合乎朗诵艺术发展所应遵循的客观规律，体现了我们开展朗诵活动、普及朗诵艺术最根本的目的和任务。活动推出后，全国各地的"中华经典诵读"如山花烂漫、莺歌燕舞。这项文化工程还直接促进了群众性朗诵艺术活动的常态发展。仅以上海为例，就有很多街镇社区成立了业余朗诵团队，并举办各种类型的朗诵活动；不少企事业单位，把诗文朗诵列入了培养员工综合素养的内容。至于社会各界围绕政府中心工作、社会重大主题举办的朗诵会更是此起彼伏，可以说，一股"朗诵热"正在社会各个层面孕育着良好的冲势。

"5·12"大地震，悲则悲矣，却在客观上让朗诵艺术得到了一次大洗礼、大检阅、大作为。骤然而降的莫大灾难撕扯着万众之心，或忧或悲，或惊或叹，需要一吐为快；朗诵，便成为人们激情迸发、悲声奔涌的亟需。从那时起，无论荧屏还是舞台，社会各界抗震救灾的诗朗朗于天地间，如浪似涛，汇成了万众一心、共担国难的强大声势，生动地显示了中华民族不可战胜的凝聚力和自信心。成百上千的感人诗篇，经过声情并茂的朗诵，极大地震撼了每一颗善良的心。

面对突如其来的灾难，广袤神州，山南海北，人们不约而同地运用朗诵这一形式，演绎成蔚为壮观的"朗诵现象"，并非偶然。朗诵，本是一种最贴近现实、贴近生活、贴近大众的独立的语言艺术样式，它表情达意直接、灵便，创作运用快捷、高效；它是文艺形式中的轻骑兵，思想情感传播的重武器。因此，它总是应和着社情民声。每当国家危难之际，它便代表大众的精神意志挺身于诸多艺术样式之前，不同凡响。这次震灾，悲彻环宇，自然就激发起朗诵艺术的盎然活力。在每一个赈灾义演的舞台上朗诵必不可缺；更由于作品出自最真挚的悲情感怀和精神激励，无一不激荡起听者情感的巨澜。

也许有人会想：大灾大悲之后，时过境迁，人们对朗诵的热度是否会消退？其实不必多虑。朗诵并非"悲剧艺术"，不只在"危难之处显身手"，它面对的是整个蓬蓬勃勃的大时代、新生活，海阔天空，到处是它的用武之地。毋庸讳言，这场摄魂夺魄的大灾难在一定程度上有效地唤起了大众的朗诵意识和参与热情，这是朗诵艺术潜在发展规律的适时凸显，是一种事物本质的复原和回归。社会先进文化的倡导、时代发展所赋予大众的文化崇尚，以及大众已然具备的高雅审美情趣，必将有力地保护和光大这一活力四射、生生不息的"朗诵现象"。

还不得不说一说朗诵艺术领域的一件要事：2008 年 7 月初，由上海市语言文字工作者协会主持研发的"朗诵水平等级考试"项目，正式得到国家文化部的批准，一项开创性的社会文化工程已经从上海起步。这一项目将推动朗诵艺术超越舞台小天地，走向社会大众化；同时又通过科学的测评体系，来引导群众性朗诵实践水平的不断优化，它在客观上必将大大提高朗诵艺术的社会关注力和影响力。

　　朗诵艺术发展真正的生命活力存在于社会大众之中。而作为一门艺术，不应当以"群众性"为由忽略它的质量标准。任何艺术，无论面对什么样的群体，都应有一个艺术准则，只是具体要求可以灵活。朗诵之所以那样的"亲民"，是因为它的创作载体是人人拥有的资源——语言，它的表现形式也只是"大声诵读诗和散文，把作品的感情表达出来"（《现代汉语》2005 年 6 月版）。它甚至无须仰仗音乐，更不依赖舞台布景道具之类，是一种最简朴适用的艺术，因此，能说话的人便具备了朗诵的基本条件，从这个意义上说，朗诵并不难。然而，朗诵的根本目的和朗诵创作的最高境界，在于通过声音语言的再创造，让文学作品的静态文字符号，成为有声有色的动态语言形象，从而产生无穷的艺术感染力，而朗诵创作达到这样一种艺术高度，同样可以舍弃语言以外的任何辅助手段。从这意义上说，朗诵好是很难的。"难"也好，"不难"也好，无论从哪个意义上说，都需要有个准则，使得质有所依，量有所据，从而得以有序化、可持续地发展。"朗诵水平等级考试"恰到好处地补上了这一适时之需。

　　"朗诵水平等级考试"施行的意义还不止这些。

　　它从本质上说首先是一种面向大众的文学引导，这种引导有别于一堂文学讲座、几次学习辅导，它从形式上入手，以有声语言创作为目的，以能级的考量为激励，循循善诱、润物无声。《朗诵水平等级考试纲要》精选了古今中外各类体裁的文学佳作 100 篇（首），考级者要创作好一件作品，必然经历字斟句酌、条分缕析、深入浅出、由此及彼的准备阶段和情状感受、事物联想、感情注入、技巧发挥的表达阶段，前者偏于理性，后者偏于感性，这两个阶段构成了文学创作的最完美过程，而后一阶段，由"纳"到"吐"，是一种对作品理解的融会和升华，这是一般的文学阅读所达不到的境界，它足以证明朗诵行为对文学接受所独有的作用力。由此不难推想，持之以恒的朗诵实践，是一种多么有益又有效的文学自修，它也许并不一定会让你成为朗诵艺术家，却必然会赋予你满腹诗书、高雅气质。

其次，"朗诵水平等级考试"也是一种"语言关怀"。现代生活已经把人际言语交流的重要性推到了相当的高度，理想的口才、优美的语音，乃至动人的发声，已经成为社会人尤其是"窗口"职业者的迫切需要和自觉追求，如同人们对肌体的美化一样，语言的"美容"正在逐渐时尚起来。口头表达质量的提高有各种途径，而从朗诵入手，并有着社会考核机制作推手，将会另有一功。朗诵和说话，虽然语体风格大相径庭，但朗诵是口语的艺术化提升，是有声语言运用的至高形式。完美的朗诵，以准确生动的表达、规范精致的语音、自然悦耳的音色为追求，在这样的高起点上进行言语实践，实际上是一种语感基础打造和有声技能完善的过程，长此以往，随着朗诵能级的不断攀升，自然而然地会带动日常话语品质的提高。朗诵艺术家们的实践是最好的明证。

总之，从"中华经典诵读"项目的启动，到"朗诵水平等级考试"项目的问世，呈现出了朗诵艺术的一派生机和美好前景。这是值得我们每一个朗诵艺术爱好者额手称庆的；而本人在庆幸之余，还怀揣一份感激：承蒙上海市语言文字工作者协会和朗诵水平等级考试专家委员会的厚待，将这本再版的《诗歌朗诵艺术》列为"朗诵水平等级考试指导用书"。我深知这是一种鞭策，也是一份责任：在诗书诵读这一文明和谐的乐章中，自己当倾尽声情，甘为一个永不喑哑的小小音符。

在拙著再版之际，我要对上海市作家协会副主席、诗人赵丽宏先生和华东师范大学传播学院博士生导师、上海市演讲学研究会会长王群教授深致谢意，为他们在百忙之中欣然给拙著赐序作勉，更为近 20 年来对我诗歌及朗诵工作的热情支持。我要感谢石美明、石莹明两位可敬的文化老人，十多年来，她们亦师亦长，关怀备至；《诗歌朗诵艺术》初版后，两位老人不惜耄耋之龄，逐字阅读，为再版指正了多处笔误。

最后我还要对关爱这本书，亦即关爱朗诵艺术的每一位朋友深鞠一躬，说一声：谢谢你们！

作者

2009 年 8 月 15 日

三版后记

　　《诗歌朗诵艺术》的第二次再版,有些意外,因为当下图书出版行业面临网络阅读、有声阅读的强力冲击,小众涉猎的书籍出版生存空间日渐逼仄,大势所趋,无可厚非。而这本小册子却得到上海人民出版社的眷顾,不由得有一种知遇之感。

　　从 2007 年的初版开始,时任责任编辑时海玲便认为,这类书并非畅销书,却可能成为长销书,八年来版次一而再、再而三,虽然码洋不能与畅销书籍同日而语,但毕竟读者源源,销之不断,证实了时编辑作为资深出版人的远见卓识;而本书的现任责任编辑罗俊华,则通过对读者的动态观测分析对本书给予了乐观的前瞻,并顺利地获得了再版的机会,两位编辑充满自信的图书出版战略目光,让我钦佩。

　　近年来,借国家文化战略和大众娱乐需求的东风,朗诵艺术的发展呈现出良好的势头,尤其以手机微信为代表的自媒体平台的崛起,为朗诵艺术的推广和提高起到了极大的促进作用,朗诵已成为人们直抒胸臆、联络情感、文化消遣的优雅方式和重要途径。加之社会层面日益高涨活跃的各类朗诵演出、朗诵比赛等活动,朗诵知识的普及、朗诵人才的培养便成了当务之需。对于文化气象,出版部门堪称是一个观测站,关键是出版家们是否能够"看云识天气"，上海人民出版社是具有拨云破雾辨识文化风向的慧眼的，《诗歌朗诵艺术》的出版与再版，能够说明这一点，这是作者与爱好朗诵艺术的读者们共同的大幸。对作者而言，当然自知这本书的再版，并不意味着它本身有多少出挑，充其量是一种客观上所需所缺现状下的幸遇，是出版方给予作者的一次激励。

相反，这些年随着中国朗诵艺术事业的发展和自己各种朗诵实践活动的深入，不断察觉《诗歌朗诵艺术》学理上的不足，感到很有必要动一次较大的"手术"，使之焕然一新，而书的再版恰好是内容完善的最好契机；然而事到临头，却觉得那样伤筋动骨地修订，工程浩大非一时所能为，所以最终只做了局部的"微创整容"：调整了几首附诗、补充了近6年来"诗歌与朗诵活动纪事"，而关于朗诵的一些新思考，则以"断想"的方式于"代序"中与读者诸君分享。

依然这样，匆匆地再次登场。感谢所有朗诵艺术的知音朋友，这么多年对《诗歌朗诵艺术》的不嫌不弃。中国古来即有"以书会友"的好传统，而对写书者来说，最珍贵的莫过于疑义相析、坦陈己见、直言不讳、指谬匡正的书友了。

我期待着。

作者
2015 年 10 月 5 日

图书在版编目(CIP)数据

诗歌朗诵艺术/陆澄著.—3版.—上海:上海
人民出版社,2016
ISBN 978-7-208-13420-1

Ⅰ.①诗…　Ⅱ.①陆…　Ⅲ.①诗歌-朗诵-语言艺术
Ⅳ.①H019

中国版本图书馆 CIP 数据核字(2015)第 272622 号

责任编辑　罗俊华
封面装帧　夏　芳

诗歌朗诵艺术(第三版)
陆　澄　著

出　　版　上海人民出版社
　　　　　(200001　上海福建中路 193 号)
发　　行　上海人民出版社发行中心
印　　刷　上海商务联西印刷有限公司
开　　本　635×965　1/16
印　　张　20.5
插　　页　2
字　　数　250,000
版　　次　2016 年 4 月第 3 版
印　　次　2019 年 6 月第 3 次印刷
ISBN 978-7-208-13420-1/J・422
定　　价　58.00 元